빅데이터 도시 읽기

- 우리 도시는 어떤 빅데이터가 필요할까? -

원제무

publishing and culture
피앤씨미디어

머리말

우리는 지금 거대한 데이터의 흐름 속에서 살아가고 있다. 스마트폰을 켜는 순간부터 대중교통을 이용하고, 쇼핑을 하고, 친구와 대화를 나누는 모든 순간이 데이터로 기록되며 분석되고 있다. 도시는 살아 숨 쉬는 유기체이다. 매일 수많은 사람들이 이동하고, 도시 인프라들은 기능을 수행하며, 다양한 경제·사회적 활동이 이루어진다. 이러한 도시의 역동적인 움직임을 데이터로 기록하고 분석하는 것은 도시를 이해하고 더 나은 방향으로 발전시키는 데 필수적이다. 그리고 오늘날, 이러한 분석을 가능하게 하는 가장 강력한 도구가 바로 '빅데이터(Big Data)'이다.

과거에는 도시를 계획하고 운영하는 데 있어 전문가들의 경험과 제한된 데이터가 주요한 역할을 했다. 그러나 디지털 기술의 발전과 함께 방대한 양의 데이터가 생성되고 있으며, 이를 분석함으로써 도시의 변화를 실시간으로 파악하고 예측하는 것이 가능 해졌다. 교통 흐름의 패턴을 분석하여 최적의 신호 체계를 설계하고, 환경 데이터를 활용하여 대기질을 개선하며, 시민들의 생활 패턴을 바탕으로 맞춤형 도시 서비스를 제공하는 것이 대표적인 예이다.

빅데이터와 인공지능은 도시를 바라보는 우리의 시각을 근본적으로 변화시킨다. 단순한 통계 자료를 넘어, 도시민의 삶 곳곳에 숨겨진 패턴과 흐름을 분석하고, 이를 통해 도시 문제를 해결하고 미래를 예측하는 새로운 가능성을 제시한다. 빅데이터는 이제 단순한 기술적 개념을 넘어 우리의 삶을 재편하는 강력한 도구가 되었다. 그렇다면 우리는 이 데이터를 어떻게 이해하고, 활용해야 할 것인가? 이 책 "빅데이터 도시 읽기"는 빅데이터가 어떻게 도시를 이해하고 변화시키는지를 탐구하는 여정을 담고 있다.

이 책은 빅데이터를 통해 도시를 읽는 방법을 소개하고자 한다. 빅데이터는 단순한 수집과 축적을 넘어 도시 문제를 해결하고 미래를 예측하는 데 활용될 수 있다. 우리는 교통 체증을 완화하고, 대기오염을 줄이며, 도시 서비스를 최적화하는 데 빅데이터를 적용할 수 있다. 특히 인공지능(AI)과 머신 러닝과 결합될 때, 빅데이터는 더욱 정교하고 강력한 분석 도구로 거듭난다.

이 책은 단순히 이론적인 지식을 전달하는 데 그치지 않는다. 2035년의 도시를 배경으로 한 지금과는 다른 도시민의 삶의 결을 보여주는 10가지 이야기, 나이팅게일처럼 도시를 분석하는 데이터 사이언티스트, 그리고 다양한 도시 계획 및 도시 재생 사업에 적용된 빅데이터 사례 등 흥미로운 이야기와 사례들을 통해 독자들이 빅데이터 도시의 개념을 쉽고 재미있게 이해할 수 있도록 돕는다.

이 책의 1부에서는 빅데이터의 본질과 가치를 탐구하고, AI와의 비교를 통해 도시 혁신의 핵심 동력을 제시한다. 빅데이터는 도시의 현실을 진단하는 날카로운 도구가 되며, AI는 미래를 예측하고 도시 문제를 해결하는 창의적인 엔진이 된다. 본 장에서는 데이터 기반 도시가 시민들에게 제공하는 혁신적인 서비스와, 미래 도시를 설계할 데이터 사이언티스트의 중요성을 논한다. 2부에서는 다양한 도시 유형(뉴어바니즘, 압축도시, 회복탄력성 도시)에 빅데이터가 어떻게 적용되어 도시 혁신을 이끌어내는지 구체적인 목표, 데이터 유형, 방법 및 기술, 효과, 활용 사례를 분석한다. 각 도시 유형의 특성에 맞는 빅데이터 활용 전략을 통해, 지속 가능하고 효율적인 도시 개발 모델을 제시한다.

3부에서는 신도시 개발, 도시재생사업, 도시정비사업, 도시 부동산 프로젝트 등 다양한 도시 개발 사업에 빅데이터가 어떻게 적용되는지 분석한다. 각 사업 단계별 목표, 데이터 유형, 방법 및 기술, 효과, 활용 사례를 구체적으로 제시하여, 빅데이터 기반 도시 개발의 새로운 패러다임을 제시한다. 4부에서는 스마트 도시와 모빌리티 도시를 중심으로, 빅데이터가 어떻게 도시의 효율성과 지속 가능성을 향상시키는지 탐구한다. 빅데이터 기반의 스마트 도시 및 모빌리티 시스템은 도시의 기능을 최적화하고 시민들의 삶의 질을 향상시키는 데 중요한 역할을 한다.

5부에서는 도시 마케팅과 장소 마케팅에 빅데이터가 어떻게 활용되어 도시의 매력을 극대화하고 경쟁력을 강화하는지 분석한다. 빅데이터 기반의 마케팅 전략은 도시의 숨겨진 가치를 발굴하고, 도시를 찾는 사람들에게 특별한 경험을 제공하는 데 기여한다.

이 책은 단순히 기술적인 설명에 그치지 않고, 빅데이터가 어떻게 도시민의 삶을 변화시키는지를 구체적인 사례와 함께 서술하고자 했다. 독자들은 본서를 통해 데이터가 단순한 숫자가 아니라, 도시를 보다 지속 가능하고 스마트하게 만들기 위한 핵심 자원임을 깨닫게 될 것이다. 또한, 도시 계획과 교통, 환경, 부동산 등 다양한 분야에서 데이터가 어떻게 활용되는지에 대한 통찰을 얻을 수 있을 것이다.

이 책은 도시를 이해하고자 하는 학생들과 연구자, 실무자들에게 빅데이터가 도시에서 어떻게 활용될 수 있는지를 체계적으로 설명하고자 한다. 데이터는 단순히 숫자의 나열이 아니라, 도시의 과거와 현재를 설명하고 미래를 설계하는 도구이다. 우리는 빅데이터를 통해 도시를 보다 정밀하게 읽어낼 수 있으며, 더 나은 도시를 만들어 갈 수 있다.

우리는 이제 빅데이터를 활용하여 도시를 읽고, 이해하고, 더 나은 방향으로 변화시킬 수 있는 시대에 살고 있다. 이 책을 통해 독자들이 빅데이터를 활용한 도시의 가능성을 탐색하고, 나아가 실제 연구와 실무에 적용할 수 있는 통찰을 얻기를 바란다.

저자 원제무

차 례

Chapter 03 빅데이터 기반 신도시 계획, 기존 도시 재생 시 계획과정

Chapter 04 빅데이터 기반 스마트 도시와 모빌리티 도시

Chapter 05 빅데이터 기반 도시 마케팅과 장소 마케팅

Chapter 01

빅데이터의 가치와 AI와 비교

01 빅데이터(Big Data)란 무엇이며 빅데이터의 가치에는 어떤 것이 있나?

주요질문

1. 빅데이터의 3V, 4V, 5V는 각각 무엇을 의미하며, 왜 중요한가?
2. 빅데이터의 가치를 4가지로 나누어 설명하고, 각각의 가치를 극대화하는 실제 사례를 제시할 수 있는가?
3. 빅데이터 시대에 기업 경쟁력을 확보하기 위한 핵심 전략은 무엇이며, 디지털 전환(digital transformation)과 어떤 관련이 있는가?
4. 빅데이터 활용에 대한 투자는 어떤 기준으로 결정해야 하며, '데이터 빅뱅'에 대한 적절한 대응 속도는 무엇인가?
5. 정형, 반정형, 비정형 데이터의 개념과 차이점을 설명하고, 각 유형별 분석 방법의 특징을 비교할 수 있는가?
6. 빅데이터 분석에서 '데이터 융합(mash-up)'이란 무엇이며, 어떤 장점을 제공하는가?
7. 빅데이터 분석을 통해 얻은 결과를 효과적으로 전달하기 위한 시각화 방법에는 어떤 것들이 있으며, 왜 중요한가?
8. 빅데이터가 개인 맞춤형 서비스 제공에 어떻게 활용될 수 있는지, 구체적인 사례를 들어 설명할 수 있는가?
9. 빅데이터가 도시 문제 해결에 어떻게 기여할 수 있는지, 스마트 도시와 관련하여 설명할 수 있는가?
10. 교통, 환경, 에너지, 안전 등 도시 문제 해결에 빅데이터를 활용하는 사례를 제시하고, 스마트 도시의 개념과 연관 지어 설명할 수 있는가?

1 2035년, 빅데이터가 만들어내는 도시 라이프 스타일: 10가지 이야기

장면 1. “시민의 목소리에 귀 기울이는 정부”

시민들의 의견, 민원, 소셜 미디어 데이터 등을 빅데이터로 분석해 시민들의 요구를 파악하고, 정책 수립, 도시 계획 등에 반영한다. 빅데이터는 시민 참여와 소통을 위한 도구가 되어 더 나은 도시를 만드는 데 힘을 보탠다.

#장면 2. “에너지를 절약하는 도시”

도시 전체의 에너지 사용량을 실시간으로 분석하고, 빅데이터 기반으로 에너지 효율을 높이는 시스템 덕분에 도시는 더욱 친환경적으로 변했다. 에너지 절약 캠페인, 스마트 가로등, 에너지 효율적인 건축물 등 빅데이터는 지속 가능한 도시를 만드는 데 기여한다.

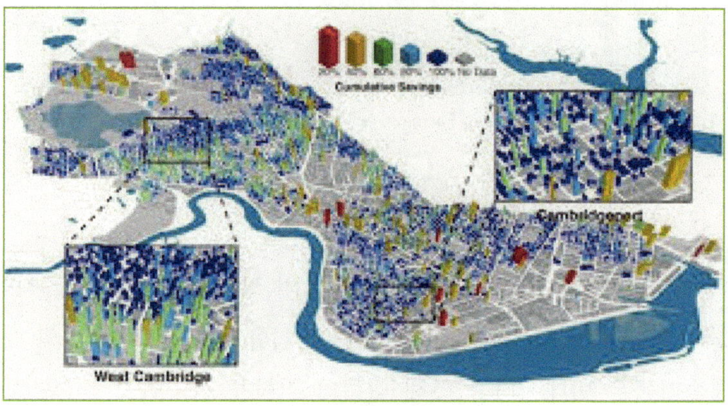

How to make cities more energy efficient | MIT News

#장면 3. "빅데이터가 교육을 이끌다"

학생들의 학습 데이터, 성적, 학습 패턴 등을 빅데이터로 분석해 개인별 맞춤형 교육 콘텐츠와 학습 전략을 제공한다. 빅데이터는 학생들의 잠재력을 최대한 발휘하도록 돕고, 교육 격차를 해소하는 데 기여한다.

#장면 4. "미래를 예측하는 도시농부"

도시농부 박씨는 빅데이터를 활용해 날씨, 토양 상태, 작물 생육 정보 등을 분석하고, 최적의 파종 시기, 수확량 예측 등 과학적인 농업 경영을 한다. 빅데이터 덕분에 병충해 예방, 생산량 증대, 품질 향상까지 이뤄내니 농사는 더 이상 하늘에 기대는 일이 아니다 신선한 농산물을 도시에서 즐겨보세요!

Big Data and The Future of Farming, AgTech Digest

#장면 5. "예술, 빅데이터를 만나다"

예술 분야에서도 빅데이터는 새로운 창조의 도구가 된다. 예술 작품, 관람객 반응, 예술 트렌드 등을 분석해 새로운 예술 경험을 제공하고, 예술의 대중화에 기여한다. 예술가들은 빅데이터를 통해 대중의 취향을 파악하고, 더욱 감동적인 작품을 창작할 수 있다.

What Do AI and Big Data Mean for Artists and Brands? Up Megazine

#장면 6. "내 취향에 딱 맞는 아파트!"

빅데이터 덕분에 온라인 쇼핑몰에서 내가 들어가 살고 근무할 아파트나 오피스텔을 고르는 일은 더 이상 고민거리가 아니다. 빅데이터는 나의 디자인 스타일, 선호하는 아파트 평형 스타일, 과거 구매 이력, 심지어는 SNS 활동까지 분석해 마치 나를 위해 만들어진 듯한 거주공간을 추천해준다. 거주공간 고르는 시간을 절약하고, 실패 없는 거주공간 쇼핑을 즐길 수 있다.

The use of big data in choosing residence space Pin page

#장면 7. "똑똑한 집, 편리한 생활"

집에 들어서자마자 빅데이터 기반 스마트홈 시스템이 나를 맞이한다. 나의 생활 패턴을 학습해 실내 온도, 조명, 음악 등을 자동으로 조절하고, 택배 도착, 방문객 알림 등 필요한 정보를 알려준다. 퇴근 후에는 좋아하는 음악이 자동으로 재생되고, 샤워할 때는 따뜻한 물이 미리 준비되어 있다. 빅데이터 덕분에 집에서 더욱 편안하고 여유로운 시간을 보낼 수 있다.

2 ▶▶ 빅데이터 정의, 가치, 특징

2.1 빅데이터의 정의

- 빅 데이터는 기존의 데이터 처리 도구, 특히 스프레드시트와 같은 도구로는 쉽게 관리하거나 분석할 수 없는 매우 크고 복잡한 데이터 세트이다.
- 빅데이터의 사이즈는 단일 집합의 크기가 수십 테라바이트에서 수 페타바이트에 이르며, 그 크기가 끊임없이 변화하는 것이 특징이다.
- 빅 데이터의 종류로는 재고 데이터베이스나 금융 거래 목록과 같은 정형 데이터, 소셜 게시물이나 동영상과 같은 비정형 데이터, AI용 대규모 언어 모델을 훈련시키는 데 사용되는 혼합 데이터 세트 등이 있다.

2.2 빅데이터가 만들어 내는 분석방법론 변화

1) 사전처리 → 사후처리

필요한 정보만 수집하고 필요하지 않은 정보를 버리는 시스템에서 가능한 많은 데이터를 모으고 그 데이터를 다양한 방식으로 조합해 숨은 정보를 찾아낸다.

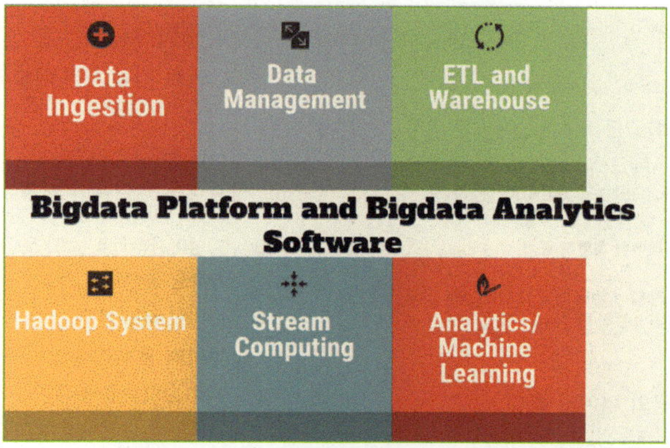

Top 53 Bigdata Platforms and Bigdata Analytics Software, PAT Research

2) 표본조사 → 전수조사

데이터 수집 비용의 감소와 클라우드 컴퓨팅 기술의 발전으로 데이터 처리비용이 감소하게 되었다. 이로 인해 표본을 조사하는 기존의 지식 발견 방식에서 전수조사를 통해 샘플링이 주지 못하는 패턴이나 정보를 발견하는 방식으로 데이터 활용 방법이 변화되었다.

3) 질 → 양

데이터가 지속적으로 추가될 경우 양질의 정보가 오류 정보 보다 많아 전체적으로 좋은 결과 산출에 긍정적인 영향을 미친다는 추론에 바탕을 둔 변화가 나타나고 있다.

4) 인과관계 → 상관관계

상관관계를 통해 특정 현상의 발생 가능성이 포착되고, 그에 상응하는 행동을 하도록 추천되는 일이 점점 늘어나고 있다. 이처럼 데이터 기반의 상관관계 분석이 주는 인사이트가 인과관계에 의한 미래 예측을 점점 더 압도해 가는 시대가 도래하게 될 것으로 전망된다.

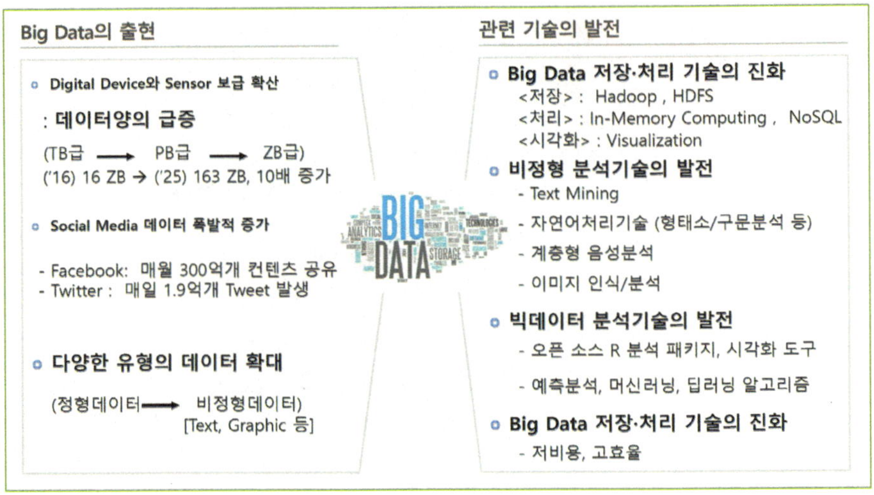

자료 : 2020 하반기 상명대학교 언텍트 진로특강

2.3 통계분석 vs 빅데이터 분석

통계 분석과 빅데이터 분석은 데이터 분석의 두 가지 주요 접근 방식이며, 각각의 장단점을 가지고 있다. 통계 분석은 명확한 이론적 기반을 바탕으로 작은 데이터셋을 분석하는 데 적합하며, 빅데이터 분석은 대량의 복잡한 데이터를 처리하고 분석하여 숨겨진 패턴을 발견하는 데 적합하다. 데이터 분석의 목표와 데이터 유형에 따라 적절한 방법론을 선택해야 한다.

1) 개념

(1) **통계 분석:** 통계 이론 및 방법을 사용하여 데이터를 수집, 정리, 분석 및 해석하는 과정이다. 데이터의 패턴, 관계 및 추세를 파악하고 이를 기반으로 결론을 도출한다.

(2) **빅데이터 분석:** 대량의 복잡한 데이터를 처리하고 분석하여 의미 있는 정보를 추출하는 과정이다. 데이터 마이닝, 기계 학습, 인공 지능 등의 기술을 활용하여 데이터의 패턴, 관계 및 추세를 파악하고 예측 모델을 구축한다.

2) 목표

(1) **통계 분석:** 가설 검정, 추론 및 예측을 통해 데이터의 특성을 설명하고 이해하는 데 초점을 둔다.

(2) **빅데이터 분석:** 대량의 데이터를 탐색하고 분석하여 숨겨진 패턴, 관계 및 추세를 발견하고 이를 기반으로 의사 결정을 지원하는 데 초점을 둔다.

3) 학습 데이터

(1) **통계 분석:** 일반적으로 구조화된 소규모 데이터를 사용한다. 데이터의 품질과 대표성이 분석 결과의 신뢰성에 영향을 미친다.

(2) **빅데이터 분석:** 구조화, 비구조화, 반정형 데이터를 포함한 대규모 데이터를 사용한다. 데이터의 다양성과 양이 분석 결과의 정확성에 영향을 미친다.

4) 역할

(1) **통계 분석:** 데이터의 특성을 설명하고 이해하는 데 초점을 둔다. 가설 검정, 추론 및 예측을 통해 데이터의 의미를 파악한다.

(2) **빅데이터 분석:** 데이터에서 숨겨진 패턴, 관계 및 추세를 발견하고 이를 기반으로 의사 결정을 지원하는 데 초점을 둔다. 예측 모델 구축, 이상 감지, 추천 시스템 등에 활용된다.

5) 장단점

구분	통계 분석	빅데이터 분석
장점	- 명확한 이론적 기반 - 작은 데이터셋에 적합 - 결과 해석 용이	- 대용량 데이터 처리 가능 - 복잡한 패턴 발견 가능 - 실시간 분석 가능
단점	- 대용량 데이터 처리 어려움 - 복잡한 패턴 발견 어려움 - 데이터 품질에 민감	- 복잡한 기술 필요 - 결과 해석 어려움 - 데이터 관리 및 보안 문제

6) 주요 기능

구분	주요 기능
통계 분석	기술 통계, 추론 통계, 회귀 분석, 분산 분석, 시계열 분석
빅데이터 분석	데이터 마이닝, 기계 학습, 인공 지능, 텍스트 마이닝, 소셜 네트워크 분석

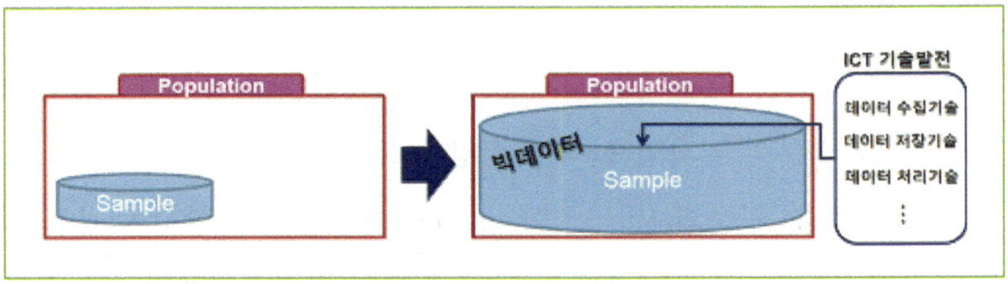

2.4 빅데이터의 가치

1) 빅데이터는 21세기 가치를 극대화하는 핵심 자원

- 21세기의 원유인 빅데이터가 사물, 공장, 교통, 도시, 그리고 사람을 더 스마트하게 만들고 있다. 기업은 빅데이터를 활용함으로써 고객에게 개인화된 경험을 제공하고, 상품기획과 제작과정에 데이터 분석기술을 접목해 제품개발 속도와 품질을 높인다. 이제 기업과 공공기관의 경쟁력은 빅데이터 관리와 분석을 사업혁신의 도구로 활용함으로써 남들과는 차별화된 가치를 창출하는 통찰력과 실행력에서 나온다.
- 최근 많은 기업들이 디지털전환(digital transformation)이라는 방향성을 내세우면서 데이터 처리와 활용을 위한 신기술을 수용하였다. 그리고 이 기술을 비즈니스과 공공분야에 접목할 수 있는 전략, 조직, 프로세스 등을 구축하는데 박차를 가하고 있다. 빅데이터가 가진 무궁무진한 가치를 인식했기 때문이다.

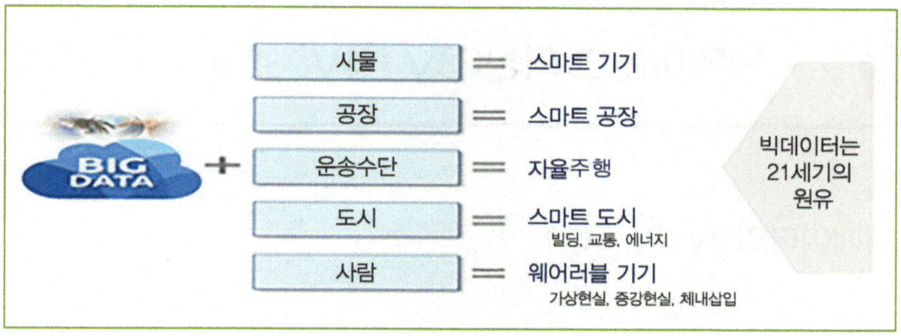

- 기업은 물론 산업과 공공분야의 관점에서도 데이터는 공공의 가치를 극대화하는 핵심자원이다. 많은 분야에서 빅데이터 활용이 이미 도입되었거나 도입을 계획하고 있다. 하지만 모두가 빅데이터 활동에 무한의 시간과 자원을 쏟아야 할 필요는 없다. 투자비용 대비 효과를 고려해서 데이터 빅뱅에 대한 대응속도를 조절해야 한다. 데이터도 원유와 같은 비용요소이기 때문이다.
- 빅데이터에 얼마나 적극적으로 투자해야 하는가? 하는 양과 속도의 문제는 빅데이터를 통해 조직이 어떤 가치를 얻을 수 있는가에 달렸다.

2) 빅데이터의 4가지 가치

- 빅데이터의 가치하는 4가지로 요약된다.

① 비용절감

② 수익창출

③ 위험감소

④ 사회적 성과(ESG) 창출이다

3 ▶▶ 빅데이터의 특징: 3V · 4V · 5V

1) 빅데이터의 3V·4V·5V

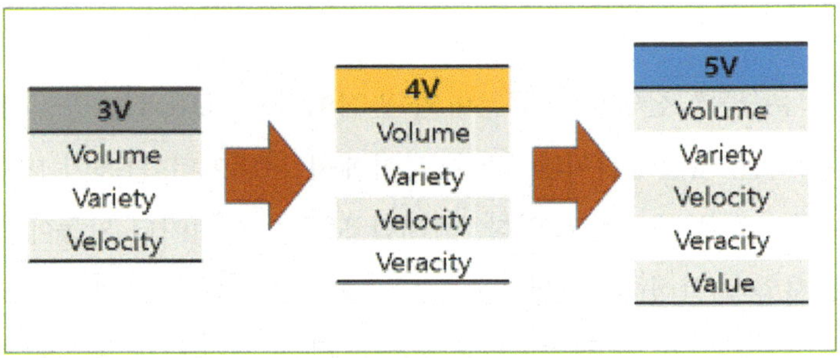

(1) 빅데이터의 3V

- 빅 데이터란 거대한 규모(volume), 빠른 속도(velocity), 높은 다양성(variety)을 특징으로 하는 데이터이다. 이를 3V라고도 한다

① 규모(volume)

② 다양성(variety)

③ 속도(velocity)

(2) 빅데이터의 4V (정확성(veracity)이 추가)

① 규모(volume)

② 다양성(variety)

③ 속도(velocity)

④ 정확성(veracity)

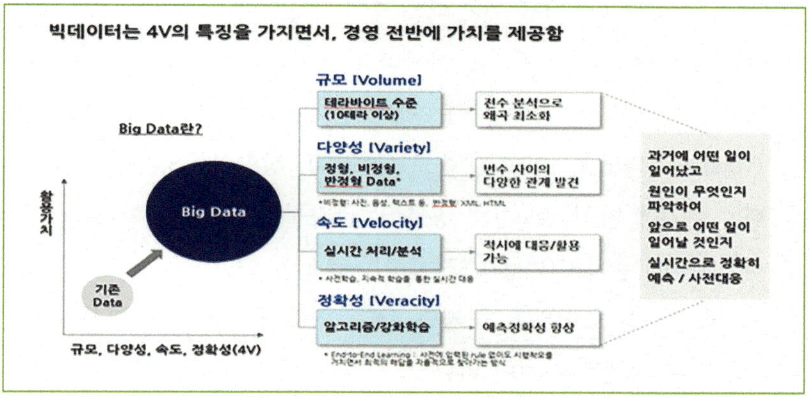

(3) 빅데이터의 5V (가치(Value)가 추가)

① 규모(volume)

② 다양성(variety)

③ 속도(velocity)

④ 정확성(veracity)

⑤ 가치(Value)

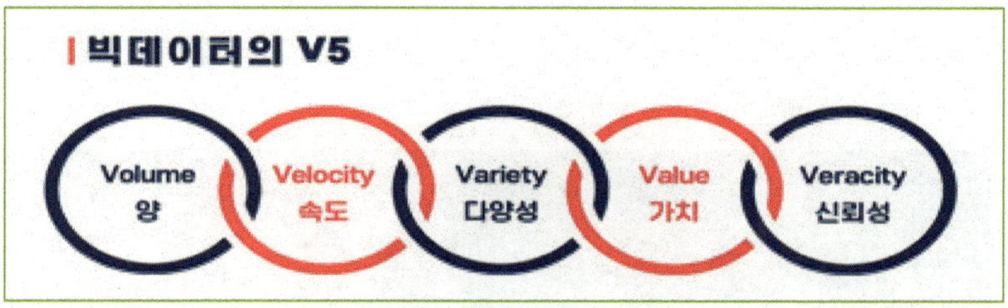

빅데이터의 정의, 빅데이터란 무엇인가?,gncntalktalk.com

2) 빅데이터의 핵심요소인 4V 풀어보기

- 얼마나 많은 데이터를 빅데이터라고 부르는가? 이제 빅데이터에 대해 보다 명확한 정의를 알아보자. 관련 분야에서는 빅데이터의 속성을 규모(volume), 다양성(variety), 속도(velocity), 정확성(veracity)의 4V로 정의한다. 여기에 가치(Value)의 영문 앞 글자를 따서 5V로 확대하여 정의해왔다. 최근에는 가치(value), 진실성(veracity), 휘발성(volatility) 등을 포함시킨 정의도 등장하였다. 하지만 4V가 빅데이터의 가장 핵심적 속성을 대표한다는 점에는 이견이 없다.

(1) 규모(Volume)

- 먼저 규모에 대해 알아보자. 데이터의 규모란 저장되는 물리적인 데이터 양을 말한다. 하둡(Hadoop)과 같은 데이터 관리 소프트웨어 및 하드웨어 기술의 발전으로 대규모 데이터를 저장하고 처리하는 비용이 과거에 비해 크게 낮아졌다. 그 결과 활용할 수 있는 데이터의 규모는 비교할 수 없을 정도로 커졌다. 90년대 말 고성능 컴퓨터의 저장용량이 기가 바이트 수준이었다. 현재는 구글과 같은 클라우드 서비스에 가입하면 개인도 100페타 바이트(1PB)를 무료로 사용할 수 있다. 참고로 영화 아바타의 전체 데이터 양이 1PB라고 한다.

제임스 카메론이 케이스 윈슬렛이 맡은 역할인 로날에 대해 언급, extmovietalk.com

- 참고로 구글이 현재 가지고 있는 데이터의 크기는 10의 18승 엑사바이트 수준이다. 원자가 물질로 질적인 변환을 일으키는 양적인 최소 크기가 10의 23승이다. 이 10의 23승을 아보가드로 넘버(Avogadro's Number)라고 한다. 전문가들은 빅데이터도 이 아보가드로 넘버에 이르면 스스로 새로운 특성을 만들어낼 수 있는 수준에 이를 것이라고 예상한다. 구글이 아보가드로 넘버를 넘어서는 10의 24승 요타바이트에 도달하는데 20년이 채 남지 않았다. 레이 커즈와일(Kurzweil)이 예상한 것처럼 2045년이면 강한 인공지능이 등장할 수 있는 빅데이터를 보유하게 되는 것이다.

(2) 다양성(Variety)

- 다양성은 데이터가 정형이 아니어도 활용이 가능하다는 것을 의미한다. 빅데이터에는 이미지나 텍스트와 같이 이전의 기술로는 활용이 어려웠던 데이터들까지 모두 포함된다. 그리고, 저장과 처리를 간편하게 하기 위해서 일부만 정형적 형태를 띄는 웹 로그 같은 반정형 데이터 처리기술의 발전도 빅데이터 생태계에서는 중요한 역할을 하였다. 이렇게 분석에 활용할 수 있는 재료가 풍부해진 것이다.
- 쉽게 말해서, 이전에는 스마트폰 잠금을 해제하려면 비밀번호(정형데이터)를 입력해야 했다. 하지만 지금은 얼굴이나 지문(이미지)를 사용해서 빠르고 편리한 처리가 가능하다. 이런 정형, 반정형, 비정형 데이터를 합쳐서 분석하면 기존에는 알지 못했던 새로운 사실을 찾아낼 수도 있다. 무엇보다 데이터의 대부분은 비정형 형태로 존재한다.

(3) 속도(Velocity)

- 속도는 데이터가 빠르게 처리, 분석된다는 뜻이다. 같은 시간동안 페타 단위의 큰 데이터를 처리, 분석하기 위해서는 이에 맞는 기술발전이 동시에 이루어져야 했다.

- 하둡(Hadoop) 생태계에서는 실시간 데이터 처리가 가능한 여러가지 오픈소스 기술들(예: 스파크, 카프카)이 저장기술과 함께 발전하면서 데이터의 활용성과 분석의 가치를 높였다. 그리고 데이터를 디스크에 기록하는 방식에서 메모리로 직접 올려서 처리하는 인메모리 기술의 발전도 큰 기여를 했다. 그 결과 분석과 적용(대응)의 시간차가 거의 실시간으로 줄어들었다. 특정한 사건에 대한 데이터를 적시에 파악해서 실시간으로 대응할 수 있게 된 것이다.
- 예를 들어, 온라인 쇼핑몰은 고객이 쇼핑몰 페이지의 이곳저곳을 방문한 로그를 실시간으로 분석한 결과를 바탕으로 구매를 유도하기에 가장 좋은 할인쿠폰을 바로 제시할 수 있다. 속도는 또한 데이터의 실시간 분석과 대응을 요구하는 분야에서 매우 중요하다. 자율주행 자동차가 이미지 데이터를 분석해서 매순간 정확한 판단을 내리는 것, 인공지능을 탑재한 로봇이 상황을 인지하고 즉시 대응하는 것 등이 이에 속한다.

(4) 정확성(Veracity)

- 빅데이터의 정확성은 데이터의 신뢰도의 다른 말이다. 빅데이터는 방대한 양의 데이터로부터 일정한 패턴을 추출할 수 있다는 귀납적 사고관에 기반한다. 가설을 가지고, 그 가설이 사실인지를 스몰데이터로 검증하는 연역적 세계관과는 차이가 있다. 때문에, 소수의 표본(스몰데이터)으로 전체 모집단(빅데이터)을 통계적으로 추론하는 방식보다 일반적으로 높은 정확성을 보인다. 우리가 사는 세상의 데이터는 표본이 많아질수록 평균값으로 수렴하는 '중심극한정리'라는 법칙을 따르기 때문이다. 즉 데이터가 많아질수록 오차가 작아진다.
- 예를 하나 들어보자. 선거가 끝나면 일부 유권자들을 조사한 결과를 통계적으로 처리해서 당선자를 예측한다. 모든 사람을 다 조사하면 가장 정확하다. 하지만 그러기에는 시간과 비용이 너무 많이 든다. 만약, 똑같은

비용과 시간으로 모든 유권자를 조사한 데이터를 얻을 수 있다면 정확도 100%가 보장된다. 빅데이터 기술의 발전은 시간과 비용 때문에 모으고 처리하는데 한계가 있었던 대용량 데이터를 분석해서 내가 알고자 하는 사실을 왜곡 없이 파악할 수 있도록 만든다.

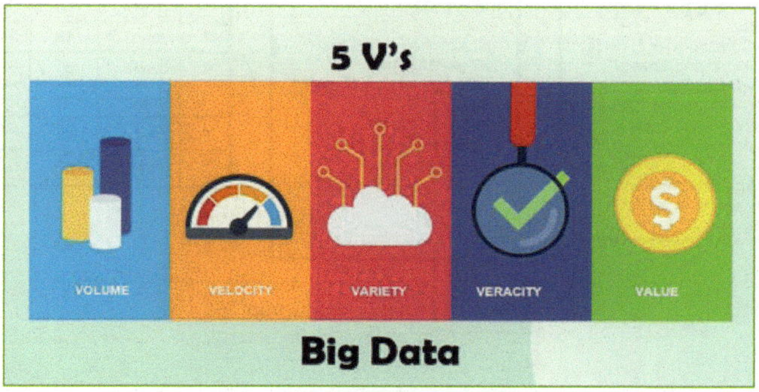

5 Vs of Big Data Demystified - Shiksha Online

4 ▶▶ 데이터의 종류

1) 데이터의 형태와 특징

- 데이터 분석의 출발점은 내가 가진 데이터의 형태와 특징을 이해하는 것이다. 정보를 가지고 있는 것은 모두 데이터라고 할 수 있다. 하지만 컴퓨터가 데이터를 이해하고 사용할 수 있게 하기 위해서는 데이터를 특정한 형태의 숫자로 변환해야 한다. 이렇게 데이터는 숫자로 저장되는 방식에 따라서 정형, 반정형, 비정형으로 구분된다.
- 빅데이터 분석에 사용되는 데이터는 전통적인 정형 데이터부터, 사진, 영상, 음성과 같은 비정형 데이터까지 그 종류가 다양하다. 빅데이터 분석

은 정형 데이터에만 의존했던 기존의 데이터분석과 다르게 반정형, 비정형 데이터를 분석하거나, 모든 형태의 데이터를 융합(mash-up)해서 분석한다.

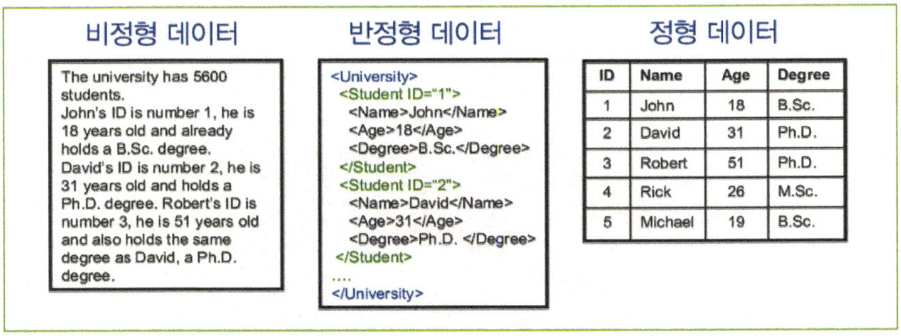

출처: Semantic web technologies and ebusiness, Idea Group

2) 정형 데이터 반정형 데이터 비정형 데이터의 특징

■ 빅데이터 종류 및 특징

종류	설명
정형	- 고정된 필드에 저장된 데이터 - 예로서 관계형 데이터베이스, 스프레드시트
반정형	- 고정된 필드에 저장되어 있지는 않지만, 메타데이터나 스키마 등을 포함하는 데이터 - 예로서 XML, HTML 텍스트
비정형	- 고정된 필드에 저장되어 있지 않은 데이터 - 예로서 텍스트 분석이 가능한 텍스트 문서, 이미지·동영상·음성 데이터

(1) 정형 데이터

- 우리가 가장 일상적으로 사용하는 데이터 형식이다. 사전에 정의된 규칙에 맞게 구조화된(structured) 행(row)과 열(column)에 데이터가 존재한다. 모든 수학적 연산이 가능하다.

(2) 반정형 데이터

- 느슨하게 정해진 구조(semi-structured)를 가진 데이터다. 각 데이터의 특징을 대표하는 키(key: schema, metadata)와 그에 맞는 실제 데이터 값(value)로 구성된다. 쉽게 말해서, 어떤 사람의 이름이 키(key)라면, 그 사람이 가진 속성인 나이, 키, 몸무게, 고향, 가족 수, 좋아하는 음식 등을 나열한 것은 데이터 값이다. 반정형 데이터의 키는 정형 데이터에서 열(column)의 역할을 한다. 로그 데이터, XML, HTML, JSON 등이 대표적이고 반정형 데이터를 직접 연산하는 것은 불가능하다.

(3) 비정형 데이터

- 텍스트, 이미지, 영상, 음성과 같이 특정한 형태가 없는 데이터다. 기본적으로는 연산이 불가능하다. 그래서 이미지나 텍스트를 디지털로 저장하기 전인 아날로그 시대에는 데이터로서 활용하기가 어려웠다. 문서 데이터, 소셜미디어에 올라온 사진, 글, 영상, 유튜브 영상, CCTV영상, 내 사진첩 속의 사진 등 정형, 비정형 데이터를 제외한 모든 데이터가 비정형 데이터다. 디지털 시대인 오늘날에는 이러한 비정형 데이터도 숫자로 변환해서 저장, 활용된다.
- 예를 들면, 이미지의 각 화소는 빨간색, 녹색, 파란색을 0에서 255사이의 숫자로 나타낸 RGB 값을 가진다. 그래서, 컴퓨터는 3개의 값의 조합인 256개 X 256개 X 256개 = 16,777,216개의 색상표현이 가능하다.

3) 정형데이터와 비정형 데이터의 비교

- 과거에는 해석의 어려움으로 인해 비정형 데이터가 제대로 활용되지 못했으나 최근에는 비정형 데이터를 읽고, 저장하고, 분석할 수 있는 새로운 도구가 출현하여 비정형 데이터를 더 쉽게 이해할 수 있을 뿐만 아니라 이와 같은 데이터를 토대로 귀중한 인사이트를 얻을 수 있게 되었다.

■ 정형데이터와 비정형 데이터의 비교

특징	정형데이터	비정형데이터
데이터특성	양적 데이터	질적 데이터
데이터모델	사전에 정의됨. 모델이 정의되고 일부 데이터가 저장된 후에는 모델을 변경하기 힘듦.	비정형 데이터에는 특정 스키마가 포함되지 않음. 데이터 모델은 매우 유연함.
데이터 포맷	제한된 수의 데이터 포맷을 사용할 수 있음.	비정형 데이터에는 매우 다양한 데이터 포맷을 사용할 수 있음.
데이터베이스	SQL 기반 관계형 데이터베이스가 사용됨.	특정 스키마가 없는 NoSQL 데이터베이스가 사용됨.
검색	데이터베이스 또는 데이터 세트 내에서 데이터를 검색하고 찾기가 매우 쉬움.	비정형 특성으로 인해 특정 데이터 검색이 매우 힘듦.
분석	데이터의 양적 특성으로 인해 분석이 매우 쉬움.	기존 소프트웨어 도구로도 분석이 매우 어렵려움.
저장방법	정형 데이터에는 데이터 웨어하우스가 사용됨.	비정형 데이터를 저장하는 데에는 데이터 레이크가 사용됨.

출처: 정형데이터와 비정형데이터 PURESTORAGE, 초보자를 위한 빅데이터 가이드

Creating value from big data - Tonecto

4) 빅데이터의 숫자·텍스트·이미지데이터 비교

(1) 숫자 데이터

- 2002년 미국의 야구팀 오클랜드 애슬레틱스는 매우 가난한 구단이었다. 돈도 없고 실력은 더 없는 '오합지졸' 팀은 새 시즌을 앞두고 FA 선수들을 영입하려 하지만 이 마저도 쉽지 않다. 돌파구를 찾지 못하던 빌리 빈은 경제학을 전공한 분석전문가를 영입해 오직 경기 데이터만 기준 삼아 선수를 영입한다. 데이터에 기반을 둔 이른바 머니 볼 이론. 문란한 사생활 탓에 저평가된 선수부터 나이가 많아 외면 받은 선수, 잦은 부상 탓에 벤치 신세를 면치 못하는 선수가 영입 대상이다. 오클랜드는 텍사스에 비해 반도 안 되는 연봉을 지급하면서도 텍사스와 승차31을 벌리며 아메리칸 리그 서부지구에서 리그 우승을 차지한다. 그리고 20연승이라는 신기록과 4년 연속 플레이오프 진출이라는 결과를 낸다. 전략으로 승리를 일궈낸 그의 이야기는 야구팬을 포함하여 많은 이들에게 큰 울림을 주었다.
- 빌리가 단장으로 취임할 당시에도 야구계는 서서히 OPS라는 새로운 지표에 눈길을 주고 있었다. OPS는 출루율과 장타율을 단순하게 합산한 수치인데, 단순하기는 해도 팀의 득점을 예측하는데 다른 어떤 공격 부문의 통계보다 훨씬 정확한 숫자였다. 하지만 두 가지 기록을 단순히 합산하는 방식은 이 둘이 동등한 중요성을 지녔다는 식으로 해석될 소지가 있었다.

영화 '머니볼' 전설 빌리 빈…스포츠 구단 M&A 회사 설립, 한국경제

출루율 증가는 장타율 증가보다 세 배나 큰 가치가 있다. 결국 출루율이 높은 선수들 영입하기로 결정을 한다. 팀의 승리에서 가장 핵심적인 역할을 하는 출루율 좋은 선수를 헐값에 사들이는 것이 가능했던 것이다.

(2) 이미지 데이터

- '빅데이터, 숫자로 말고 그림으로 보여줄 때 진가가 나타난다. 숫자로 나온 결과를 그림으로 보여준다면 상대방이 쉽게 이해하는데 가장 좋은 방법이다. 예컨대 분석결과를 표로 제시하는 방법은 더 이상 의사결정자들에게 먹히지 않는다. 색이나 움직임 등으로 전달하게 되면 훨씬 더 의사결정자들에게 다가갈 것이다.
- '데이터 시각화에는 다양한 유형이 있다. 이들은 데이터가 의미하는 바를 쉽게 찾고 이해할 수 있도록 돕는 역할을 한다. 대표적인 유형으로는 막대그래프(Bar Chart), 선 도표(Line Chart), 면적 그래프(Area Chart), 원그래프(Pie Chart), 산점도(Scatter Plot), 버블 차트(Bubble Chart), 방사형 그래프(Rader Chart), 프레임 다이어그램(Frame Diagram), 깔때기 도표(Funnel Plot), 갠트 차트(Gantt Chart) 등이 있다.

02 빅데이터는 현재상황분석을, 머신 러닝은 미래예측분석에 목표를 둔다

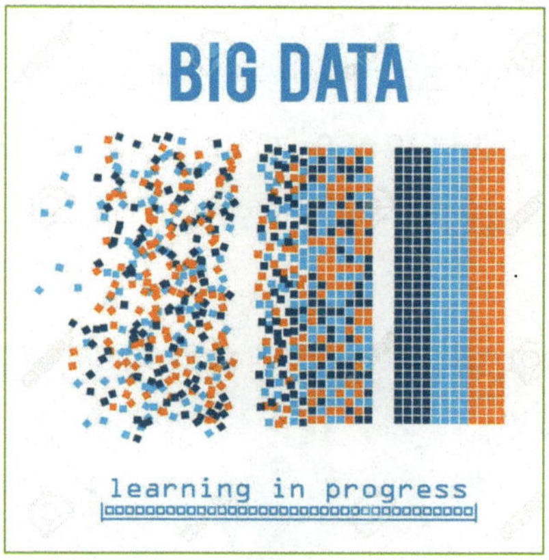

주요질문

1. 빅데이터 분석과 머신러닝 분석의 개념과 차이점은 무엇인가?
2. 도시 계획 분야에서 빅데이터와 머신러닝 분석은 어떻게 활용될 수 있는가?
3. 빅데이터 분석의 주요 단계와 각 단계별 활용 기술은 무엇인가?
4. 머신러닝 분석의 주요 알고리즘 유형과 각 유형별 특징은 무엇인가?
5. AI 기반 도시에서 빅데이터 분석과 머신러닝 분석은 어떤 역할을 수행하는가?
6. 데이터 기반 도시에서 빅데이터 분석과 머신러닝 분석은 어떻게 도시 문제 해결에 기여하는가?
7. 스마트 도시에서 빅데이터 분석과 머신러닝 분석은 시민들에게 어떤 혜택을 제공하는가?
8. IoT 도시에서 빅데이터 분석과 머신러닝 분석은 도시 인프라 관리에 어떻게 활용되는가?
9. 빅데이터 분석과 머신러닝 분석을 활용한 도시 계획 사례에는 어떤 것들이 있는가?
10. 빅데이터 분석과 머신러닝 분석을 도시 계획에 적용할 때 고려해야 할 윤리적 문제는 무엇인가?

1 2035년 AI 기반 도시: 빅데이터와 머신러닝이 만드는 놀라운 변화

#장면1. 빅데이터 도시: 현재 상황 분석으로 더욱 스마트해진 도시 생활

(1) **똑똑한 쓰레기통:** "앗, 쓰레기통이 꽉 찼네!" 걱정 마세요! 빅데이터 기반 스마트 쓰레기통은 스스로 용량을 감지하고, 최적화된 수거 경로를 알려줍니다. 덕분에 도시는 항상 깨끗하고, 쓰레기 수거 비용도 절감됩니다.

Big Data-based Waste Management in Stations, PPIAF

(2) **실시간 주차 안내:** 빅데이터가 주차 공간의 빈자리를 실시간으로 분석하여, 앱을 통해 가장 가까운 빈자리로 안내합니다. 짜증 나는 주차 전쟁은 이제 그만!

(3) **스마트 가로등:** 빅데이터 기반 스마트 가로등은 유동 인구와 시간대를 분석하여 밝기를 자동으로 조절합니다. 에너지를 절약하고, 밤길도 더욱 안전하게 지켜줍니다.

Making Big Data Useful: StreetLight InSight®

(4) **빅데이터 기반 맞춤형 교육:** 학생들의 학습 데이터를 분석하여 개인별 맞춤형 학습 콘텐츠와 커리큘럼을 제공합니다. 잠자는 수업은 이제 안녕!

(5) **빅데이터 기반 재난 예방:** 빅데이터는 도시의 재난 위험 요소를 분석하고, 실시간으로 재난 상황을 예측하여 시민들을 안전하게 보호합니다.

(6) **빅데이터 기반 관광 안내:** 빅데이터는 관광객들의 선호도를 분석하여 맞춤형 관광 코스를 추천하고, 도시의 숨겨진 매력을 알려줍니다.

(7) **빅데이터 기반 도시 행정:** 빅데이터는 도시 행정 데이터를 분석하여 도시 문제의 해결 방안을 제시하고, 시민들의 의견을 반영하여 더 나은 도시를 만듭니다.

#장면 2. 머신러닝 도시: 미래 예측 분석으로 더욱 편리하고 안전한 도시

(1) **스마트 교통 시스템:** 머신러닝은 교통량을 예측하여 신호 체계를 최적화하고, 교통 혼잡을 줄여줍니다.

(2) **자율 주행 택시:** 머신러닝 기반 자율 주행 택시는 도시 곳곳을 누비며, 시민들의 편리한 이동을 책임집니다.

How Big Data in Autonomous Vehicles Defines the Future Intellias

(3) **범죄 예방 시스템:** 머신러닝은 범죄 발생 가능성을 예측하여 범죄를 예방하고, 시민들을 안전하게 보호합니다.

(4) **스마트 재난 대응 시스템:** 머신러닝은 재난 발생 시 신속한 대응을 위한 정보를 제공하고, 피해를 최소화합니다.

How Big Data can help with Disaster Management, GoodWorkLabs

(5) **맞춤형 의료 서비스:** 머신러닝은 개인별 건강 데이터를 분석하여 질병을 예측하고, 맞춤형 치료법을 제시합니다.

(6) **스마트 환경 관리:** 머신러닝은 환경 오염을 예측하고, 오염 발생 시 효과적인 대응 방안을 제시합니다.

(7) **스마트 빌딩:** 머신러닝은 건물의 에너지 사용량을 예측하고, 효율적인 에너지 관리 시스템을 구축합니다.

(8) **스마트 공장:** 머신러닝은 생산 과정을 최적화하여 생산성을 높이고, 불량률을 감소시킵니다.

(9) **스마트 팜:** 머신러닝은 농작물 생육 환경을 예측하고, 최적의 생육 조건을 유지하여 생산량을 증가시킵니다.

Smart Farming, Adobe Stock

(10) **예측 기반 도시 계획:** 머신러닝은 도시의 미래를 예측하여 도시 계획을 수립하고, 도시 문제를 예방합니다.

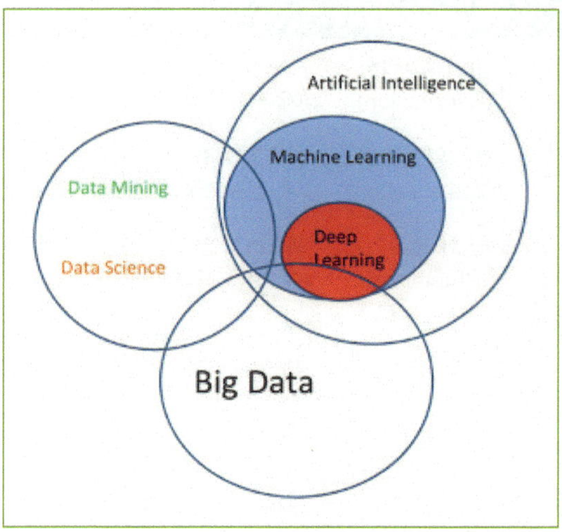

Visually Linking AI, Machine Learning, Deep Learning, Big Data and Data Science, Pinterest

2 ▶▶ 머신러닝의 학습과 학습알고리즘의 구체적인 내용

1) 머신러닝의 학습의 유형

학습유형	세부설명
지도학습 (Supervised Learning)	학습해야 할 명시적 기준이 있다. 정답을 알려주며(지도하며)학습시킨다.
비지도학습 (Unsupervised Learning)	학습해야 할 명시적 기준이 없다. 정답을 알려주지 않고 자율적으로 학습시킨다.
반지도학습 (Semi-supervised Learning	데이터 일부에만 학습해야 할 기준이 있다. 정답의 일부만 알려주며 학습시킨다.
강화학습 (Reinforcement Learning)	학습해야 할 기분이 아니라, 현제 행동에 대한 상벌(보상)이 있다. (예: 미로찾기, 바둑두기, 로봇축구 등)

2) 머신러닝의 학습 알고리즘 유형의 설명

학습분류	알고리즘 유형	세부설명
예측적 학습 (Predictive Learning)	회귀알고리즘 (Regression)	수치형 예측: 예측 값 Y는 숫자 값 (예: 신규고객의 소득을 예측)
	분류알고리즘 (Classification)	범주형 예측: 예측 값 Y는 Class의 분류 (예: 신규고객의 신용등급을 분류)
설명적 학습 (Descriptive Learning)	군집화 알고리즘 (Clustering)	예측하지 않고 숨겨진 지식을 발견 (예: 보유고객의 충성도 등급을 군집(그룹)으로 나눔)
	정보탐색 알고리즘	장바구니 분석을 위한 연관규칙, 상품추천을 위한 협업 필터링 등 정보에서 지식을 추출

3 ▸▸ 빅데이터(Big Data)는 가설에 대한 해결방안을, 머신 러닝(Machine Learning)은 데이터 분석의 인사이트를 바탕으로, 예측 모델을 만들고 스스로 결정을 한다

1) 빅데이터 분석은 데이터 셋을 분석하여 특정 질문과 가설에 대한 해결 방안을 찾거나, 데이터에 숨겨진 패턴을 발견하는 과정이다.

빅데이터 분석은 주어진 데이터 셋을 분석하여 특정 질문과 가설에 대한 해결 방안을 찾거나, 데이터에 숨겨진 패턴을 발견하는 과정이다. 데이터분석은 일반적으로 통계적 기법을 활용한다. 이와 대조적으로, 머신 러닝 분석은 빅데이터로부터 학습하여 모델을 구축하는 것이다. 주어진 입력 데이터로부터 예측을 만들어내는 것을 목표로 한다. 머신 러닝은 데이터 분석을 더욱 자동화하고, 복잡한 패턴을 인식하는 데에 목표를 둔다.

2) 머신 러닝의 실제 적용 예로는 이미지와 음성 인식, 자연어 처리(NLP), 추천 시스템 등이 있다

머신 러닝은 지도학습, 비지도학습, 강화학습과 같은 다양한 알고리즘과 기법을 사용한다. 이들 각각은 특정 유형의 데이터와 문제에 적합하다. 예를 들어, 지도학습은 레이블이 지정된 데이터로부터 패턴을 학습하고, 이를 바탕으로 레이블이 없는 데이터의 출력을 예측하는 데 사용된다. 이는 분류와 회귀 문제에 주로 적용된다. 비지도학습은 레이블이 지정되지 않은 데이터로부터 유용한 정보를 찾아내는 과정이다. 클러스터링, 차원 축소와 같은 기법이 여기에 해당한다.

머신 러닝의 실제 적용 예로는 이미지와 음성 인식, 자연어 처리(NLP), 추천 시스템 등이 있다. 이들은 각각 특정 알고리즘과 기법을 사용하여 복잡한 패턴을 인식하고, 사용자의 요구에 맞는 결과를 제공한다. 머신 러닝은 데이터 분석이 제공하는 인사이트를 바탕으로, 예측 모델을 만들고 자동화된 결정을 내리는 데 중요한 역할을 한다.

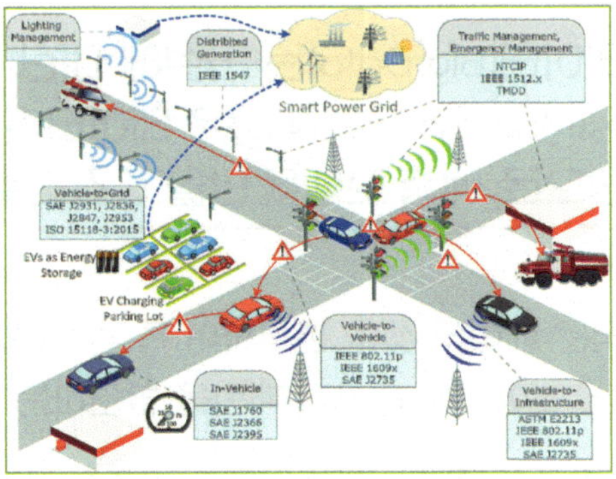

AI, big data, and machine learning in transportation, Addepto

4 ▶▶ 빅데이터는 데이터를 처리하여 통찰을 제공하고, 머신 러닝은 데이터를 학습하여 예측모델을 만든다

1) 빅데이터 분석(Big Data Analysis)

(1) **목표:** 방대한 데이터를 처리하고, 패턴을 찾아내며, 의사결정을 지원하기 위한 통찰을 제공한다.

(2) **특징:** 대규모 데이터를 수집, 저장, 정리하고 다양한 분석 기법(통계, EDA)을 활용하여 결과를 해석.

(3) **도구 및 기술:** Hadoop, Spark, SQL, Python, Tableau 등.

(4) **결과물:** 과거와 현재의 데이터를 이해하고, 문제의 전반적인 트렌드와 패턴을 파악.

2) 머신러닝 분석(Machine Learning Analysis)

(1) **목표:** 데이터를 학습하여 예측 모델을 만들고, 복잡한 패턴을 자동으로 인식하며, 데이터 기반으로 의사결정을 자동화.

(2) **특징:** 알고리즘(지도학습, 비지도학습 등)을 사용하여 데이터를 학습하고, 새

로운 데이터를 예측하거나 분류.

(3) **도구 및 기술:** Scikit-learn, TensorFlow, PyTorch, Jupyter Notebook 등.

(4) **결과물:** 미래를 예측하거나 자동화된 의사결정을 지원하는 모델 제공.

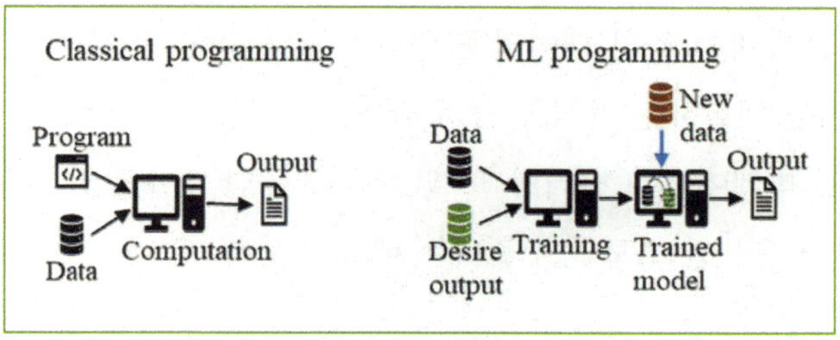

Machine Learning Applications in Surface Transportation Systems: MDPI

■ 빅데이터 분석과 머신 러닝 분석의 목적, 접근방식, 주요 도구, 결과물, 적용 예의 차이

특징	정형데이터	비정형데이터
항목	빅데이터 분석	머신 러닝 분석
목적	과거 데이터 분석 및 통찰 제공	데이터 학습을 통해 미래 예측 및 자동화
접근 방식	데이터 정리 및 탐색, 패턴 파악	모델 학습 및 예측
주요 도구	Hadoop, Spark, Tableau, SQL	TensorFlow, Scikit-learn, PyTorch
결과물	현재 상황 이해, 트렌드 및 문제 영역 파악	자동화된 예측 모델 및 데이터 기반 의사결정
적용 예	교통량 분석, 대중교통 승객 패턴 파악	교통량 예측, 노선 최적화, 자율주행차량 제어

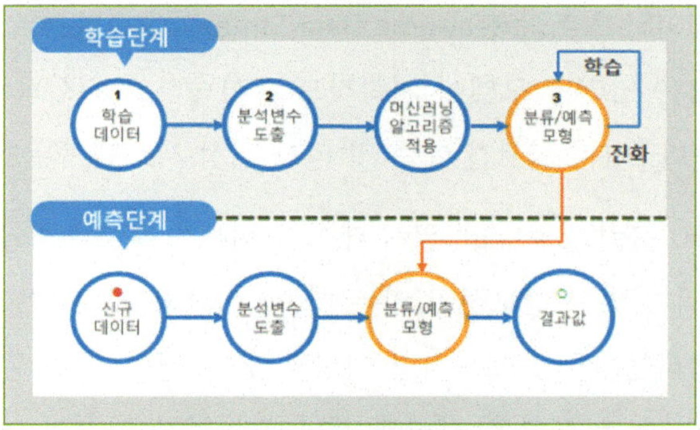

4ir.kisti.re.kr

5 ▸▸ 빅데이터는 딥러닝의 학습 자원, 딥러닝은 빅데이터 분석 도구

빅데이터는 방대한 양의 데이터를 의미하며, 딥러닝은 인공 신경망을 기반으로 복잡한 문제를 해결하는 기계 학습의 한 분야이다. 이 두 기술은 상호 보완적인 관계를 가지며, 빅데이터는 딥러닝 모델 학습을 위한 필수적인 자원이며, 딥러닝은 빅데이터에서 유용한 정보를 추출하는 데 활용된다.

5.1 빅데이터는 딥러닝의 학습 자원, 딥러닝은 빅데이터 분석 도구

1) 빅데이터는 딥러닝의 학습 자원이다.

(1) **데이터의 다양성 및 규모:** 딥러닝 모델은 수많은 데이터를 통해 학습하며, 데이터의 양이 많을수록 모델의 성능이 향상된다. 빅데이터는 다양한 형태와 규모의 데이터를 제공하여 딥러닝 모델이 더욱 정확하고 일반화된 결과를 도출하도록 돕는다.

(2) **레이블링된 데이터(Labeled data):** 지도 학습 기반의 딥러닝 모델은 레이블링된 데이터를 필요로 한다. 빅데이터는 레이블링된 데이터를 대량으로 확보하는 데 유용하며, 이는 모델의 학습 효율성을 높인다.

(3) **실시간 데이터 스트림(Real-time Data Strean):** 실시간으로 생성되는 빅데이터 스트림은 딥러닝 모델이 지속적으로 학습하고 변화하는 환경에 적응하도록 돕는다. 이는 실시간 예측 및 의사 결정 시스템 구축에 필수적이다.

◐ **데이터 레이블링(Labeling):** 원시 데이터(이미지, 텍스트 파일, 동영상 등)를 식별하고, 의미 있고 정보성이 있는 한 개 이상의 레이블을 추가하여 컨텍스트를 제공하는 과정으로, 머신 러닝과 딥 러닝이 이를 통해 학습할 수 있다. 예를 들어 레이블은 사진에 새나 자동차가 있는지 여부, 음성 녹음에

어떤 단어가 언급되었는지 또는 엑스레이에 종양이 있는지를 나타낼 수도 있다. 데이터 레이블링은 컴퓨터 비전, 자연어 처리, 음성 인식 등과 같은 다양한 사용 사례에 필수적이다.

◐ **데이터 스트림(Data Stream)**: 스트리밍 데이터는 짧은 대기 시간 처리를 목표로 데이터를 연속적으로 수집하여 내보내는 방식의 대용량 데이터이다. 데이터 스트림은 구글 애널리틱스 4 속성에 제공되는 정보소스로 웹 사이트, 안드로이드 앱 및 IOS 앱에 대한 데이터 스트림을 가질 수 있고, 다양한 플랫폼에서 사용자 행동을 비교하고 통합하여 데이터를 볼 수 있다.

2) 딥러닝은 빅데이터 분석 도구이다.

(1) **비정형 데이터 분석**: 빅데이터는 텍스트, 이미지, 음성 등 비정형 데이터를 포함하며, 딥러닝은 이러한 복잡한 데이터에서 유용한 정보를 추출하는 데 탁월하다. 예를 들어, 자연어 처리, 이미지 인식, 음성 인식 등의 분야에서 딥러닝은 빅데이터 분석의 핵심 기술로 활용된다.

(2) **특징 추출 및 패턴 발견**: 딥러닝은 빅데이터에서 숨겨진 특징과 패턴을 자동으로 학습하고 추출할 수 있다. 이는 데이터 기반의 의사 결정 및 예측 모델 개발에 활용된다.

■ 빅데이터와 딥러닝의 목표, 주요기술, 역할, 활용 에시 측면의 비교 분석

구분	빅데이터	딥러닝
목표	대규모 데이터의 수집, 저장, 분석을 통해 유의미한 정보를 추출하고 의사결정을 지원	복잡한 데이터 패턴을 학습하여 예측, 분류, 생성 등 고수준의 인공지능 기능을 구현
주요 기술	하둡, 스파크, NoSQL, 데이터 마이닝, 통계 분석	심층 신경망, 합성곱 신경망, 순환 신경망, 강화 학습
역할	데이터 기반 의사결정, 비즈니스 인사이트 도출, 효율성 향상	복잡한 문제 해결, 패턴 인식 및 예측, 인공지능 서비스 구현
활용 예시	고객 행동 분석, 시장 트렌드 예측, 이상 징후 탐지, 맞춤형 추천 서비스	이미지/음성 인식, 자연어 처리, 자율 주행, 신약 개발, 질병 진단

(3) **이상 감지 및 예측:** 딥러닝은 빅데이터에서 정상 범위를 벗어나는 이상 데이터를 감지하고 미래를 예측하는 데 활용된다. 이는 사기 탐지, 고장 예측, 수요 예측 등 다양한 분야에 적용된다.

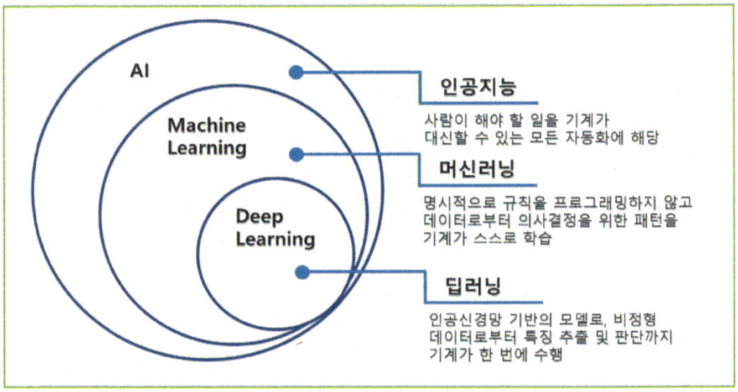

[23-01/인공지능] 인공지능의 발전과정, 지능형 에이전트 https://www.google.com/search?

5.2 빅데이터와 딥러닝의 도시분야 적용 시 비교

■ 도시 계획 분야별 빅데이터와 딥러닝의 목표, 주요기술, 역할, 활용예시 측면의 비교

분야	빅데이터	딥러닝
도시 계획	목표: 도시 현황 분석 및 미래 예측을 통한 효율적인 도시 계획 수립	목표: 도시 공간 구조 및 기능 예측을 통한 최적의 도시 설계 및 개발 전략 수립
	주요 기술: GIS, 센서 데이터 분석, 소셜 미디어 분석, 통계 모델	주요 기술: 컴퓨터 비전, 자연어 처리, 시계열 데이터 분석, 강화 학습
	역할: 도시 인프라 관리, 교통 흐름 분석, 재난 예측 및 대응, 도시 서비스 개선	역할: 도시 공간 최적화, 미래 도시 시뮬레이션, 스마트 도시 서비스 개발, 에너지 효율 향상
	활용 예시: 인구 이동 패턴 분석, 교통 혼잡 예측, 에너지 소비 패턴 분석, 도시 개발 시나리오 분석	활용 예시: 3D 도시 모델 생성, 도시 이미지 기반 환경 분석, 교통 신호 최적화, 스마트 빌딩 에너지 관리
도시 설계	목표: 사용자 중심의 쾌적하고 안전한 도시 공간 설계한다.	목표: 도시 공간의 기능 및 성능 예측을 통한 최적의 설계안을 도출
	주요 기술: 사용자 행동 데이터 분석, 공간 정보 시각화, 건축물 에너지 성능 분석	주요 기술: Generative Design, 3D 모델링, 시뮬레이션

도시 설계	역할: 보행 환경 개선, 범죄 예방 설계, 에너지 효율 설계, 사용자 맞춤형 공간 설계	역할: 건축물 배치 최적화, 동선 분석, 자연 채광 및 환기 성능 분석, 디자인 자동 생성
	활용 예시: 스마트 가로등 설계, 범죄 발생 패턴 분석을 통한 안전한 골목길 설계, 에너지 효율적인 건물 배치	활용 예시: 도시 블록 배치 최적화, 건축물 디자인 자동 생성, 도시 풍경 시뮬레이션, 사용자 동선 기반 공간 최적화
교통 계획	목표: 효율적이고 안전한 교통 시스템 구축	목표: 교통 흐름 예측 및 제어를 통한 최적의 교통 관리 시스템 구축
	주요 기술: 교통량 데이터 분석, 실시간 교통 정보 분석, 대중교통 이용 데이터 분석	주요 기술: 컴퓨터 비전, 시계열 데이터 분석, 강화 학습
	역할: 교통 혼잡 완화, 대중교통 최적화, 교통 사고 예측 및 예방, 스마트 교통 시스템 구축	역할: 자율 주행 시스템 개발, 교통 신호 최적화, 실시간 교통 흐름 예측, 교통 수요 예측
	활용 예시: 실시간 교통 정보 제공, 버스 노선 최적화, 교통 사고 발생 위험 지역 분석, 스마트 주차 시스템 구축	활용 예시: 자율 주행 셔틀 서비스, 실시간 교통 신호 제어, 교통 혼잡 예측 및 우회 경로 안내, 드론 택시 경로 최적화
환경 계획	목표: 지속 가능한 도시 환경 조성 및 관리한다.	목표: 환경 변화 예측 및 대응을 통한 최적의 환경 관리 시스템 구축
	주요 기술: 환경 센서 데이터 분석, 기상 데이터 분석, 대기/수질 데이터 분석	주요 기술: 시계열 데이터 분석, 이미지 분석, 자연어 처리
	역할: 대기/수질 오염 감시, 재난 예측 및 경보, 에너지 관리, 생태계 관리	역할: 기후 변화 예측, 자연 재해 예측, 환경 오염 예측 및 대응, 스마트 환경 관리 시스템 구축
	활용 예시: 미세먼지 농도 예측, 도시 열섬 현상 분석, 스마트 쓰레기 수거 시스템 구축, 에너지 효율적인 건물 관리	활용 예시: 기후 변화 시나리오 기반 도시 계획 수립, 홍수/가뭄 예측, 오염 물질 확산 예측, 스마트 농업 시스템 개발

6 AI 기반도시의 자율주행차 개발에서 빅데이터 → 머신러닝 → 딥러닝 분석 연계의 예시

AI 기반 도시의 핵심 기술 중 하나인 자율주행차 개발은 빅데이터 분석, 머신러닝, 딥러닝 기술의 유기적인 연계를 통해 이루어진다. 이러한 기술들은 각각의 역할을 수행하며 상호 보완적으로 작용하여 자율주행 시스템의 성능과 안전성을 향상시킨다.

1) 빅데이터 분석

자율주행차 개발의 첫 단계는 빅데이터 분석이다. 자율주행차는 카메라, 라이다, 레이더, GPS 등 다양한 센서를 통해 방대한 양의 데이터를 수집한다. 빅데이터 분석은 이러한 데이터를 수집, 저장, 처리하여 자율주행 알고리즘 개발에 필요한 정보를 추출한다.

(1) **데이터 수집:** 주행 환경, 도로 상태, 교통 상황, 차량 상태 등 다양한 데이터를 수집한다.

(2) **데이터 저장:** 수집된 데이터를 효율적으로 저장하고 관리한다.

(3) **데이터 정제:** 노이즈 제거, 데이터 변환, 결측 값 처리 등을 통해 데이터 품질을 향상시킨다.

(4) **데이터 분석:** 통계 분석, 데이터 마이닝 등을 활용하여 데이터의 패턴과 특징을 파악한다.

2) 머신 러닝 분석

빅데이터 분석을 통해 얻은 정보를 기반으로 머신 러닝 분석을 수행한다. 머신 러닝은 컴퓨터가 데이터를 통해 학습하고 스스로 규칙을 찾아내는 기술이다. 자율주행차 개발에서는 머신 러닝을 활용하여 다양한 예측 모델을 구축한다.

(1) **객체 인식:** 이미지 인식 기술을 활용하여 차량, 보행자, 신호등, 표지판 등 주변 환경을 인식합니다.

(2) **경로 계획:** 주행 경로를 계획하고 최적화한다.

(3) **상황 판단:** 주변 환경을 인식하고 상황을 판단하여 적절한 주행 전략을 결정한다.

(4) **제어:** 차량의 속도, 방향, 제동 등을 제어한다.

3) 딥러닝 분석

딥러닝은 머신 러닝의 한 분야로, 인간의 뇌 신경망을 모방한 인공 신경망을 사용하는 기술이다. 딥러닝은 복잡한 패턴 인식 및 예측에 뛰어난 성능을 보이며, 자율주행차 개발에서 중요한 역할을 한다.

(1) **이미지 인식:** 딥러닝 기반 이미지 인식 기술을 활용하여 객체 인식 성능을 향상시킨다.

(2) **상황 판단:** 딥러닝을 활용하여 복잡한 주행 상황을 판단하고, 안전한 주행을 위한 의사 결정을 지원한다.

(3) **강화 학습:** 딥러닝 기반 강화 학습을 통해 자율주행 시스템이 스스로 학습하고 성능을 개선하도록 한다.

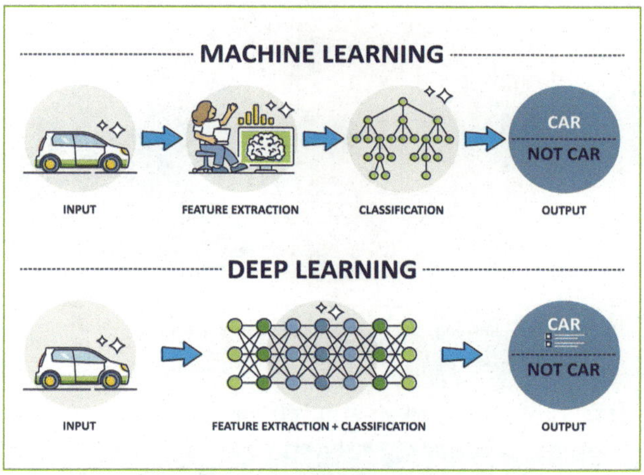

Deep Learning vs Machine Learning, Turing

4) 빅데이터 분석, 머신 러닝, 딥러닝 분석 간의 분석과정 연계

아래 그림은 AI 기반 도시 자율주행차 개발 시 빅데이터 분석, 머신 러닝, 딥러닝 분석이 어떻게 연계되는지 보여준다.

[빅데이터 분석] → [머신 러닝 분석] → [딥러닝 분석] → [최종 분석 결과]

빅데이터 분석은 자율주행차 개발에 필요한 데이터를 수집하고 분석하여 머신 러닝 분석에 필요한 정보를 제공한다.

- '머신 러닝 분석은 빅데이터 분석 결과를 기반으로 예측 모델을 구축하고, 딥러닝 분석에 필요한 학습 데이터를 생성한다.
- '딥러닝 분석은 머신 러닝 분석 결과를 더욱 발전시켜 자율주행 시스템의 성능을 향상시킨다.
- '딥러닝 분석 결과는 다시 머신 러닝 분석에 피드백되어 모델을 개선하고, 최종적으로 자율주행 시스템의 성능 향상에 기여한다.

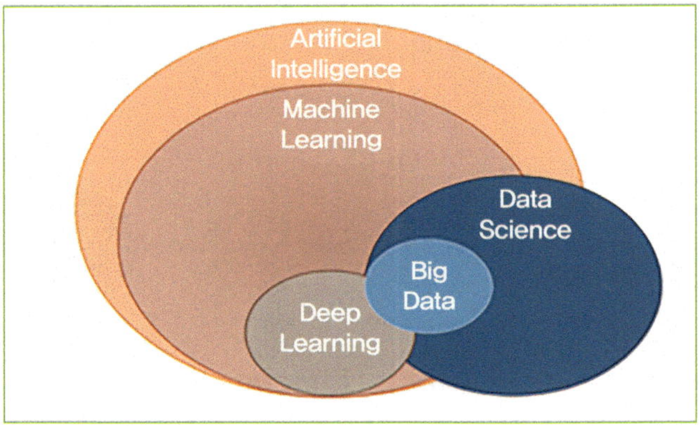

AI, Machine Learning, Deep Learning, kodak-experience

■ 분석 단계별 목표, 데이터 유형, 방법, 효과, 활용예시

분석 단계	목표	데이터 유형	방법 및 기술	효과	활용 예시
빅데이터 분석	자율주행 알고리즘 개발에 필요한 정보 추출	- 주행 환경 데이터 - 도로 상태 데이터 - 교통 상황 데이터 - 차량 상태 데이터	- 데이터 수집, 저장, 정제, 통계 분석 - 데이터 마이닝	- 자율주행 알고리즘 개발에 필요한 데이터 확보 및 전처리	- 센서 데이터 통합 관리 시스템, - 주행 패턴 분석 시스템

머신러닝 분석	다양한 예측 모델 구축 및 자율주행 기능 구현	- 객체 인식 데이터 - 경로 데이터 - 상황판단 데이터 - 제어 데이터	- 객체 인식, - 경로 계획, - 상황 판단, - 제어 모델 구축	- 자율주행 기능 구현 및 성능 향상	- 객체 인식 모델 - 경로 예측 모델 - 상황 판단 모델 - 차량 제어 모델
딥러닝 분석	복잡한 패턴 인식 및 예측 성능 향상	- 머신러닝 분석 결과 (이미지 데이터, 상황 판단 데이터, 강화 학습 데이터)	- 이미지 인식 성능 향상, - 복잡한 상황 판단, - 강화 학습 기반 자율주행 시스템 개발	- 자율주행 시스템의 성능 및 안전성 극대화	- 딥러닝 기반 객체 인식 시스템 - 딥러닝 기반 상황 판단 시스템 - 강화 학습 기반 자율주행 시스템
분석 과정 연계	최종 자율주행 시스템 성능 향상	- 각 분석 단계 결과 데이터	- 데이터 흐름 최적화, - 피드백 루프 구성, - 모델 개선	- 자율주행 시스템의 안정성 및 신뢰성 확보	- 실시간 피드백 기반 자율주행 시스템 - 적응형 자율주행 알고리즘

7 도시계획 및 교통계획 분야에서의 빅데이터 예시 비교

7.1 혼잡도 분석 및 대중교통 노선 최적화

1) 예제 1: 교통량 및 혼잡도 분석

(1) 빅데이터 분석의 역할(현재의 교통량을 예측)

- ‘도시 곳곳의 CCTV, 신호 시스템, GPS 장치 등에서 수집한 교통량 데이터를 수집.
- ‘특정 시간대(예: 출근 시간, 주말 오후)와 지역(예: 도심, 교외)의 차량 흐름과 혼잡도를 분석.

- '결과: 주중/주말 시간대별 평균 교통량, 혼잡 구간, 주요 정체 원인에 대한 인사이트 제공.

(2) 머신 러닝 분석의 역할(다음 주 교통량을 예측)

- '과거 교통량 데이터를 학습하여 특정 시간대(예: 다음 주 월요일 아침 8시)의 교통량을 예측.
- '적용 모델: 회귀 모델(예: 랜덤포레스트 회귀, LSTM)로 혼잡도를 예측하거나, 특정 도로 폐쇄 시 교통 분산 효과를 시뮬레이션.
- '결과: 다음 주 특정 시간대의 교통량을 예측하여, 도로 관리 및 신호 제어 최적화에 활용.

Innovative Uses for Big Data in Traffic Management, GoodVision Blog

2) 예제 2: 대중교통 노선 최적화

(1) 빅데이터 분석의 역할

- '도시 전역의 교통카드 데이터를 수집하여 승 하차 패턴을 분석.
- '주요 승차/하차 지역, 출퇴근 시간대 노선 이용 빈도를 파악.
- '결과: 노선별 이용률, 가장 혼잡한 노선, 특정 시간대의 수요 패턴을 기반으로 대중교통 노선을 재조정.

(2) 머신 러닝 분석의 역할

- '머신 러닝 알고리즘(예: 클러스터링)을 사용하여, 유사한 승객 이동 패턴을 가진 그룹(클러스터)을 찾아냄.
- '이를 바탕으로 새로운 노선을 추천하거나, 기존 노선의 효율성을 개선.
- '결과: 기존 데이터 기반으로 최적화된 노선 설계 및 신설 노선 제안.

Seoul Night Bus based on Big Data Technology, urban bus

7.2 자율주행차량 데이터 활용

1) 예제 3: 자율주행차량 데이터 활용

(1) 빅데이터 분석의 역할

- '자율주행 차량에서 수집된 도로 환경 데이터(카메라, 라이다, GPS 등)를 저장하고, 분석하여 도로 조건(포트 홀, 차선 상태 등)을 평가.
- '결과: 도로 유지보수 계획 수립, 사고 다발 지역 식별 및 개선 방안 제시.

(2) 머신러닝 분석의 역할

- '자율주행 차량이 학습 데이터를 기반으로, 도로 상황(보행자, 신호등, 차량)을 실시간으로 인식하고 대응하도록 모델을 학습.
- '적용 모델: 이미지 인식(딥러닝), 객체 탐지(예: YOLO, Faster R-CNN).
- '결과: 보행자와 차량 간 충돌 방지 및 최적 경로 자동 설정.

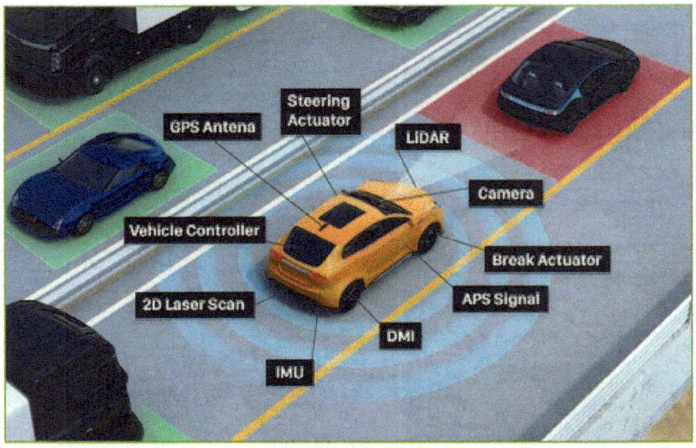

Big Data — the Driving Force of Autonomous Vehicles, labelourdata.com

8 ▶▶ 빅데이터 분석과 머신 러닝 분석의 도시 적용 시 주요 차이 비교

8.1 AI 기반 도시, 데이터 기반 도시, 스마트 도시, IoT 도시에서의 빅데이터 분석과 머신 러닝 분석 특징적 차이 비교

8.1.1 빅데이터 분석과 머신 러닝 분석의 역할 및 기여도

1) 빅데이터 분석

(1) **역할:** 도시에서 생성되는 방대한 데이터를 수집, 저장, 처리하여 도시 문제 해결 및 의사 결정에 필요한 정보를 제공한다.

(2) **기여도:** 도시 문제의 근본 원인과 패턴을 파악하고, 도시 계획 및 운영의 효율성을 높이는 데 기여한다.

(3) **주요 분석 기법:** 통계 분석, 데이터 마이닝, 시각화 등을 활용하여 데이터의 특징과 경향을 파악한다.

2) 머신 러닝 분석

(1) **역할:** 빅데이터 분석을 통해 얻은 정보를 기반으로 도시예측 모델을 구축하고, 미래도시를 예측하여 도시 문제에 선제적으로 대응한다.

(2) **기여도:** 도시 문제 예측, 자원 배분 최적화, 시민 서비스 개선 등을 통해 도시의 지속 가능한 발전에 기여한다.

(3) **주요 분석 기법:** 지도 학습, 비지도 학습, 강화 학습 등 다양한 머신러닝 알고리즘을 활용하여 예측 모델을 구축하고 성능을 향상시킨다.

8.1.2 도시 유형별 빅데이터 분석과 머신러닝 분석 적용 시 주요 차이

1) 도시 유형별 빅데이터 분석과 머신러닝 분석적용 시 차이

■ 도시 유형별 빅데이터 분석과 머신러닝 분석적용 시 차이

도시 유형	빅데이터 분석	머신러닝 분석
AI 기반 도시	- 범죄 발생 예측 및 예방 - 교통 혼잡 완화 - 에너지 효율 증대	- CCTV 영상 분석을 통한 범죄 예측 모델 구축 - AI 기반 교통 시스템 구축 - AI 기반 에너지 관리 시스템 구축
데이터 기반 도시	- 도시 문제 진단 및 분석 - 도시 계획 수립 및 평가 - 시민 의견 수렴 및 분석	- 도시 성장 예측 모델 구축 - 도시 문제 해결 위한 최적 정책 예측 - 시민 참여 증진 위한 맞춤형 서비스 제공
스마트 도시	- 도시 인프라 효율적 관리 - 시민 서비스 개선 - 도시 데이터 기반 의사 결정	- 스마트 교통 시스템 구축 - 스마트 에너지 관리 시스템 구축 - 스마트 환경 관리 시스템 구축
IoT 도시	- 실시간 도시 데이터 수집 및 분석 - 도시 문제 상황 인지 및 대응 - 도시 자원 효율적 관리	- IoT 센서 데이터 기반 예측 모델 구축 - 도시 문제 해결 위한 자동화 시스템 구축 - 시민 맞춤형 서비스 제공

03 빅데이터와 인공지능(AI)의 관계

주요질문

1. 지도학습, 비지도학습, 강화학습 등 다양한 머신러닝 학습 패러다임이 빅데이터 환경에서 어떻게 상호작용하며, 각 학습 유형별 도시 관련 빅데이터의 특징 및 활용 사례는 무엇인가?
2. 다층 퍼셉트론(MLP), 컨볼루션 신경망(CNN), 순환 신경망(RNN) 등 주요 딥러닝 알고리즘이 빅데이터 환경에서 어떠한 관계를 가지며, 각 알고리즘별 도시 관련 빅데이터의 특징 및 활용 방안은 무엇인가?
3. 인공지능 발전의 3단계 법칙(대량 데이터 훈련, 사후 학습, 테스트 시간 확장)에서 빅데이터는 어떠한 핵심적인 역할을 수행하며, 도시 관련 빅데이터는 각 단계별로 어떠한 특징과 활용 방안을 가지는가?
4. 거대 멀티모달 모델(LMM)과 거대 행동 모델(LAM)은 빅데이터를 기반으로 어떻게 발전하고 있으며, 도시 관련 빅데이터는 각 모델의 학습 및 활용에 어떠한 영향을 미치는가?
5. 빅데이터 환경에서 데이터 전처리 과정의 효율성을 극대화하기 위한 핵심 기법 및 과제는 무엇이며, 특히 도시 관련 빅데이터는 어떠한 특수한 전처리 기법을 요구하는가?
6. 빅데이터 기반 머신러닝 모델의 성능 평가 시 어떠한 지표를 선택해야 하며, 도시 관련 빅데이터의 특성을 고려한 평가 방법론은 무엇인가?
7. 빅데이터 기반 머신러닝 모델 학습 시 과적합 문제를 방지하고 일반화 성능을 향상시키기 위한 핵심 전략은 무엇이며, 도시 관련 빅데이터는 어떠한 특수한 학습 전략을 요구하는가?
8. 빅데이터 환경에서 지도학습, 비지도학습, 강화학습 등 각 학습 유형별로 발생하는 주요 문제점은 무엇이며, 이를 해결하기 위한 기술적 방안은 무엇인가?
9. 거대 언어 모델(LLM), 멀티모달 모델(MML), 언어 에이전트 모델(LAM)이 도시 관련 빅데이터를 활용하여 어떠한 새로운 가치를 창출할 수 있으며, 미래 도시 발전에 어떠한 영향을 미칠 수 있는가?

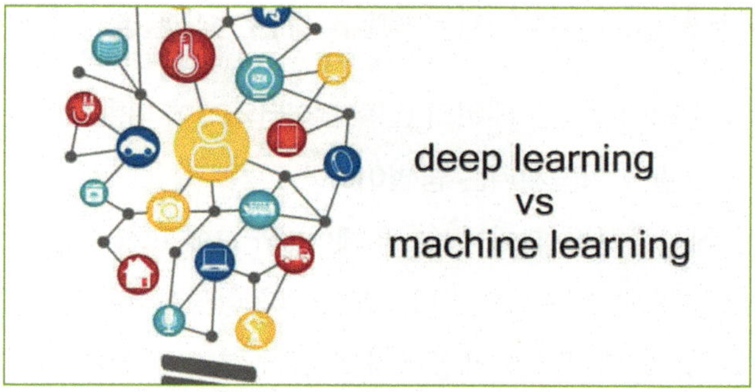

Big Data, Machine Learning, Deep Learning, Linledin

1 ▶▶ 빅데이터와 머신 러닝의 지도학습, 비지도학습, 강화학습 간의 관계

머신 러닝은 학습 데이터의 형태와 학습 방식에 따라 지도학습, 비지도학습, 강화학습으로 분류된다. 빅데이터는 각 학습 유형에서 모델의 성능 향상과 새로운 응용 가능성을 제시하며 중요한 역할을 수행한다.

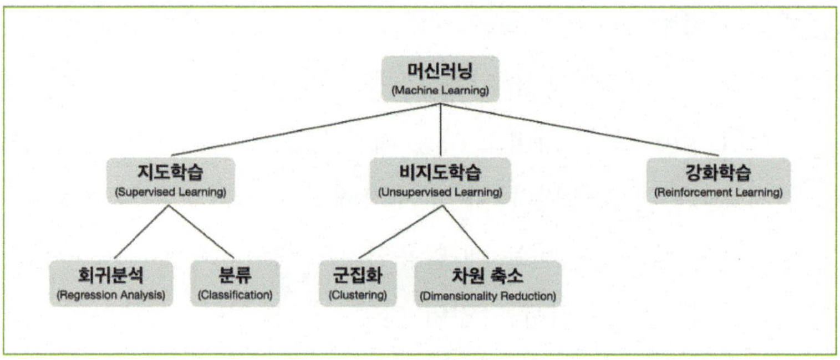

AI와 머신러닝, 딥러닝의 차이란 무엇인가? (네이버 블로그)

1.1 빅데이터 환경에서의 지도학습 개념 및 활용 사례

(1) 지도학습은 레이블링된 데이터 (입력 데이터와 그에 대한 정답 또는 목표 변수)를 사용하여 모델을 학습시키는 방법이다.

지도학습은 레이블링된 데이터 (입력 데이터와 그에 대한 정답 또는 목표 변수)를 사용하여 모델을 학습시키는 방법이다. 빅데이터 환경은 지도학습 모델에게 더욱 풍부하고 다양한 학습 데이터를 제공하여 모델이 복잡한 패턴을 학습하고 일반화 성능을 향상시키는 데 크게 기여한다.

(2) 지도학습은 이미지 인식 분야에서는 수많은 이미지 데이터와 그에 대한 레이블을 학습시켜 사진 속 객체를 정확하게 식별하거나 분류하는 데 사용된다.

빅데이터 기반 지도학습은 다양한 분야에서 널리 활용되고 있다. 이미지 인식 분야에서는 수많은 이미지 데이터와 그에 대한 레이블을 학습시켜 사진 속 객체를 정확하게 식별하거나 분류하는 데 사용된다. 스팸 이메일 필터링 은 이메일의 내용, 발신자 정보 등을 분석하여 스팸 여부를 판단하는 데 지도학습 알고리즘이 활용된다.

(3) 금융 분야에서는 개인의 신용 기록, 소득 수준 등을 바탕으로 신용 점수를 예측하거나, 고객의 구매 이력, 서비스 사용 패턴 등을 분석하여 고객 이탈 가능성을 예측하는 데 지도학습이 사용된다

금융 분야에서는 개인의 신용 기록, 소득 수준 등을 바탕으로 신용 점수를 예측하거나, 고객의 구매 이력, 서비스 사용 패턴 등을 분석하여 고객 이탈 가능성을 예측하는 데 지도학습이 사용된다. 주식 시장에서는 과거의 시장 데이터, 경제 지표 등을 분석하여 주가를 예측하는 데 활용되기도 한다. 또한, 지도학습은 한 언어에서 다른 언어로 문장을 번역하는 언어 번역 시스템이나, 사용자의 과거 행동을 기반으로 맞춤형 제품 또는 서비스를 추천하는 추천 시스템 개발에도 중요한 역할을 한다. 자연어 처리 분야에서는 텍스트 데이터에서 감정 분석, 토픽 분류, 키워드 추출 등을 수행하는 데 널리 사용된다.

(4) 의료 분야에서도 LSTM (Long Short-Term Memory) 기반 모델을 사용하여 의료 영상 데이터와 환자 정보를 학습시켜 질병을 진단하는 데 지도학습이 적용되고 있다.

해양 분야에서는 LSTM (Long Short-Term Memory) 기반 모델을 사용하여 이상 수온을 예측하기도 하며, 농업 분야에서는 농작물의 거래량, 가격, 기상 데이터 등을 이용하여 농산물 가격 및 생산량을 예측하는 데 활용된다. 의료 분야에서도 의료 영상 데이터와 환자 정보를 학습시켜 질병을 진단하는 데 지도학습이 적용되고 있다.

◐ LSTM (Long Short-Term Memory): RNN(Recurrent Neural Network)은 이전의 입력 데이터를 기억하여 출력값을 결정하는 모델이다. 그러나 RNN은 입력데이터의 길이가 길어지면 그래디언트 소실 문제(Gradient Vanishing Problem)가 발생하여 이전의 정보를 제대로 기억하지 못하는 문제가 있다. LSTM은RNN의 이런 그래디언트 소실 문제를 해결하기 위해 고안된 모델이다.

◐순환 신경망(RNN(Recurrent Neural Network): RNN은 순차 데이터 입력을 처리하고 특정 순차 데이터 출력으로 변환하도록 훈련된 딥 러닝 모델이다. 순차 데이터란 순차적 구성 요소가 복잡한 의미와 구문 규칙에 따라 상호 연관되는, 단어, 문장 또는 시계열 데이터 등의 데이터를 말한다.

1.2 빅데이터 환경에서의 비지도학습 개념 및 활용 사례

(1) 빅데이터 환경에서 비지도학습은 대량의 레이블 없는 데이터에서 유용한 정보를 발견하고, 데이터의 기본적인 구조를 파악하는 데 중요한 역할을 수행한다.

비지도학습은 레이블링되지 않은 데이터만을 사용하여 데이터의 숨겨진 구조, 패턴, 관계 등을 스스로 학습하는 방법이다. 빅데이터 환경에서 비지도학습은 대량의 레이블 없는 데이터에서 유용한 정보를 발견하고, 데이터의 기본적인 구조를 파악하는 데 중요한 역할을 수행한다.

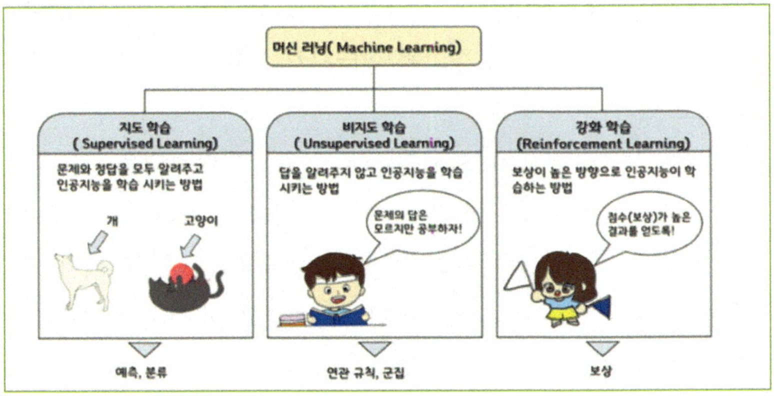

머신러닝이란? - (1) 지도학습, 소스에 낀 우유

(2) 비지도학습의 고객 세분화 방식은 고객 데이터를 분석하여 유사한 특성을 가진 고객 그룹을 자동으로 찾아내고, 각 그룹에 맞는 마케팅 전략을 수립하는 데 사용된다.

비지도학습은 다양한 분야에서 활용된다. 고객 세분화는 고객 데이터를 분석하여 유사한 특성을 가진 고객 그룹을 자동으로 찾아내고, 각 그룹에 맞는 마케팅 전략을 수립하는 데 사용된다. 이상 탐지는 정상적인 데이터 패턴에서 벗어난 이상한 데이터를 식별하는 데 활용되며, 네트워크 보안, 사기 탐지, 제조 공정 모니

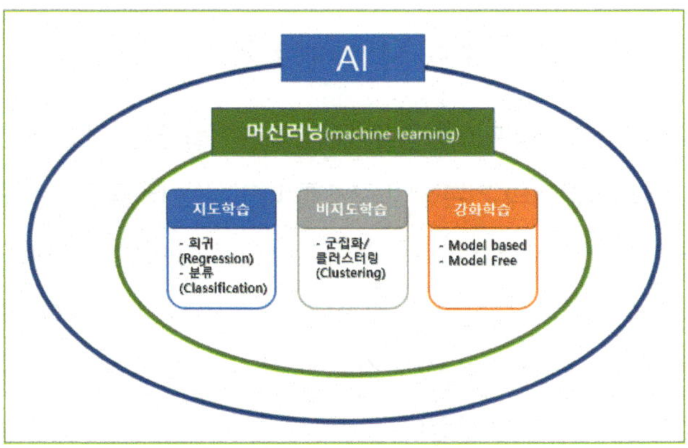

[AI/머신러닝] 머신러닝(Machine Learning), 네이버 블로그

터링 등에 적용된다. 추천 시스템 은 사용자의 과거 행동 데이터를 분석하여 개인화된 상품이나 콘텐츠를 추천하는 데 비지도학습 기법이 사용될 수 있다. 차원 축소는 고차원 데이터의 복잡성을 줄여 시각화 하거나 분석하기 쉬운 형태로 변환하는 데 사용되며, 주성분 분석 (PCA) 등이 대표적인 방법이다.

(3) 생명 과학 분야에서는 유전자 데이터를 분석하여 유사한 특성을 가진 유전자 그룹을 식별하는 유전자 클러스터링에 비지도학습이 사용된다

시장 바스켓 분석 은 고객이 함께 구매하는 상품들의 패턴을 분석하여 상품 배치나 판촉 전략을 개선하는 데 활용된다. 또한, 텍스트 데이터에서 주제를 추출하거나 문서들을 유사한 그룹으로 묶는 텍스트 마이닝, 이미지 데이터에서 특징을 추출하거나 유사한 이미지를 그룹화하는 이미지 처리, 그리고 특허 데이터 분석을 통해 새로운 기술 동향을 파악하는 데에도 비지도학습이 활용될 수 있다.

1.3 빅데이터 환경에서의 강화학습 개념 및 활용 사례

(1) 빅데이터 환경은 강화학습 에이전트에게 더욱 다양하고 풍부한 경험을 제공하여 학습 효율성을 높이고, 복잡한 환경을 모델링하는 데 도움을 준다.

강화학습은 에이전트가 환경과 상호작용하면서 보상이라는 피드백을 통해 최적의 행동 전략을 스스로 학습하는 방법이다. 빅데이터 환경은 강화학습 에이전트에게 더욱 다양하고 풍부한 경험을 제공하여 학습 효율성을 높이고, 복잡한 환경을 모델링하는 데 도움을 준다.

(2) 로봇 제어 분야에서는 강화학습을 통해 로봇이 복잡한 작업을 수행하거나 새로운 환경에 적응하는 방법을 학습할 수 있도록 한다.

강화학습은 다양한 분야에서 혁신적인 성과를 보여주고 있다. 대표적인 예는 게임 AI 로, 알파고는 강화학습을 통해 인간 최고 수준의 바둑 실력을 넘어섰다. 자율 주행 기술 개발에도 강화학습이 활발하게 연구되고 있으며, 실제 도로 환경에서의 다양한 상황에 대처할 수 있는 자율 주행 시스템 구축에 기여하고 있다. 로봇 제어 분야에서는 강화학습을 통해 로봇이 복잡한 작업을 수행하거나 새로운 환경에 적응하는 방법을 학습할 수 있도록 한다. 추천 시스템 에서는 사용자의 실시간 피드백을 반영하여 더욱 개인화된 추천을 제공하는 데 강화학습이 활용될 수 있다.

(3) 에너지 관리 분야에서는 건물이나 데이터 센터의 에너지 소비를 최적화하는 데 강화학습이 적용되기도 한다.

에너지 관리 분야에서는 건물이나 데이터 센터의 에너지 소비를 최적화하는 데 강화학습이 적용되기도 한다. 금융 분야에서는 자동화된 거래 시스템 개발에 강화학습이 연구되고 있으며, 의료 분야에서는 맞춤형 치료법 개발 등에 활용될 가능성이 있다.

■ 빅데이터와 머신러닝 학습 유형별 특징 및 활용

학습 유형	특징	빅데이터 환경에서의 장점	주요 알고리즘	주요 활용 분야
지도학습	레이블링된 데이터 사용, 분류 및 회귀 문제 해결	대량 데이터로 모델 성능 향상, 복잡한 패턴 학습 가능	선형 회귀, 로지스틱 회귀, 결정 트리, 랜덤 포레스트, SVM, 신경망	이미지 인식, 자연어 처리, 스팸 필터링, 예측 분석, 의료 진단
비지도 학습	레이블 없는 데이터 사용, 데이터 구조 및 패턴 발견	대량 데이터에서 숨겨진 패턴 및 관계 발견, 데이터 탐색 및 전처리 용이	K-평균 군집화, DB-SCAN, PCA, 연관 규칙 분석, 오토인코더	고객 세분화, 이상 탐지, 추천 시스템, 차원 축소, 텍스트 마이닝
강화학습	에이전트-환경 상호작용, 보상 기반 학습, 최적 정책 학습	대규모 시뮬레이션 및 실제 환경 데이터 활용, 복잡한 제어 및 의사 결정 문제 해결	Q-러닝, SARSA, Policy Gradient, Actor-Critic	게임 AI, 로봇 제어, 자율 주행, 추천 시스템, 금융 거래, 에너지 관리

1.4 도시관련 빅데이터의 머신러닝 학습 유형별 특징 및 활용

도시 계획, 도시 설계, 교통 계획, 환경 계획과 관련된 빅데이터는 다양한 머신러닝 학습 유형을 통해 분석되고 활용된다. 각 학습 유형은 데이터의 특성과 문제 해결 목적에 따라 고유한 특징과 활용 방안을 가지며, 도시 문제 해결 및 미래 도시 예측에 기여한다.

1) 지도 학습

특징	활용
레이블된 데이터를 사용하여 모델을 학습하며, 입력 데이터와 출력 데이터 간의 관계를 학습한다.	- 교통량 예측, 에너지 소비 예측, 대기 질 예측 등 예측 모델 개발에 활용된다. - 토지 이용 분류, 건물 용도 분류, 도로 유형 분류 등 분류 모델 개발에 활용된다. - 도시개발 효과 분석, 교통 정책 효과 분석, 환경 정책 효과 분석 등 정책 효과 분석에 활용된다.

지도 학습은 명확한 정답 데이터가 존재하는 경우에 효과적이며, 예측, 분류, 회귀 등 다양한 문제를 해결하는 데 활용된다. 도시 관련 빅데이터는 과거의 데이터와 결과를 비교하여 미래를 예측하거나, 도시의 다양한 요소들을 분류하고 분석하는 데 사용된다.

서울시, 인구이동 패턴 빅데이터로 분석해 정책 수립, 정보소통광장, 서울시

2) 비지도 학습

특징	활용
레이블되지 않은 데이터를 사용하여 데이터의 숨겨진 패턴이나 구조를 학습한다.	- 도시 공간 구조 분석, 교통 패턴 분석, 시민 이동 패턴 분석 등 데이터의 숨겨진 패턴 발견에 활용된다. - 유사한 도시 지역 그룹화, 유사한 교통 패턴 그룹화, 유사한 환경 문제 그룹화 등 군집화 모델 개발에 활용된다. - 도시 문제의 주요 원인 파악, 도시 문제 해결을 위한 새로운 아이디어 발견 등 탐색적 분석에 활용된다.

비지도 학습은 데이터에 대한 사전 정보가 부족하거나, 데이터의 숨겨진 패턴을 발견하고자 할 때 효과적이다. 도시 관련 빅데이터는 도시의 복잡한 시스템을 이해하고, 새로운 문제 해결 방안을 모색하는 데 활용된다.

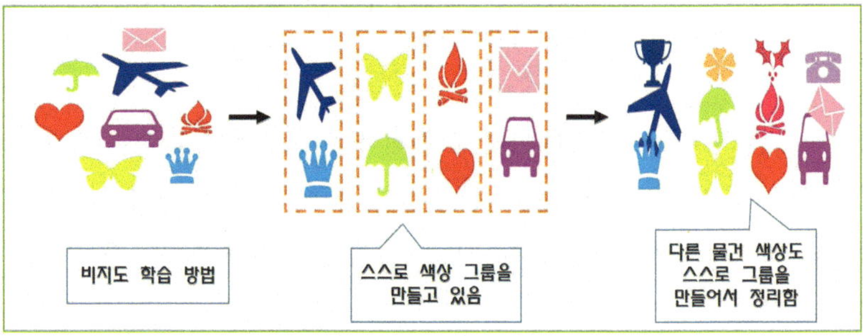

[AI학습방법] 인공지능 학습, 비지도 학습 알아보기 2장, Eunkwang

3) 강화 학습

특징	활용
에이전트가 환경과 상호작용하며 시행착오를 통해 최적의 행동을 학습한다.	- 스마트 교통 신호 시스템 개발, 자율주행 자동차 개발, 에너지 관리 시스템 개발 등 실시간 의사 결정 시스템 개발에 활용된다. - 도시 개발 시뮬레이션, 교통 정책 시뮬레이션, 환경 정책 시뮬레이션 등 시뮬레이션 기반 의사 결정 지원 시스템 개발에 활용된다. - 도시 문제 해결을 위한 새로운 정책 개발, 새로운 도시 설계 방법 개발 등 정책 실험 및 평가에 활용된다.

강화 학습은 복잡하고 동적인 환경에서 최적의 의사 결정을 내리는 데 효과적이다. 도시 관련 빅데이터는 도시의 다양한 시스템을 제어하고, 최적의 도시 운영 전략을 수립하는 데 활용된다. 도시 관련 빅데이터는 각 머신러닝 학습 유형의 특징과 장점을 활용하여 다양한 도시 문제 해결 및 미래 도시 예측에 기여할 수 있다.

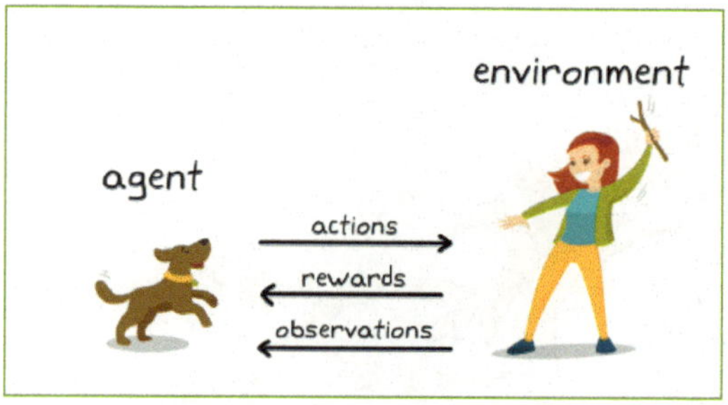

알파고도 칠전팔기?" [특별기획 AI 2030] ③ 강화학습, AI타임스

2 ▶▶ 빅데이터와 딥러닝 알고리즘 (MLP, CNN, RNN 등)

딥러닝은 여러 층으로 구성된 인공 신경망을 사용하여 복잡한 데이터의 패턴을 학습하는 머신러닝의 한 분야이다. 빅데이터는 딥러닝 모델의 학습에 필수적인 대규모 데이터를 제공하며, 딥러닝 알고리즘은 빅데이터 분석을 통해 다양한 분야에서 뛰어난 성능을 보여주고 있다.

2.1 빅데이터와 다층 퍼셉트론(MLP)의 관계 및 활용 사례

(1) 빅데이터는 MLP가 이러한 복잡한 패턴을 효과적으로 학습하고, 다양한 입력 변수 간의 비선형적인 관계를 모델링하는 데 필요한 충분한 데이터를 제공하여 모델의 성능 향상에 기여한다.

다층 퍼셉트론 (Multilayer Perceptron, MLP) 은 입력층, 하나 이상의 은닉층, 그리고 출력층으로 구성된 기본적인 형태의 심층 신경망이다. 각 층의 뉴런들은 가중치로 연결되어 있으며, 비선형 활성화 함수를 사용하여 복잡한 데이터의 패턴을 학습할 수 있다. 빅데이터는 MLP가 이러한 복잡한 패턴을 효과적으로 학습하고, 다양한 입력 변수 간의 비선형적인 관계를 모델링하는 데 필요한 충분한 데이터를 제공하여 모델의 성능 향상에 기여한다.

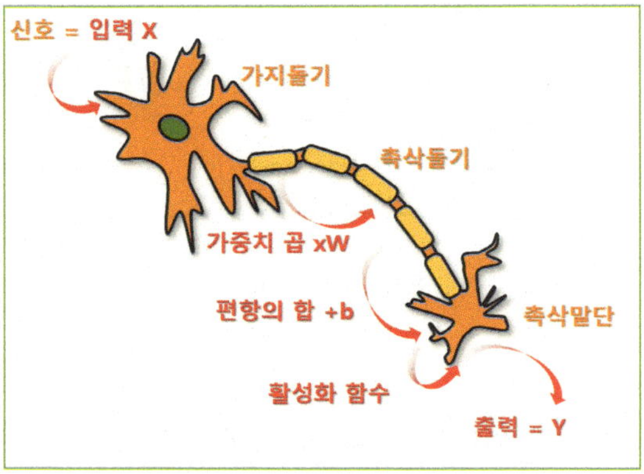

퍼셉트론(Perceptron)의 정의와 단층, 다층 퍼셉트론, 쩡뽀싸쩐

(2) 금융 분야에서는 과거 주가 데이터를 학습하여 주가를 예측하거나, 의료 분야에서는 환자 데이터를 분석하여 질병을 진단하거나, 컨테이너 운송 분야에서는 과거 데이터를 기반으로 컨테이너 수요를 예측하는 데 사용되기도 한다.

- '빅데이터 기반 MLP는 다양한 분야에서 활용되고 있다. 이미지 인식 및 음성 인식 분야에서 MLP는 특징 추출 후 분류기로 사용될 수 있다. 자연어 처리 분야에서는 텍스트 분류, 감성 분석 등에 활용된다. 금융 분야에서는 과거 주가 데이터를 학습하여 주가를 예측하거나, 의료 분야에서는 환자 데이터를 분석하여 질병을 진단하거나, 컨테이너 운송 분야에서는 과거 데이터를 기반으로 컨테이너 수요를 예측하는 데 사용되기도 한다.

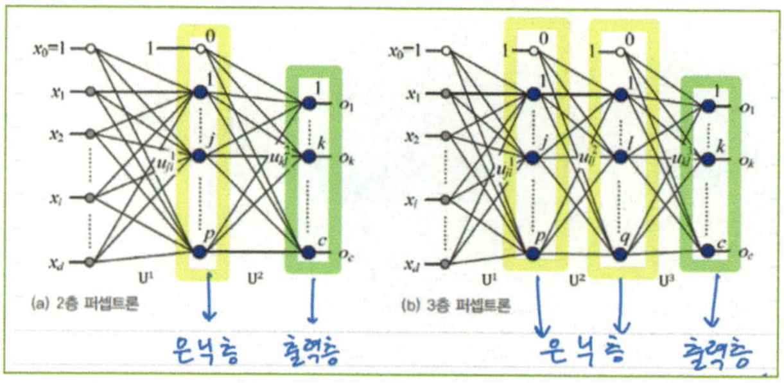

다층 퍼셉트론, velog

- 'MLP는 비선형적인 데이터를 처리할 수 있고, 입력 변수와 출력 변수 간의 복잡한 관계를 모델링할 수 있으며, 잡음에 강건하다는 장점을 가진다. 하지만 학습 시간이 오래 걸리고, 모델이 과적합될 가능성이 있으며, 모델의 의사 결정 과정을 해석하기 어렵다는 단점도 존재한다.

2.2 빅데이터와 이미지 인식에 탁월한 컨볼루션 신경망(CNN)의 관계 및 활용 사례

(1) 빅데이터 환경에서 대규모 이미지 및 비디오 데이터를 학습한 CNN은 이미지 인식, 객체 탐지 등 다양한 컴퓨터 비전 분야에서 인간 수준 이상의 뛰어난 성능을 보여준다.

- '컨볼루션 신경망 (Convolutional Neural Network, CNN) 은 이미지, 비디오와 같은 격자 형태의 데이터를 처리하는 데 특화된 심층 신경망이다. CNN은 주로 합성곱층 (Convolutional Layer), 풀링층 (Pooling Layer), 그리고 완전 연결층 (Fully Connected Layer)으로 구성된다.
- '합성곱층은 이미지의 지역적인 특징을 추출하고, 풀링층은 추출된 특징의 차원을 축소하여 모델의 연산 효율성을 높인다. 빅데이터 환경에서 대규모 이미지 및 비디오 데이터를 학습한 CNN은 이미지 인식, 객체 탐지 등 다양한 컴퓨터 비전 분야에서 인간 수준 이상의 뛰어난 성능을 보여준다.

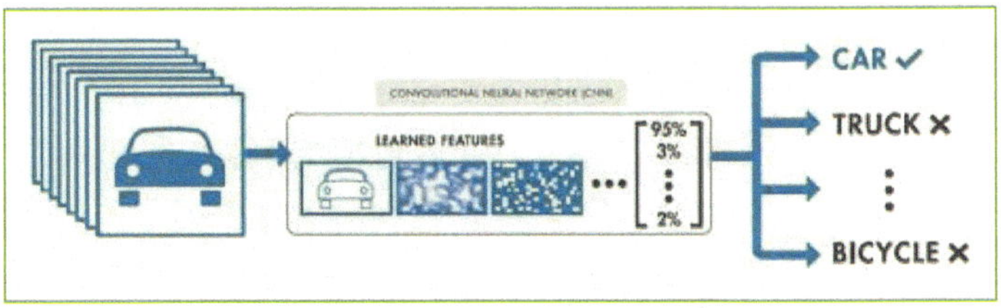

CNN(Convolutional Neural Network, 컨볼루션 신경망), 창의 컴퓨팅

(2) 자율 주행 분야에서는 주변 환경을 인식하고 판단하는 데 필수적인 기술이다. 또한, 소셜 미디어 이미지 데이터를 분석하여 특정 장소의 경관을 평가하는 연구에도 CNN이 활용되고 있다.

- '빅데이터 기반 CNN은 다양한 분야에서 활용되고 있다. 이미지 인식 분야에서는 이미지 내의 객체를 분류하거나 식별하는 데 널리 사용된다. 객체 탐지는 이미지 내의 특정 객체의 위치를 찾아내는 데 활용되며, 자율 주행 자동차, CCTV 등에 적용된다. 이미지 분할 은 이미지의 각 픽셀을 특정 클래스로 분류하는 기술로, 의료 영상 분석, 자율 주행 등에서 중요한 역할을 한다.
- 'CNN은 이미지 뿐만 아니라 텍스트 데이터의 지역적 특징을 추출하여 자연어 처리 성능을 향상시키는 데에도 사용될 수 있다. 의료 분야에서는 의료 영상 데이터를 분석하여 질병을 진단하는 데 활용되며, 자율 주행 분야에서는 주변 환경을 인식하고 판단하는 데 필수적인 기술이다. 또한, 소셜 미디어 이미지 데이터를 분석하여 특정 장소의 경관을 평가하는 연구에도 CNN이 활용되고 있다.
- 'CNN은 이미지의 공간적인 특징을 효과적으로 추출할 수 있으며, 이미지 내 객체의 위치 변화에 덜 민감한 이동 불변성(Translation Invariance)을 가진다는 장점이 있다. 또한, 필터의 파라미터를 공유하여 모델의 복잡성을 줄일 수 있다. 하지만 많은 양의 학습 데이터를 요구하고, 모델 구조가 복잡하다는 단점도 존재한다.

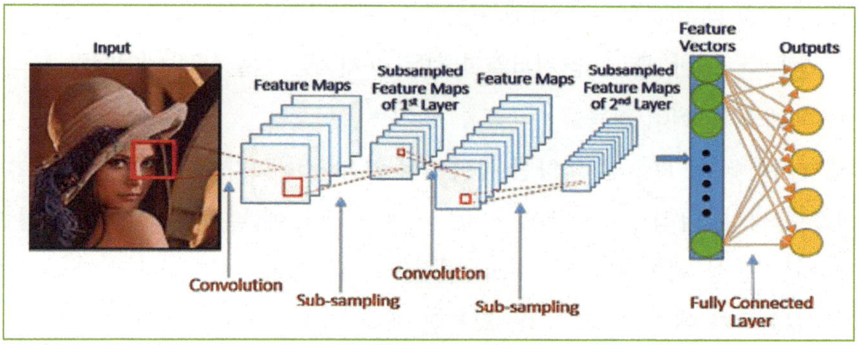

CNN(Convolutional Neural Network) - Ohjinjin's DevLog

2.3 빅데이터와 시계열 데이터 예측에 탁월한 순환신경망(RNN)의 관계 및 활용 사례

(1) 빅데이터 환경에서 대량의 순차 데이터를 학습한 RNN은 시계열 데이터 예측, 자연어 처리, 음성 인식 등 다양한 분야에서 뛰어난 성능을 보여준다.

순환 신경망 (Recurrent Neural Network, RNN) 은 시계열 데이터나 자연어와 같이 순서가 있는 순차 데이터를 처리하는 데 특화된 심층 신경망이다. RNN은 내부의 순환 구조를 통해 이전 시점의 정보를 현재 시점의 계산에 반영할 수 있도록 설계되어 있다. 빅데이터 환경에서 대량의 순차 데이터를 학습한 RNN은 시계열 데이터 예측, 자연어 처리, 음성 인식 등 다양한 분야에서 뛰어난 성능을 보여준다.

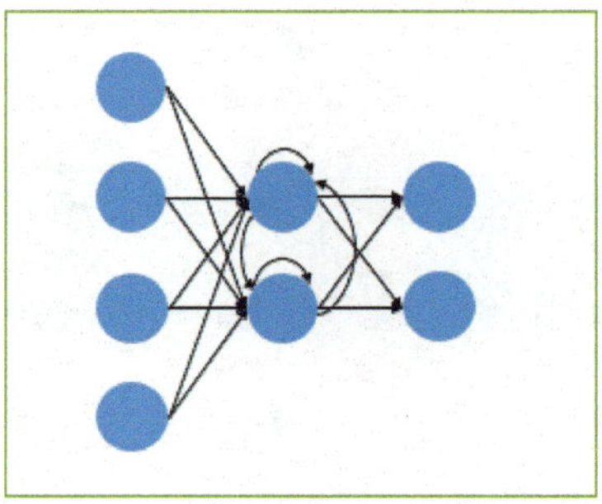

순환 신경망 (Recurrent Neural Network, RNN), mystory-jsh.tistory.com

(2) 시계열 데이터 예측 분야에서는 주가 예측, 날씨 예측, 교통량 예측 등에 사용된다. 또한, DNA 염기서열과 같은 순차적인 생물학적 데이터를 분석하는 데에도 RNN이 활용될 수 있다.

빅데이터 기반 RNN은 다양한 분야에서 활용되고 있다. 자연어 처리 분야에서는 텍스트 생성, 감성 분석, 챗봇 개발, 기계 번역 등에 널리 사용된다. 음성 인식 분야에서는 음성 데이터를 텍스트로 변환하는 데 활용된다. 시계열 데이터 예측 분야에서는 주가 예측, 날씨 예측, 교통량 예측 등에 사용된다. 또한, DNA 염기서열과 같은 순차적인 생물학적 데이터를 분석하는 데에도 RNN이 활용될 수 있다.

(3) RNN은 순차 데이터를 효과적으로 처리할 수 있으며, 가변 길이의 입력을 처리할 수 있다는 장점을 가진다.

RNN은 순차 데이터를 효과적으로 처리할 수 있으며, 가변 길이의 입력을 처리할 수 있다는 장점을 가진다. 하지만 긴 시퀀스의 데이터를 학습할 때 기울기 소실 (Vanishing Gradient) 또는 기울기 폭발 (Exploding Gradient) 문제가 발생할 수 있으며, 긴 시퀀스의 의존성을 학습하기 어렵다는 단점도 존재한다. 이러한 문제를 해결하기 위해 LSTM (Long Short-Term Memory) 과 GRU (Gated Recurrent Unit) 와 같은 개선된 RNN 구조가 개발되어 널리 사용되고 있다.

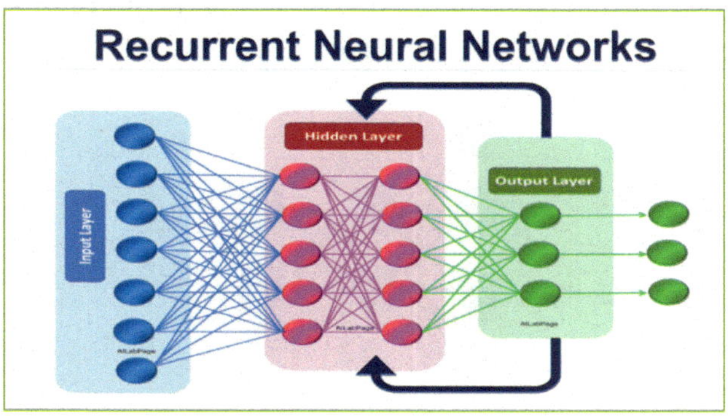

딥러닝 - RNN (순환신경망, Recurrent Neural Network), Char 티스토리

■ 빅데이터 기반 주요 딥러닝 알고리즘의 특징 및 응용

딥러닝 알고리즘	주요 특징	빅데이터 환경에서의 강점	주요 응용 분야
MLP (다층 퍼셉트론)	다층 신경망 구조, 비선형 활성화 함수 사용	복잡한 비선형 관계 모델링 가능, 대용량 데이터 처리 가능	분류, 회귀, 패턴 인식, 예측 분석
CNN (컨볼루션 신경망)	합성곱 연산으로 공간적 특징 추출, 풀링으로 차원 축소	대규모 이미지 및 비디오 데이터 학습에 효과적, 공간적 불변성 확보	이미지 인식, 객체 탐지, 이미지 분할, 비디오 분석
RNN (순환 신경망)	순환 연결 구조로 순차 데이터 처리, 메모리 기능	시계열 데이터 및 자연어 처리에서 뛰어난 성능, 가변 길이 입력 처리 가능	자연어 처리, 음성 인식, 시계열 예측, 기계 번역

2.4 도시 관련 빅데이터의 심층 신경망 모델 별 특징 및 활용

도시 계획, 도시 설계, 교통 계획, 환경 계획과 관련된 빅데이터는 다양한 심층 신경망 모델을 통해 분석되고 활용된다. 다층 퍼셉트론 (MLP), 컨볼루션 신경망 (CNN), 순환 신경망 (RNN)은 각기 고유한 특징과 강점을 가지며, 도시 문제 해결 및 미래 도시 예측에 기여한다.

1) 다층 퍼셉트론 (MLP): 간단한 구조를 가지면서도 복잡한 문제를 해결에 강점

특징	빅데이터 강점	도시에서 활용 분야
다층으로 구성된 신경망으로, 비선형적인 관계를 학습할 수 있다.	다양한 형태의 데이터를 처리하고 예측하는 데 강점을 가진다.	- 도시 내 에너지 소비 예측, 부동산 가격 예측, 대중교통 수요 예측 등 예측 모델 개발에 활용된다. - 토지 이용 분류, 건물 용도 분류, 도로 유형 분류 등 분류 모델 개발에 활용된다.

MLP는 간단한 구조를 가지면서도 복잡한 문제를 해결할 수 있는 능력을 가지고 있다. 도시 관련 빅데이터는 다양한 속성을 가진 데이터를 포함하므로, MLP는 이러한 데이터를 효과적으로 처리하고 예측하는 데 사용될 수 있다.

2) 컨볼루션 신경망(CNN): 도시공간적 이미지 특징을 가진 데이터에 강점

특징	빅데이터 강점	도시에서 활용 분야
이미지나 공간 데이터의 특징을 추출하는 데 특화된 신경망이다.	공간적 특징을 가진 도시 관련 데이터 분석에 강점을 가진다.	- 위성 이미지 기반 도시 개발 변화 탐지, 건물 이미지 기반 건물 유형 분류, 교통량 영상 분석 등 이미지 기반 분석에 활용된다. - GIS 데이터 기반 토지 이용 분류, 도로망 분석, 녹지 공간 분석 등 공간 데이터 분석에 활용된다.

CNN은 이미지 및 공간 데이터의 특징을 추출하고 분석하는 데 뛰어난 성능을 보인다. 도시 관련 빅데이터는 위성 이미지, 항공 사진, GIS 데이터 등 다양한 공간 데이터를 포함하므로, CNN은 이러한 데이 터를 분석하고 도시의 공간적 특징을 파악하는 데 효과적으로 사용될 수 있다.

3) 순환 신경망(RNN): 시계열 데이터의 시간적 의존성을 학습하고 예측하는 데 뛰어난 성능을 나타낸다

특징	빅데이터 강점	도시에서 활용 분야
시계열 데이터의 시간적 의존성을 학습하는 데 특화된 신경망이다.	시간적 변화를 가지는 도시 관련 데이터 분석에 강점을 가진다.	- 교통량 예측, 대기 질 예측, 에너지 소비 예측 등 시계열 데이터 예측에 활용된다. - 시민 이동 패턴 분석, 대중교통 이용 패턴 분석 등 시계열 패턴 분석에 활용된다.

RNN은 시계열 데이터의 시간적 의존성을 학습하고 예측하는 데 뛰어난 성능을 보인다. 도시 관련 빅데이터는 교통량, 대기 질, 에너지 소비 등 시간적 변화를 가지는 데이터를 포함하므로, RNN은 이러한 데이터를 분석하고 미래를 예측하는 데 효과적으로 사용될 수 있다. 각 심층 신경강 모델은 도시 관련 빅데이터의 특성과 문제 해결 목적에 따라 적절하게 활용될 스 있다. 다양한 모델을 결합하거나 변형하여 더욱 복잡하고 다양한 도시 문제를 해결하는 데 기여할 수 있다.

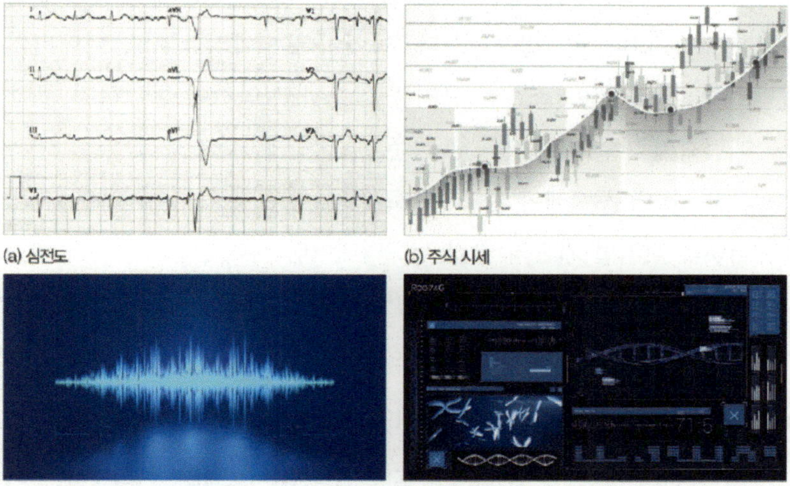

(a) 심전도 (b) 주식 시세

(c) 음성 인식 데이터 (d) 유전자 염기 서열

[인공지능] RNN 시계열 데이터와 순환 신경망, cross_stlTch

3 ▶▶ 빅데이터와 AI 발전의 3단계 법칙

AI의 발전은 대량 데이터 훈련, 사후 학습, 테스트 시간 확장이라는 세 가지 주요 단계를 거쳐 진행되고 있으며, 각 단계에서 빅데이터는 핵심적인 역할을 수행한다.

3.1 빅데이터와 AI 발전의 3단계 법칙: AI는 대량 데이터 훈련, 사후 학습, 테스트 시간 확장의 3단계를 거쳐 발전

1) 1단계: 대량 데이터 훈련의 중요성 및 빅데이터의 역할

- '인공지능 발전의 첫 번째 단계는 대량 데이터 훈련이다. AI 모델, 특히

딥러닝 모델은 복잡한 패턴을 학습하고 높은 성능을 달성하기 위해 방대한 양의 데이터가 필수적이다. 빅데이터는 이러한 대량 데이터의 원천으로서, AI 모델이 스스로 규칙을 학습하고 인간이 발견하지 못한 미묘한 패턴까지 파악할 수 있도록 하는 기반을 제공한다.

- '과거 AI 연구는 데이터 부족으로 인해 성능 향상에 어려움을 겪었으나, 인터넷과 디지털 기술의 발전으로 빅데이터 시대가 도래하면서 AI는 비약적인 발전을 이루게 되었다. 충분한 양의 양질의 데이터를 확보하고 이를 효과적으로 활용하여 모델을 훈련하는 것은 AI 기술 발전의 핵심 동력이다.

2) 2단계: 사후 학습의 개념 및 빅데이터 기반 발전

- 'AI 발전의 두 번째 단계는 사후 학습 (Post-training) 이다. 이는 대규모 일반 데이터로 사전 학습된 모델을 특정 작업이나 도메인의 데이터로 추가적으로 학습시켜 성능을 더욱 향상시키는 과정을 의미한다. 빅데이터는 사후 학습 단계에서 특정 도메인의 전문 데이터를 제공함으로써 모델이 해당 분야에 특화된 높은 성능을 발휘하도록 한다.
- '예를 들어, 거대 언어 모델 (LLM)을 특정 산업 분야의 텍스트 데이터로 미세 조정 (Fine-tuning) 하여 해당 분야의 전문적인 지식과 용어를 더 잘 이해하도록 할 수 있다. 사후 학습은 AI 모델의 일반화 성능을 향상시키고, 특정 작업에 대한 전문성을 강화하며, 새로운 데이터나 변화하는 환경에 적응할 수 있도록 하는 데 필수적인 과정이다.

3) 3단계: 모델이 추론을 수행하는 테스트 단계에서 테스트 시간 확장의 필요성 및 빅데이터 활용

- 'AI 발전의 세 번째 단계는 테스트 시간 확장 (Test-time Expansion) 이다. 이는 모델이 추론을 수행하는 테스트 단계에서 더 많은 컴퓨팅 자원을 할당하여 성능을 향상시키는 기술이다. 마치 사람이 어려운 문제를 풀 때

더 많은 시간을 들여 깊이 생각하는 것과 유사하게, AI 모델에게 더 많은 연산 시간을 부여함으로써 복잡한 문제를 해결하고 추론의 정확도를 높일 수 있다.

- '빅데이터는 테스트 시간 확장을 통해 모델이 추론 과정에서 추가적인 정보를 활용하거나, 다양한 추론 경로를 탐색하는 데 도움을 줄 수 있다. 테스트 시간 확장은 AI 모델의 추론 능력을 학습 단계에서 모델 크기를 키우는 것보다 더 효율적으로 향상시킬 수 있는 잠재력을 가지고 있다.

3.2 도시 관련 빅데이터의 AI 발전 3단계 법칙별 특징 및 활용

도시 계획, 도시 설계, 교통 계획, 환경 계획과 관련된 빅데이터는 인공지능(AI) 발전의 3단계 법칙인 대량 데이터 훈련, 사후 학습, 테스트 시간 확장을 통해 더욱 고도화된 분석 및 예측 능력을 확보할 수 있다.

1) 대량 데이터 훈련: 모델의 일반화 성능을 향상시키고, 더욱 복잡한 도시 현상을 모델링하는 데 필수적이다.

특징	빅데이터 강점	활용 분야
대규모 데이터를 사용하여 모델을 학습함으로써 모델의 성능을 향상시킨다.	다양한 도시 관련 데이터를 통합하고 분석하여 복잡한 도시 시스템을 모델링하는 데 강점을 가진다.	- 교통량 예측, 에너지 소비 예측, 대기 질 예측 등 예측 모델의 정확도를 향상시킨다. - 도시 공간 구조 분석, 시민 이동 패턴 분석, 환경 문제 분석 등 데이터의 숨겨진 패턴을 발견한다. - 도시 개발 효과 분석, 교통 정책 효과 분석, 환경 정책 효과 분석 등 정책 효과 분석의 신뢰도를 높인다.

대량 데이터 훈련은 모델의 일반화 성능을 향상시키고, 더욱 복잡한 도시 현상을 모델링하는 데 필수적이다. 도시 관련 빅데이터는 다양한 형태와 규모의 데이터를 포함하므로, 대량 데이터 훈련을 통해 모델의 성능을 극대화할 수 있다.

2) 사후 학습: 모델의 성능을 유지하고, 도시 환경에 맞춰 모델을 적응시키는 데 우수하다.

특징	빅데이터 강점	활용 분야
실제 환경에서 발생하는 새로운 데이터를 사용하여 모델을 지속적으로 학습하고 개선한다.	변화하는 도시 환경에 맞춰 모델을 적응시키고, 예측의 정확도를 유지하는 데 강점을 가진다.	- 실시간 교통 관리 시스템, 스마트 교통 신호 시스템, 에너지 관리 시스템 등 실시간 의사 결정 시스템의 성능을 유지한다. - 도시 개발 시뮬레이션, 교통 정책 시뮬레이션, 환경 정책 시뮬레이션 등 시뮬레이션 기반 의사 결정 지원 시스템의 정확도를 높인다. - 새로운 도시 문제 발생 시 신속하게 대응하고, 새로운 정책을 개발한다.

사후 학습은 모델의 성능을 유지하고, 변화하는 도시 환경에 맞춰 모델을 적응시키는 데 필수적이다. 도시 관련 빅데이터는 실시간으로 생성되는 데이터가 많으므로, 사후 학습을 통해 모델의 성능을 지속적으로 개선할 수 있다.

3) 테스트 시간 확장: 모델의 안정성을 확보하고, 다양한 시나리오에서 모델의 성능을 평가하는 데 탁월하다.

특징	빅데이터 강점	활용 분야
다양한 시나리오를 시뮬레이션하고, 모델의 성능을 다각도로 평가한다.	극단적인 상황이나 예외적인 상황에서도 모델의 안정성을 확보하고, 위험을 예측하는 데 강점을 가진다.	- 재난 예측 시스템, 범죄 예측 시스템, 감염병 확산 예측 시스템 등 위험 예측 및 관리 시스템의 신뢰도를 높인다. - 자율주행 자동차, 드론 택시, 스마트 그리드 등 새로운 도시 기술의 안전성을 평가한다. - 도시 개발 계획, 교통 정책, 환경 정책 등 정책 결정의 안정성을 평가한다.

테스트 시간 확장은 모델의 안정성을 확보하고, 다양한 시나리오에서 모델의 성능을 평가하는 데 필수적이다. 도시 관련 빅데이터는 다양한 변수와 불확실성을 포함하므로, 테스트 시간 확장을 통해 모델의 안정성을 확보하고, 위험을 예측하는 능력을 향상시킬 수 있다. AI 발전의 3단계 법칙은 도시 관련 빅데이터 분석 및 예측의 정확도를 높이고, 도시 문제 해결 및 미래 도시 예측에 기여한다.

4 ▶▶ 빅데이터와 LLM, LMM, LAM의 관계 분석 및 도시계획 분야 활용

거대 언어 모델(LLM), 거대 멀티모달 모델(LMM), 거대 행동 모델(LAM)과 같은 차세대 인공지능 모델들은 빅데이터를 기반으로 학습하고 작동하며, 복잡한 문제를 해결하고 새로운 가치를 창출하는 데 기여한다.

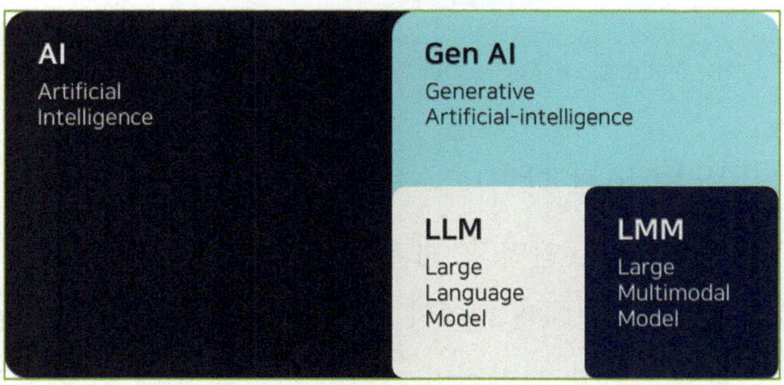

AI 트렌드에 개념더하기: LLM부터 LMM까지, 웅진IT

4.1 모델 별 분석

1) 거대 언어 모델 (LLM)

(1) **학습 데이터:** 방대한 양의 텍스트 데이터 (문서, 웹페이지, 서적 등)

(2) **주요 기능:** 텍스트 생성, 번역, 요약, 질의응답 등 자연어 처리

(3) **빅데이터와의 연관성:** 대규모 텍스트 데이터 학습을 통해 언어의 복잡한 규칙과 패턴을 이해

(4) **도시계획 분야 활용 예시:**

- '도시 관련 법규, 정책 문서 분석 및 요약
- '시민 의견 수렴 및 분석 (소셜 미디어, 민원 데이터 등)
- '도시계획 시나리오별 장단점 분석 및 보고서 생성

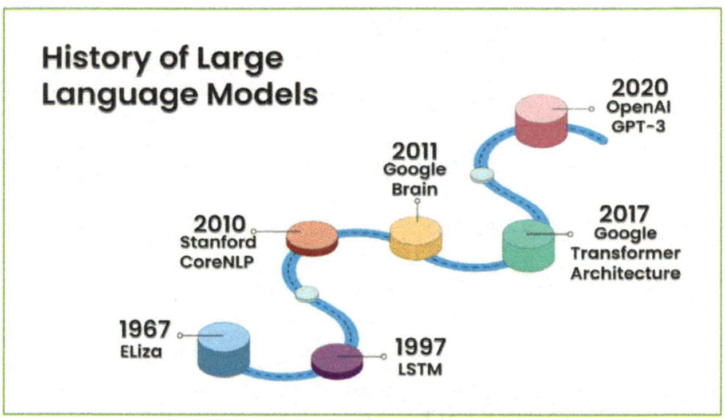

거대 언어 모델(LLM) | MongoDB

2) 거대 멀티모달 모델 (LMM)

(1) **학습 데이터:** 텍스트, 이미지, 비디오, 오디오 등 다양한 형태의 데이터

(2) **주요 기능:** 다양한 형태의 데이터를 통합적으로 이해하고 처리

(3) **빅데이터와의 연관성:** 복합적인 데이터 학습을 통해 현실 세계의 다면적인 정보를 파악

(4) 도시계획 분야 활용 예시:

- '위성 이미지, 항공 사진 분석을 통한 도시 변화 감지
- '교통 CCTV 영상 분석을 통한 실시간 교통 흐름 파악
- '건물 설계 도면과 3D 모델링 통합 분석

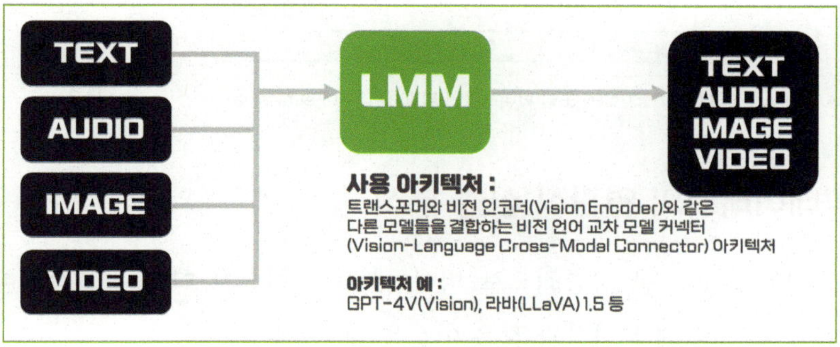

LLM vs LMM, 데브 스터디 사이트

3) 거대 행동 모델 (LAM)

(1) 학습 데이터: 실제 환경과의 상호작용 데이터 (센서 데이터, 사용자 행동 데이터 등)

(2) 주요 기능: 환경을 인지하고 최적의 행동을 수행

(3) 빅데이터와의 연관성: 실시간 데이터를 기반으로 의사 결정을 수행하고 행동을 최적화

(4) 도시계획 분야 활용 예시:

- '스마트 시티 센서 데이터를 기반으로 에너지 소비 최적화
- '자율주행 차량 데이터를 기반으로 교통 시스템 효율화
- '재난 상황 발생 시 실시간 데이터 분석 및 대응

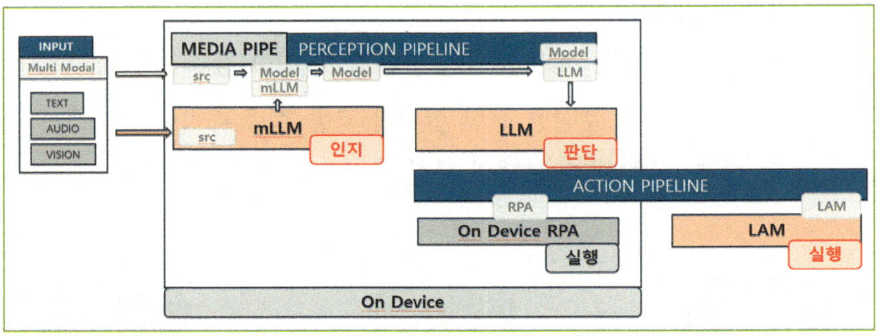

On Device상의 (인지/판단/실행) 모델 파이프라인 기술, SKT AI Fellowship

4.2 빅데이터와의 연관성 심층 분석

LLM, LMM, LAM은 공통적으로 빅데이터를 기반으로 학습하고 작동한다. 빅데이터는 이들 모델에게 다음과 같은 이점을 제공한다.

(1) **모델 성능 향상:** 대규모 데이터를 통해 모델은 더욱 풍부한 정보를 학습하고 일반화 능력을 향상

(2) **현실 세계 반영:** 다양한 형태의 빅데이터는 현실 세계의 복잡성을 반영하고 모델의 현실 적합성을 높임

(3) **실시간 의사 결정 지원:** 실시간 빅데이터 분석은 모델의 신속한 의사 결정과 행동을 가능하게 함

4.3 LLM, LMM, LAM특징 및 도시계획 분야 활용 예시

도시계획 분야에서는 LLM, LMM, LAM을 활용하여 다음과 같은 목표를 달성할 수 있다.

(1) **데이터 기반 의사 결정:** 빅데이터 분석을 통해 도시 문제에 대한 객관적인 이해를 바탕으로 정책 수립

(2) **시민 참여 증진:** 시민 의견 수렴 및 분석을 통해 도시계획 과정에 시민 참여 확대

(3) **지속 가능한 도시 개발:** 에너지 효율, 교통 문제 해결 등 지속 가능한 도시 개발 추

LLM, LMM, LAM은 빅데이터와 긴밀하게 연관되어 있으며, 도시계획 분야를 포함한 다양한 분야에서 혁신적인 변화를 주도할 것이다. 이들 모델의 잠재력을 최대한 활용하기 위해서는 빅데이터 구축 및 활용, 모델 개발 및 개선, 윤리적 문제 해결 등 다양한 노력이 필요하다.

■ LLM, LMM, LAM모델의 학습데이터, 주요기능, 빅데이터와의 연관성, 도시계획분야 활용예시

구분	LLM (거대 언어 모델)	LMM (거대 멀티모달 모델)	LAM (거대 행동 모델)
학습 데이터	텍스트 데이터	텍스트, 이미지, 비디오, 오디오 등 다양한 형태의 데이터	실제 환경과의 상호작용 데이터
주요 기능	자연어 처리	다양한 형태의 데이터 통합 처리	환경 인지 및 최적 행동 수행
빅데이터와의 연관성	언어의 복잡한 규칙과 패턴 이해	현실 세계의 다면적 정보 파악	실시간 데이터 기반 의사 결정 및 행동 최적화
도시계획분야 활용 예시	도시 관련 법규 분석, 시민 의견 분석	위성 이미지 분석, 교통 CCTV 영상 분석	스마트 시티 센서 데이터 활용, 자율주행 차량 데이터 활용

5.4 도시 관련 빅데이터의 LLM, MML, LAM의 특징 및 빅데이터 연관성

도시 계획, 도시 설계, 교통 계획, 환경 계획 관련 빅데이터는 LLM(거대 언어 모델), MML(멀티모달 모델), LAM(언어 에이전트 모델)을 통해 심층적 분석 및 활용이 된다.

1) 거대 언어 모델 (LLM): 비정형 텍스트 데이터 분석에 특화되어 도시 문제 해결 및 미래 도시 예측에 필수적인 인사이트를 제공한다

특징	빅데이터 측면의 강점	도시에서 활용 분야
방대한 텍스트 데이터를 학습하여 자연어 처리 능력이 탁월하다.	다양한 도시 관련 문헌, 보고서, 뉴스, 소셜 미디어 등의 비정형 텍스트 데이터 분석에 강점을 보인다.	- 도시 관련 법규, 정책 문서 분석을 통한 정책 제안, 시민 의견 분석을 통한 도시 문제점 파악, 도시 관련 뉴스 분석을 통한 트렌드 분석 등에 활용이 된다. - 도시계획 관련 보고서, 연구 논문, 도시계획 뉴스, GIS 데이터들의 분석을 통해서 도시문제점을 파악하거나 도시계획안을 제공하는 기능을 제공한다.

LLM은 비정형 텍스트 데이터 분석에 특화되어 도시 문제 해결 및 미래 도시 예측에 필수적인 인사이트를 제공한다.

2) 멀티모달 모델 (MML): 다양한 형태의 도시 관련 데이터(텍스트, 이미지, 비디오, 오디오 등)를 융합하여 더욱 심층적인 분석 및 예측을 가능하게 한다

특징	빅데이터 측면의 강점	도시에서 활용 분야
텍스트, 이미지, 비디오, 오디오 등 다양한 형태의 데이터를 통합적으로 처리하고 이해한다.	도시 관련 빅데이터는 다양한 형태의 데이터를 포함하며, MML은 이러한 데이터를 융합하여 종합적인 분석을 수행하는 데 강점을 보인다.	- 위성 이미지, 항공 사진, 도시 관련 영상 데이터와 텍스트 데이터를 융합하여 도시 변화를 감지하고 분석한다. - 도시 소음, 대기 질, 영상 데이터를 융합하여 도시 환경 변화를 실시간으로 모니터링한다. - 이미지, 텍스트 등의 데이터를 이용한 도시계획 3D모델과 결합하여서 결과를 보여주거나 도시계획, 도시설계, 교통계획 환경계획 등의 계획 수립 시 시각화 기능을 제공한다.

LLM은 비정형 텍스트 데이터 분석에 특화되어 도시 문제 해결 및 미래 도시 예측에 필수적인 인사이트를 제공한다.

3) 거대에이전트 모델 (LAM): LAM은 LLM의 자연어 처리 능력과 외부 도구 활용 능력을 결합하여 도시 문제 해결을 위한 지능형 시스템 구축에 활용된다. LAM까지는 아직 갈 길이 멀다

특징	빅데이터 측면의 강점	도시에서 활용 분야
LLM을 기반으로 특정 작업을 수행하도록 설계된 모델이며, 외부 도구 및 데이터베이스와 상호작용이 가능하다.	도시 관련 데이터베이스, GIS 데이터, 실시간 센서 데이터 등 다양한 데이터 소스와 연계하여 복잡한 도시 문제 해결에 활용된다.	- 시민 의견 분석 기반 도시 계획 수립, 실시간 교통 데이터 기반 교통 관리 시스템 구축, 에너지 소비 데이터 기반 에너지 효율 개선 시스템 구축 등에 활용이 된다. - 도시 데이터를 이용한 챗봇이나 도시계획 AI를 통해 도시 정보를 제공하거나 도시계획, 도시설계, 교통계획 환경계획의 AI 가이드 역할을 할 수 있다.

LAM은 LLM의 자연어 처리 능력과 외부 도구 활용 능력을 결합하여 도시 문제 해결을 위한 지능형 시스템 구축에 활용된다. 도시 관련 빅데이터는 LLM, MML, LAM을 통해 더욱 효과적인 분석과 활용이 가능하며, 다양한 도시 문제 해결 및 미래 도시 예측에 기여한다.

참고문헌

1. it-learner.tistory.com, 머신 러닝 프로세스 이해하기 - IT Learner
2. ibm.com빅데이터 분석이란 무엇인가요? | IBM
3. modulabs.co.kr머신러닝(Machine Learning) 이란?
4. katieyoon-the-developer.tistory.com빅데이터분석기사 실기 Basic 3 (작업형)
5. velog.io머신러닝 데이터 모델 이해 – velog
6. aiheroes. aiAI 개발 프로세스 총정리, 6단계로 이렇게 진행됩니다.
7. eda-ai-lab.tistory.com[Machine Learning Advanced] 2강. 머신러닝 강의 - 데이터 전처리 (1) 데이터의 종류 및 변수
8. researchgate.net Machine Learning in the Big Data Age: Advancements, Challenges, and Future Prospects gamco.es
9. The 5 challenges of Big Data in Machine Learning - GAMCO, SL geeksforgeeks.org Machine Learning Model Evaluation – GeeksforGeeks

04 데이터 기반 도시가 시민들에게 더 나은 도시서비스를 제공해 준다

The Role of Big Data in Smart Cities - Big Data Analytics News

주요질문

1. 빅데이터와 스마트 도시
   - '빅데이터는 시민들의 일상생활에 어떻게 활용될 수 있을까요?
   - '빅데이터 기반 도시에서 어떤 종류의 데이터가 수집되고 활용될 수 있을까요?
   - '빅데이터 기반 스마트 도시는 어떤 도시 서비스를 제공할 수 있을까요?
   - '빅데이터는 시민들의 삶의 질을 어떻게 향상시킬 수 있을까요?
   - '스마트시티는 기존 도시와 어떤 차이점을 가지고 있나요?
2. 빅데이터 기반 도시의 개념 및 특징
   - '빅데이터 기반 도시는 무엇일까요?
   - '빅데이터 기반 도시의 목표는 무엇일까요?
   - '도시는 왜 빅데이터를 필요로 할까요?
   - '빅데이터 기반 도시는 어떻게 지속가능한 발전을 추구할 수 있을까요?

3. 빅데이터 기반 도시 계획의 과제 및 해결 방안
  - '빅데이터 기반 도시 계획의 과제는 무엇일까요?
  - '빅데이터 기반 도시 계획은 어떻게 시민들의 신뢰를 얻을 수 있을까요?
  - '빅데이터 기반 도시에서 개인정보는 어떻게 보호해야 할까요?
  - '빅데이터는 도시 문제 해결에 어떻게 기여할 수 있을까요?
  - '빅데이터 기반 도시에서 발생할 수 있는 예상치 못한 문제점은 무엇일까요?
4. 빅데이터 기반 도시 계획의 미래 전망
  - '빅데이터 기반 도시 계획에서 AI는 어떤 역할을 할 수 있을까요?
  - '빅데이터 기반 도시 계획은 기존 도시 계획과 어떤 차이점이 있을까요?
  - '해외의 빅데이터 기반 도시 계획 사례는 어떤 것이 있을까요?
  - '빅데이터 기반 도시 계획 분야의 전문가가 되려면 어떤 역량을 갖춰야 할까요?

1 ▶▶ 2035 빅데이터가 만드는 도시: 시민의 라이프스타일 속으로

#장면1 빅데이터, 시민과 소통하는 도시

빅데이터는 도시 문제 해결을 위한 시민 참여를 확대합니다. 시민들은 빅데이터 기반 플랫폼을 통해 도시 문제에 대한 의견을 개진하고, 정책 결정 과정에 참여할 수 있습니다. 빅데이터는 시민의 목소리를 도시 계획에 반영하여 더 나은 도시를 만드는 데 기여합니다.

The Rise of Citizen Science and Big Data, Linkedin

#장면2 출근길, 스마트폰이 알려주는 최적의 경로

아침 7시, 잠에서 깬 당신은 스마트폰을 확인합니다. 오늘의 출근길 교통 상황은 어떨까요? 빅데이터 기반 교통 시스템은 실시간 교통 정보를 분석하여 최적의 경로를 알려줍니다. 지하철, 버스, 택시, 심지어 자전거까지, 다양한 교통수단의 정보를 종합하여 가장 빠르고 편리한 경로를 제시해 줍니다. 덕분에 당신은 붐비는 출근길에도 여유롭게 커피 한 잔을 즐길 수 있습니다.

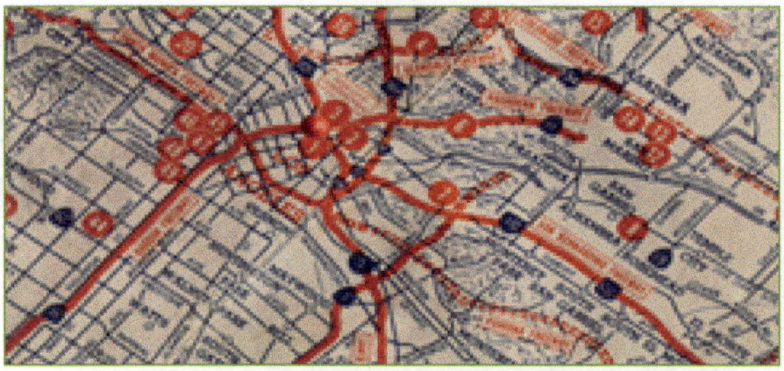
Route Optimization Algorithm and Big Data, Linkedin

#장면3 도시민의 삶의 결을 높여주는 빅데이터

빅데이터는 도시의 효율성을 높이고 시민들의 삶의 질을 향상시키는 데 기여합니다. 물론 개인정보 보호, 데이터 편향 등 극복해야 할 과제도 남아 있습니다. 하지만 빅데이터는 도시의 지속가능한 발전을 위한 핵심 동력이며, 시민과 소통하는 스마트 도시를 만드는 데 중요한 역할을 할 것입니다.

Data-Driven Cities: Conference for the Urban Common Good,digital-dialogues.net

#장면4 스마트 가로등은 밤길을 환하게 밝혀주고, 스마트 쓰레기통은 쓰레기 수거 효율을 높여 준다.

퇴근 후, 당신은 빅데이터 기반 스마트 시티가 제공하는 다양한 서비스를 누립니다. 스마트 가로등은 밤길을 환하게 밝혀주고, 스마트 쓰레기통은 쓰레기 수거 효율을 높여 쾌적한 도시 환경을 조성합니다. 빅데이터 기반 방범 시스템은 범죄 예방에 기여하여 안전한 도시 생활을 보장합니다.

자동으로 쓰레기의 부피를 줄여주는 쓰레기통이 미국 필라델피아에 있다. 한국에너지기술평가원 - KETEP

#장면5 빅데이터 기반 공원 관리 시스템 덕분에 한강의 주말 나들이를 즐기다.

주말, 가족과 함께 공원으로 나들이를 떠난 당신은 빅데이터 기반 공원 관리 시스템 덕분에 더욱 편리하고 즐거운 시간을 보냅니다. 앱을 통해 실시간으로 혼잡도를 확인하고, 주차 공간을 예약할 수 있습니다. 빅데이터는 공원 내 편의시설 위치 정보도 제공하여 편리한 나들이를 도웁니다.

2 ▶▶ 빅데이터가 도시계획의 패러다임 전환을 이끌다

최근 도시 계획 및 설계 분야에서 빅데이터 활용이 급증하고 있습니다. 한 연구에 따르면, 도시 계획 관련 논문 603편 중 146편이 빅데이터를 활용한 연구였다. 빅데이터는 도시 문제 진단, 해결 방안 모색, 시민 참여 증진, 도시 관리 효율성 향상 등 다양한 측면에서 긍정적인 영향을 미치고 있다. 본 글은 빅데이터가 도시 계획 및 설계 분야에 가져오는 패러다임의 전환을 심층적으로 분석하고, 미래 전망을 제시한다.

2.1 빅데이터 기반 도시계획 및 도시설계 분야의 근본적인 변화 분석

빅데이터 기술의 발전은 도시 계획 및 설계 분야에 다음과 같은 근본적인 변화를 가져왔다.

(1) **향상된 데이터 수집 및 분석 능력:** 과거에는 설문 조사, 현장 조사 등 제한적인 방법으로 데이터를 수집했지만, 빅데이터 기술을 통해 센서, 소셜 미디어, 모바일 기기 등에서 방대한 양의 데이터를 수집하고 분석할 수 있게 되었다. 이는 도시 문제를 더욱 정확하게 진단하고 효과적인 해결 방안을

모색하는 데 기여하게 된다.

(2) **도시 현상에 대한 정확하고 심층적인 이해:** 빅데이터 분석을 통해 인구 이동, 교통 흐름, 에너지 소비, 환경 오염 등 다양한 도시 현상을 심층적으로 이해할 수 있다. 이는 도시 계획 및 설계의 정확성과 효율성을 높이는 데 기여한다.

(3) **시민 참여 및 의사소통 증진:** 빅데이터는 시민들의 의견, 요구, 불만 등을 수집하고 분석하여 도시 계획 및 설계 과정에 시민 참여를 증진시키고 시민들의 요구를 반영하는 데 도움을 줄 수 있다. 더 나아가, 빅데이터는 기존의 서면 방식에서 벗어나 대화형 플랫폼, 실시간 피드백 메커니즘, 데이터 기반 시각화 등을 통해 시민 참여를 혁신할 수 있는 잠재력을 가지고 있다.

(4) **도시 문제 해결을 위한 새로운 접근 방식:** 빅데이터 분석은 도시 문제의 근본 원인을 파악하고 효과적인 해결 방안을 모색하는 데 새로운 접근 방식을 제공한다. 예를 들어, 교통 혼잡, 환경 오염, 범죄 발생 등의 문제를 해결하기 위한 정책을 개발하고 시행할 수 있다.

■ 전통적인 도시 분석 방법론과 빅데이터 기반 접근 방식의 차이 비교

구분	전통적인 도시 분석 방법론	빅데이터 기반 접근 방식	예시
데이터 수집	제한적인 데이터 수집	방대한 데이터 수집	설문 조사, 인구 조사 데이터, 소셜 미디어 데이터, 교통 센서 데이터
데이터 분석	통계 분석, 시뮬레이션 등	머신 러닝, 딥 러닝 등	회귀 분석, 도시 성장 모델링, 예측 모델링, 패턴 인식
분석 결과	제한적인 결과 도출	다양하고 심층적인 결과 도출	특정 변수 간의 상관관계, 복잡한 도시 시스템의 동적 변화 예측
시간 및 비용	높은 시간 및 비용 소요	상대적으로 낮은 시간 및 비용 소요	장기간의 데이터 수집 및 분석, 실시간 데이터 처리 및 분석
정확성	상대적으로 낮은 정확성	높은 정확성	방대한 데이터 기반 예측 및 의사 결정

3 ▶▶ 데이터 중심의 도시관리 및 도시계획의 미래 전망

도시 계획 및 설계 분야의 혁신을 이끌어 낼 빅데이터 기술의 잠재력을 최대한 활용하기 위해서는 데이터 수집 및 분석 체계 구축, 전문 인력 양성, 관련 법규 정비 등 지속적인 노력이 필요합니다. 빅데이터는 도시 관리 및 계획의 미래를 다음과 같이 변화시킬 것으로 예상된다.

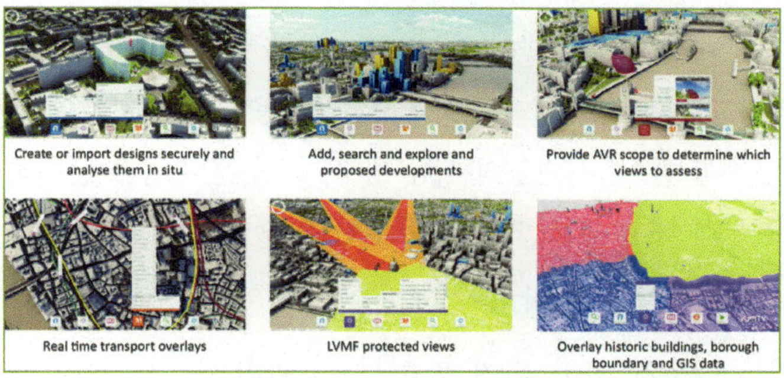

VU.CITY 3D London model with example applications and data, ResearchGate

1) 스마트 도시 구축

- 빅데이터는 스마트 도시 구축의 핵심 요소이다. 빅데이터를 활용하여 도시 내 다양한 시스템을 연동하고 효율적으로 관리할 수 있다. 예를 들어, 스마트 교통 시스템을 구축하여 교통 혼잡을 완화하고, 스마트 에너지 시스템을 구축하여 에너지 효율성을 높일 수 있다.
- 서울시는 '스마트시티 데이터 허브' 프로젝트를 통해 데이터 중심 생태계를 조성하고 있다. 시민과 기업에 데이터를 개방하고, 데이터 분석 서비스를 제공하며, 인공지능 기반 데이터 분석 등을 통해 데이터 활용도를 높이고 있다.

- 싱가포르의 'Virtual Singapore'와 VU.CITY의 런던 3D 디지털 트윈 플랫폼은 빅데이터를 활용한 도시 계획의 대표적인 사례다. 이러한 플랫폼은 도시의 다양한 측면을 시뮬레이션하고 분석하여 도시 계획 및 관리의 효율성을 높이는 데 기여한다.

2) 도시 문제의 예측 및 예방:

빅데이터 분석을 통해 도시 문제 발생 가능성을 예측하고 사전에 예방 조치를 취할 수 있다. 예를 들어, 범죄 발생률이 높은 지역을 예측하여 범죄 예방 활동을 강화하고, 재난 발생 가능성을 예측하여 재난 대비 시스템을 구축할 수 있다.

3) 맞춤형 도시 서비스 제공:

빅데이터는 시민 개개인의 요구에 맞는 맞춤형 도시 서비스를 제공하는 데 활용될 수 있다. 예를 들어, 시민들의 이동 경로, 관심 분야 등을 분석하여 개인 맞춤형 교통 정보, 문화 행사 정보, 레스토랑 추천 등을 제공할 수 있다.

4) 지속 가능한 도시 개발:

빅데이터는 에너지 효율, 환경 보호, 자원 관리 등 지속 가능한 도시 개발을 위한 정책 수립 및 시행에 기여할 수 있다. 예를 들어, 도시 에너지 소비량을 분석하여 에너지 절약 정책을 수립하고, 환경 오염 데이터를 분석하여 환경 보호 정책을 수립할 수 있다. 또한, 도시 AI(Urban AI) 구현을 위한 데이터 생태계 구축 및 데이터 전략 마련이 중요해지고 있다.

5) 도시 계획 및 설계 분야의 혁신:

빅데이터는 도시 계획 및 설계 분야의 혁신을 이끌어 낼 것이다. 빅데이터 기반의 새로운 도구와 기술이 개발되고 있으며, 이를 통해 도시 계획 및 설계의 효율성과 정확성을 높일 수 있다. 예를 들어, 3D 모델링, 시뮬레이션 등의 기술과 빅데이터를 결합하여 도시 계획 및 설계 과정을 효율적으로 수행할 수 있다. 또한, 빅데이터와 인공지능 기술은 건설 산업의 생산성을 향상시키는 데에도 기여할 수 있다.

4 ▶▶ 빅데이터의 활용사례

4.1 공공기관의 빅데이터 활용사례

1) 서울시 심야버스 노산

서울시는 빅데이터 분석을 통해 심야 버스 노선을 발굴하고, 교통 안전 시설을 개선하는 데 활용하고 있다. 서울시에서 운영 중인 심야버스인 '올빼미 버스'가 있다. 올빼미 버스의 운행 규모를 확대하는 데 있어, 통신데이터 기반 서울생활이동 데이터, 교통카드 데이터 등 2억여 건의 빅데이터를 활용했다고 한. 이를 통해 시간대별 유동인구, 거리별 수단별 이용 비율, 심야 주요 통행량 집중지역 등을 면밀히 분석해 새로운 노선을 구축했다고 한다. (출처 국내 기업들의 빅데이터 활용사례 (쿠팡, 지그재그, 토스, 티빙, 서울시) 작성자 코드잇)

2) 수원시는 빅데이터 기반으로 CCTV 설치

수원시는 SKT 지오비전 유동인구 데이터를 비롯해 경찰청, 경기도 공공 데이터 등 방대한 빅데이터를 활용해 CCTV를 추가 설치할 최적 위치를 찾았다. 수원시는 41개의 행정동을 200mX200m 단위로 잘게 쪼개 7,983개의 블록으로 지역을 세분화했다. 확정된 분석 공간에 ▲ 유동인구 밀도 ▲여성/청소년 유동인구 ▲파출소 위치 ▲

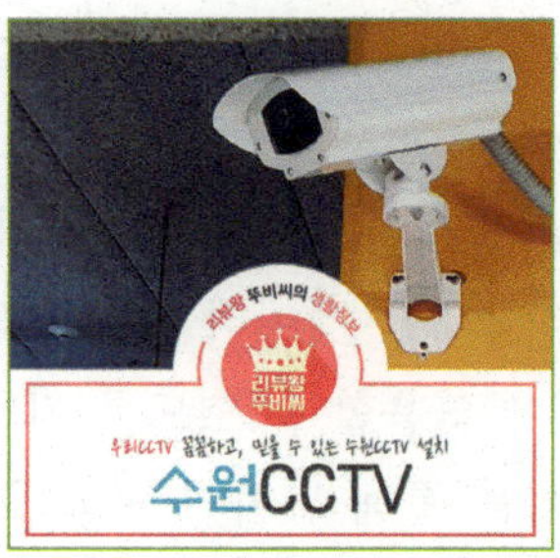

수원CCTV: 믿고 맡길 수 있는 우리CCTV: 네이버 블로그

다중 민원 접수 지역 ▲CCTV 설치 현황 등의 데이터를 삽입해 CCTV 설치 필요 지역을 찾아내는 객관적인 분석 단계를 거쳐 설치했다. (SK텔레콤 뉴스룸 2021.10.05)

4.2 기술 발전과 도시 데이터 증가의 상관관계

1) 도시 발전 과정에서의 빅데이터의 역할

과거 도시 계획은 제한적인 데이터와 전문가의 직관에 의존하는 경향이 있었다. 빅데이터는 전통적인 데이터가 가지는 한계를 극복하고, 도시의 모습을 있는 그대로 보여주는 자료라는 점에서 더 확실한 정보를 제공해 준다. 특히, 도시 거주자들의 이동 양상에 대한 보다 풍부한 자료를 제공하고 있으며, 도시민들의 일상적인 활동에 대한 기록이 수집되기 때문에 도시 문제에 효과적으로 대응할 수 있는 방법에 대한 관심이 높아지고 있다.

2) 빅데이터 기술 발전과 도시 데이터 증가의 상관관계

빅데이터 기술의 발전은 도시 데이터의 증가와 밀접한 관련이 있다. 정보통신기술의 발전으로 인해 도시에서 생성되는 데이터의 양이 기하급수적으로 증가하고 있으며, 이러한 데이터는 도시 계획, 관리, 운영에 활용될 수 있는 잠재력을 가지고 있다.

[공간 빅 데이터 개념 등장]

최근에는 '공간 빅데이터' 라는 개념이 등장했는데, 이는 3V(volume, variety, velocity)로 정의되는 기존 빅데이터의 개념을 6V(volume, variety, velocity, value, veracity, visualization)로 확장한 것이다. 공간 빅데이터는 위치 정보를 포함한 데이터로, 도시 계획 분야에서 다양하게 활용될 수 있다.
빅데이터 기술은 이러한 방대한 데이터를 효율적으로 수집, 저장, 처리, 분석하여 도시 문제 해결에 활용할 수 있도록 지원한다.
예를 들어, 빅데이터 분석을 통해 도시의 교통 흐름을 실시간으로 파악하고, 교통 체증을 완화하기 위한 정책을 수립할 수 있다.

"빅데이터와 IoT는 한몸" - 디지털데일리

3) 도시 문제 해결을 위한 빅데이터 활용의 필요성

- 도시는 복잡하고 다양한 문제들을 안고 있으며, 이러한 문제들을 해결하기 위해서는 정확하고 시의적절한 데이터 분석이 필수적이다. 빅데이터는 도시 문제의 근본 원인을 파악하고 효과적인 해결 방안을 모색하는 데 도움을 줄 수 있다.
- 특히 빅데이터 분석을 통해 도시 문제를 예측하고 예방함으로써, 과거와 같이 문제 발생 후 대응하는 수동적인 방식에서 벗어나 문제 발생 전에 미리 대비하는 능동적인 도시 계획으로 전환할 수 있다. 예를 들어, 빅데이터 분석을 통해 범죄 발생률이 높은 지역을 파악하고, 범죄 예방을 위한 정책을 수립할 수 있다. 또한, 빅데이터는 도시 계획, 관리, 운영의 효율성을 높이고 시민들의 삶의 질을 향상시키는 데 기여할 수 있다.

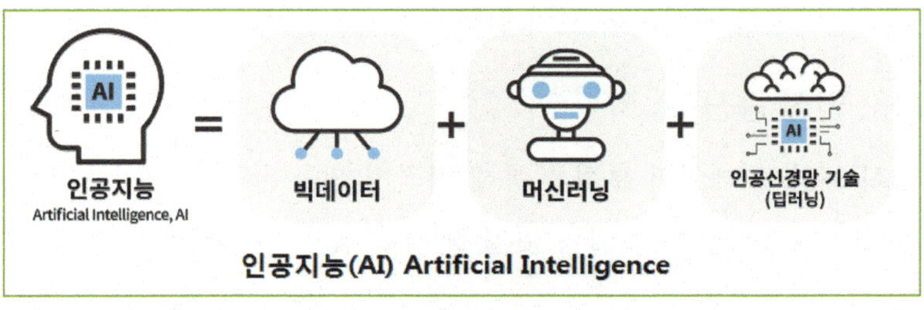

AI는 빅데이터를 먹고 산다. 브런치

5 ▶▶ 데이터 기반 도시 관련 정의, 특징, 역할

5.1 빅데이터 기반 도시에 대한 다양한 정의

1) 빅데이터 기반 도시에 대한 정의

- 일반적으로 빅데이터 기반 도시는 일반적으로 도시의 다양한 측면에서 생성되는 데이터를 수집, 분석하여 도시 계획, 관리, 운영에 활용하는 도시를 의미한다.
- 데이터가 중심이 되는 Data-Driven 스마트 시티란 교통, 에너지, 환경 등의 분야에서 각각 발생하는 도시 데이터를 상호 연계하여 빅데이터로 통합 관리하는 도시를 의미한다.

5.2 데이터 기반 도시에서 빅데이터의 역할

1) 도시의 지속가능한 발전

- 빅데이터는 도시의 지속가능한 발전에 중요한 역할을 한다. 빅데이터 분석을 통해 도시의 에너지 소비량, 탄소 배출량, 쓰레기 발생량 등을 파악하고, 이를 효율적으로 관리하여 환경 문제 해결에 기여할 수 있다.
- 또한, 빅데이터는 도시의 녹지 공간을 효율적으로 관리하고, 시민들의 녹지 접근성을 향상시켜 도시 환경을 개선하는 데 도움을 줄 수 있다.

2) 공공 안전 증진

(1) **범죄 예방:** 빅데이터 분석을 통해 범죄 발생률이 높은 지역을 파악하고, 범죄 예방을 위한 CCTV 설치 및 순찰 강화 등의 정책을 수립할 수 있다.

(2) **재난 예방 및 대응:** 빅데이터 분석을 통해 재난 발생 가능성을 예측하고, 재난 발생 시 신속한 대응 체계를 구축할 수 있다.

3) 교통 시스템 개선

(1) **교통 체증 완화:** 빅데이터 분석을 통해 교통량 변화를 예측하고, 신호 체계를 최적화하여 교통 체증을 완화할 수 있다.

(2) **대중교통 이용 편의 증대:** 빅데이터 분석을 통해 대중교통 이용 패턴을 분석하고, 노선 및 배차 간격을 조정하여 대중교통 이용 편의를 증대할 수 있다.

(3) **주차 문제 해결:** 빅데이터 분석을 통해 주차 공간 부족 문제를 해결하고, 주차 효율성을 높일 수 있다.

4) 자원 관리 최적화

(1) **에너지 관리:** 빅데이터 분석을 통해 에너지 소비량을 예측하고, 에너지 효율적인 도시 계획을 수립할 수 있다.

(2) **폐기물 관리:** 빅데이터 분석을 통해 폐기물 발생량을 예측하고, 효율적인 폐기물 처리 시스템을 구축할 수 있다.

(3) **수자원 관리:** 빅데이터 분석을 통해 수자원 이용 현황을 파악하고, 효율적인 수자원 관리 시스템을 구축할 수 있다.

5) 시민 참여 및 소통 강화

(1) **시민 의견 수렴:** 빅데이터 기반 시민 참여 플랫폼을 구축하여 시민들의 의견을 수렴하고, 도시 계획에 반영할 수 있다.

(2) **정보 공개 및 투명성 확보:** 빅데이터를 활용하여 도시 계획 관련 정보를 시민들에게 투명하게 공개하고, 시민들의 이해도를 높일 수 있다.

What Big Data Means for Smart Cities - Our World

6 빅데이터 기반 도시 서비스의 종류 및 효과, 지원기술

6.1 빅데이터 기반 도시 서비스의 종류 및 효과

(1) **스마트 교통 정보 제공:** 빅데이터 분석을 통해 실시간 교통 정보를 제공하고, 최적 경로 안내 서비스를 제공할 수 있다.

(2) **스마트 주차 서비스:** 빅데이터 분석을 통해 주차 가능 공간 정보를 제공하고, 주차 예약 서비스를 제공할 수 있다.

(3) **스마트 환경 관리:** 빅데이터 분석을 통해 대기 오염, 소음, 폐기물 등 환경 문제를 효율적으로 관리할 수 있다.

(4) **스마트 쓰레기 관리:** 빅데이터 분석을 통해 쓰레기 발생량을 예측하고, 효율적인 쓰레기 수거 시스템을 구축할 수 있다.

(5) **범죄예방 및 예측 치안:** 빅데이터 분석을 통해 범죄 발생 가능성이 높은 지역을 예측하고, 범죄 예방을 위한 순찰 강화 등의 조치를 취할 수 있다.

6.2 데이터 지원 기술

1) 데이터 수집, 저장, 처리, 분석, 시각화 등 빅데이터 관련 핵심 기술

(1) **데이터 수집:** 도시에는 다양한 종류의 데이터가 생성된다. 교통카드 데이터, CCTV 영상 데이터, SNS 데이터, 공공 데이터 등이 이에 해당한다. 빅데이터 기술은 이러한 다양한 데이터를 효율적으로 수집할 수 있도록 지원한다.

(2) **데이터 저장:** 수집된 데이터는 안전하고 효율적으로 저장되어야 한다. 빅데이터 기술은 대용량 데이터를 효율적으로 저장하고 관리하는 기술을 제공한다. 예를 들어, Hadoop 분산 파일 시스템은 대용량 데이터를 여러 컴퓨터에 분산하여 저장하고 관리할 수 있도록 지원한다.

(3) **데이터 처리:** 수집된 데이터는 분석에 적합한 형태로 가공되어야 한다. 빅데이터 기술은 데이터 정제, 변환, 통합 등 다양한 데이터 처리 기술을 제공한다.

(4) **데이터 분석:** 데이터 분석은 빅데이터 기술의 핵심이다. 빅데이터 기술은 통계 분석, 머신 러닝 등 다양한 분석 기법을 활용하여 데이터에서 유용한 정보를 추출할 수 있도록 지원한다.

(5) **데이터 시각화:** 분석 결과는 이해하기 쉽도록 시각적으로 표현되어야 한다. 빅데이터 기술은 다양한 시각화 도구를 제공하여 분석 결과를 효과적으로 전달할 수 있도록 지원한다.

2) 인공지능, 머신러닝, IoT 등 빅데이터와 연계된 기술 및 도시에서의 활용 가능성

(1) **인공지능:** 인공지능은 빅데이터 분석 결과를 바탕으로 도시 문제 해결을 위한 의사 결정을 지원할 수 있다. 예를 들어, 인공지능은 교통량 데이터를 분석하여 교통 체증을 예측하고, 최적의 신호 체계를 제어할 수 있다.

(2) **머신 러닝**: 머신 러닝은 빅데이터 분석을 통해 도시의 변화를 예측하고, 미래 계획 수립을 지원할 수 있다. 예를 들어, 머신 러닝은 과거 범죄 데이터를 분석하여 범죄 발생 가능성이 높은 지역을 예측하고, 범죄 예방 정책을 수립하는 데 도움을 줄 수 있다.

(3) **IoT**: IoT는 도시 곳곳에 설치된 센서를 통해 실시간 데이터를 수집하고, 도시 관리 및 운영의 효율성을 높일 수 있다. 예를 들어, IoT 센서는 도로의 교통량, 대기 오염, 소음 등을 실시간으로 측정하고, 이를 도시 관리 시스템에 전송하여 도시 문제 해결에 활용할 수 있도록 지원한다.

3) 스마트시티, 도시 디지털 트윈 등에 빅데이터 기반 기술 지원

(1) **스마트시티**: 스마트시티는 빅데이터, IoT, 인공지능 등 다양한 기술을 활용하여 도시 문제를 해결하고 시민 삶의 질을 향상시키는 도시이다. 스마트시티는 도시의 다양한 측면을 효율적으로 관리하고, 시민들에게 편리하고 안전한 생활 환경을 제공하는 것을 목표로 한다.

(2) **도시 디지털 트윈**: 도시 디지털 트윈은 도시의 물리적 환경과 사회적 현상을 가상 공간에 복제하여 도시 계획 및 운영을 시뮬레이션하는 기술 플랫폼이다. 도시 디지털 트윈은 도시 문제 해결을 위한 다양한 시뮬레이션을 수행하고, 최적의 도시 계획을 수립하는 데 도움을 줄 수 있다. 예를 들어, 싱가포르는 '버추얼 싱가포르' 라는 도시 디지털 트윈 플랫폼을 구축하여 도

Five types of urban digital twins - AEC Magazine

시 계획, 재난 대비 등 다양한 분야에 활용하고 있다. 도시 디지털 트윈은 도시의 다양한 측면을 시각적으로 표현하고, 시민들의 이해도를 높이는 데에도 기여할 수 있다.

7 ▶▶ 도시 계획 요소별 국내 빅데이터의 역할 및 사례 예시

1) 도시 계획 과정 (서울시가 통신사 데이터를 구매해 공공 CCTV 위치 선정에 활용)

빅데이터는 도시 계획 과정의 효율성을 높이고 시민들의 요구를 반영하는 데 중요한 역할을 한다. 빅데이터 분석을 통해 도시의 현황을 정확하게 파악하고, 미래 변화를 예측하여 도시 계획에 반영할 수 있다. 또한, 빅데이터 기반 시민 참여 플랫폼을 통해 시민들의 의견을 수렴하고, 도시 계획 과정에 참여를 유도할 수 있다. 예를 들어, 공공기관인 서울시가 통신사 데이터를 구매해 공공 CCTV 위치 선정에 활용하였다.

2) 토지 이용(국토교통부 빅데이터 플랫폼에서 토지 이용 관련 데이터를 시민들에게 제공)

빅데이터는 토지 이용 계획 수립 및 관리에 유용하게 활용될 수 있다. 빅데이터 분석을 통해 토지 이용 변화를 예측하고, 토지 이용 계획의 효율성을 높일 수 있다. 또한, 빅데이터는 토지 이용 관련 정보를 시민들에게 제공하여 토지 이용의 투명성을 높이는 데 기여할 수 있다. 예를 들어, 국토교통부는 빅데이터 플랫폼을 통해 토지 이용 관련 데이터를 시민들에게 제공하고 있다.

3) 도시 건축 설계 (빅데이터 분석을 통해 건물의 에너지 소비량을 예측)

빅데이터는 도시 건축 설계 단계에서 건물의 에너지 효율성을 높이고, 사용자의 편의성을 증대하는 데 활용될 수 있다. 빅데이터 분석을 통해 건물의 에너지 소

4 ways to reduce energy consumption in buildings using Big Data, ABB

비량을 예측하고, 에너지 효율적인 설계를 할 수 있다. 또한, 빅데이터 분석을 통해 사용자의 행동 패턴을 분석하고, 사용자 중심의 건축 설계를 할 수 있다. 예를 들어, 건축 설계 과정에서 빅데이터 분석을 통해 건물의 에너지 소비량을 예측하고, 에너지 효율을 높이는 설계를 할 수 있다.

4) 환경 계획(환경부는 빅데이터 플랫폼을 통해 대기 오염 정보, 수질 정보 등을 시민들에게 제공)

빅데이터는 환경 문제 해결 및 환경 계획 수립에 중요한 역할을 한다. 빅데이터 분석을 통해 대기 오염, 수질 오염, 폐기물 발생 등 환경 문제의 원인을 파악하고, 효과적인 해결 방안을 모색할 수 있다. 또한, 빅데이터는 환경 관련 정보를 시민들에게 제공하여 환경 문제에 대한 인식을 제고하고, 시민 참여를 유도할 수 있다. 예를 들어, 환경부는 빅데이터 플랫폼을 통해 대기 오염 정보, 수질 정보 등을 시민들에게 제공하고 있다.

5) 교통 계획(서울시는 빅데이터 분석을 통해 심야 시간대 '올빼미 버스'노선을 운영)

빅데이터는 교통 문제 해결 및 교통 계획 수립에 필수적인 요소이다. 빅데이터 분석을 통해 교통량, 통행 속도, 교통 사고 발생 등 교통 현황을 파악하고, 교통 계획에 반영할 수 있다. 또한, 빅데이터는 실시간 교통 정보를 제공하여 교통 혼잡을 완화하고, 대중교통 이용 편의를 증대하는 데 기여할 수 있다.

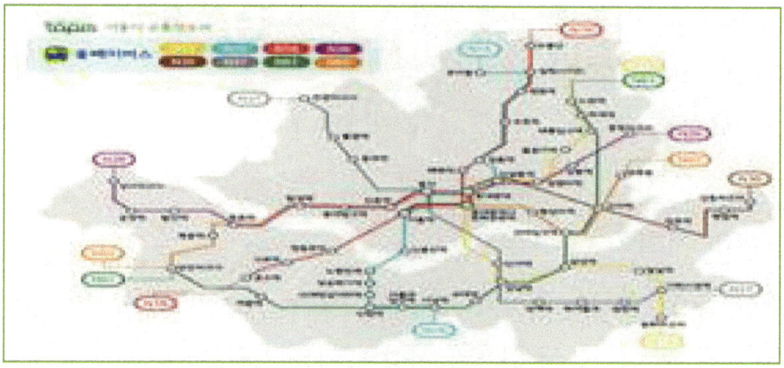

빅데이터를 이용한 교통계획: 심야버스와 사고줄이기 | 서울정책아카이브

빅데이터 분석을 통해 심야 버스 노선을 발굴하고, 교통 안전 시설을 개선하는 데 활용하고 있다. 서울시에서 운영 중인 심야버스인 '올빼미 버스'가 있다. 올빼미 버스의 운행 규모를 확대하는 데 있어, 통신데이터 기반 서울생활이동 데이터, 교통카드 데이터 등 2억여 건의 빅데이터를 활용했다고 한. 이를 통해 시간대별 유동인구, 거리별 수단별 이용 비율, 심야 주요 통행량 집중지역 등을 면밀히 분석해 새로운 노선을 구축했다고 한다.(출처 국내 기업들의 빅데이터 활용 사례 (쿠팡, 지그재그, 토스, 티빙, 서울시) 작성자 코드잇)

6) 공원 녹지 계획

빅데이터는 공원 녹지 계획 수립 및 관리에 유용하게 활용될 수 있다. 빅데이터 분석을 통해 공원 이용 패턴, 이용자 만족도 등을 파악하고, 공원 녹지 계획에

Putting Big Data to Work for Parks in Your City - Trust for Public Land

반영할 수 있다. 또한, 빅데이터는 공원 녹지 관련 정보를 시민들에게 제공하여 공원 이용을 활성화하고, 시민들의 건강 증진에 기여할 수 있다. 예를 들어, 공원 이용자들의 이동 경로, 체류 시간 등을 분석하여 공원 시설 개선 및 운영에 활용할 수 있다.

7) 인프라 계획

빅데이터는 도시 인프라 계획 수립 및 관리에 효율성을 높이는 데 기여할 수 있다. 빅데이터 분석을 통해 인프라 시설의 이용 현황, 노후화 정도 등을 파악하고, 인프라 계획에 반영할 수 있다. 또한, 빅데이터는 인프라 관련 정보를 시민들에게 제공하여 시민들의 편의성을 높이는 데 기여할 수 있다. 예를 들어, 빅데이터 분석을 통해 상수도, 하수도, 전력 등 도시 인프라 시설의 노후화 정도를 예측하고, 유지 보수 계획을 수립할 수 있다.

8) 모빌리티

빅데이터는 모빌리티 서비스 개선 및 새로운 모빌리티 서비스 개발에 활용될 수 있다. 빅데이터 분석을 통해 이동 패턴, 교통 수요 등을 파악하고, 모빌리티 서비스 계획에 반영할 수 있다. 또한, 빅데이터는 자율주행, 차량 공유 등 새로운 모빌리티 서비스 개발을 위한 핵심 기술로 활용될 수 있다. 예를 들어, 카카오모빌리티는 빅데이터 분석을 통해 이동 패턴을 분석하고, 이를 바탕으로 카풀, 택시 합승 등 새로운 모빌리티 서비스를 개발하고 있다.

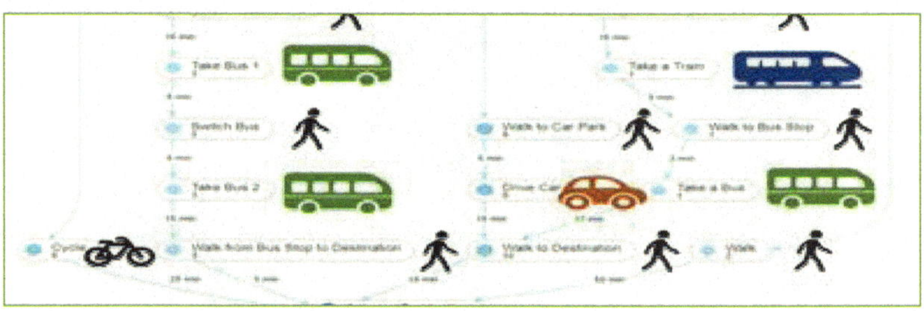

Smart City – Mobility as a Service (MaaS),. Mobility as a Service

8 ▶▶ 도시계획에서 빅데이터 적용 시 장단점

1) 장점

(1) **도시 문제 해결:** 빅데이터 분석을 통해 도시 문제의 근본 원인을 파악하고, 효과적인 해결 방안을 모색할 수 있다.

(2) **효율성 증대:** 빅데이터 분석을 통해 도시 계획, 관리, 운영의 효율성을 높일 수 있다.

(3) **시민 참여 확대:** 빅데이터 기반 시민 참여 플랫폼을 통해 시민들의 의견을 수렴하고, 도시 계획에 반영할 수 있다.

(4) **과학적 의사 결정:** 빅데이터 분석을 통해 객관적인 데이터를 기반으로 도시 계획 관련 의사 결정을 할 수 있다.

2) 단점

(1) **개인정보보호 문제:** 빅데이터 활용 과정에서 개인정보 침해 가능성이 존재한다. 개인의 이동 경로, 소비 패턴 등 민감한 정보가 빅데이터에 포함될 수 있으며, 이러한 정보가 유출될 경우 심각한 개인정보 침해로 이어질 수 있다.

(2) **데이터 편향:** 빅데이터 분석 결과가 특정 집단에 편향될 수 있다. 예를 들어, 특정 지역의 데이터가 부족하거나, 특정 계층의 데이터가 과도하게 수집될 경우 분석 결과가 왜곡될 수 있다. 이러한 데이터 편향은 불공정한 도시 계획으로 이어질 수 있다.

(3) **기술 의존성 심화:** 빅데이터 기술에 대한 의존도가 높아질 수 있다. 빅데이터 기술 없이는 도시 계획 및 관리가 어려워질 수 있으며, 이는 기술 장애 발생 시 도시 운영에 차질을 야기할 수 있다.

(4) **사회적 불평등 심화:** 빅데이터 기술 접근성이 제한적인 계층의 경우 사회적 불평등이 심화될 수 있다. 빅데이터 기술을 활용할 수 있는 계층과 그렇지 못한 계층 간 정보 격차가 발생하고, 이는 사회적 불평등으로 이어질 수 있다.

9 ▶▶ 기존 도시와 데이터 기반 도시의 차이

	기존 도시	데이터 기반 도시
토지이용	과거 사례와 수요 예측에 의존	실시간 데이터와 분석으로 최적의 토지이용 계획
교통 관리	사후적 대응 (혼잡 발생 시 해결책 도입)	실시간 교통 데이터 분석으로 예측 및 사전적 관리
환경 관리	정기적 모니터링 및 단기적 해결책	IoT 센서 및 대기질 데이터를 활용한 실시간 대응
공공서비스 제공	정형화된 서비스 제공	데이터 분석을 통한 맞춤형 서비스 제공
문화시설 배치	전통적 인구 분포 및 정책 결정 기반	이용 데이터와 시민 피드백을 기반으로 한 최적화
부동산	시장의 수요/공급에만 의존	데이터 분석을 통한 시장의 장기적 안정성 확보
공원녹지	접근성 부족, 계획에 기반한 조성	이용 패턴과 환경 데이터를 활용한 접근성 및 효율성 개선
인프라 관리	정기 점검 및 유지보수	센서를 통한 예측 유지보수로 비용 절감 및 운영 효율화
정책 평가 및 피드백	느리고 비효율적인 데이터 분석	정책 실행 후 실시간 성과 모니터링 및 데이터 피드백

10 ▶▶ 국내외 빅데이터 기반 도시에서 개발 사례 분석

1) 싱가포르 - Smart Nation

(1) 특징: 도시 전역에서 IoT 센서와 카메라를 활용하여 실시간 데이터 수집.

(2) 적용 사례:

- 교통 혼잡 분석 및 관리.
- 공공 주택의 에너지 소비 모니터링.
- 헬스케어 서비스의 디지털화로 고령 인구의 건강 관리.

Singapore - The Smart Nation Vision - IEREK

2) 뉴욕 - BigApps 프로젝트

(1) 특징: 도시 데이터를 공개하여 스타트업 및 개발자들이 새로운 애플리케이션과 서비스를 개발하도록 지원.

(2) 적용 사례:

- 시민들이 교통, 환경, 안전 정보를 실시간으로 조회.
- 범죄 데이터를 활용한 안전 지도 개발.

NYC BigApps Ideas: New York City

3) 바르셀로나 - 스마트 교통 및 에너지

(1) **특징:** IoT 기반의 스마트 주차 시스템과 에너지 효율화.

(2) **적용 사례:**

- 스마트 주차 앱으로 주차 공간을 효율적으로 찾을 수 있음.
- LED 조명과 센서를 결합한 스마트 스트리트 조명 시스템.

4) 서울 - 스마트 시티 데이터 허브

(1) **특징:** 서울시는 빅데이터 플랫폼을 구축하여 교통, 환경, 공공 서비스 데이터를 통합 관리.

(2) **적용 사례:**

- 대중교통 데이터 분석을 통한 버스 및 지하철 시간표 최적화.
- 소셜 미디어 데이터를 활용하여 시민의 불편 사항 파악 및 해결.

5) 런던 - Smart London

(1) **특징:** 스마트 인프라와 데이터 분석으로 교통과 에너지 관리 최적화.

(2) **적용 사례:**

- Oyster 카드를 이용한 대중교통 데이터 분석.
- 공공 Wi-Fi 네트워크를 통해 실시간으로 시민 데이터를 수집하고 활용.

Visitor London Oyster Card - Buy Online + FREE London Visitor

11 ▶▶ 정책적 시사점

빅데이터 기반 도시 개발을 성공적으로 추진하기 위해서는 다음과 같은 정책적 시사점을 고려해야 한다.

(1) **빅데이터 활용 관련 법적 및 제도적 기반 마련:** 빅데이터 활용 과정에서 발생할 수 있는 개인정보 침해, 데이터 편향 등의 문제를 예방하기 위해 관련 법규를 정비하고, 데이터 공유 및 활용에 대한 명확한 가이드라인을 마련해야 한다.

(2) **빅데이터 전문 인력 양성 및 교육 프로그램 확대:** 빅데이터 기술을 도시 계획에 효과적으로 활용하기 위해서는 빅데이터 전문 인력 양성이 필수적이다. 빅데이터 관련 교육 프로그램을 확대하고, 전문 인력 양성을 위한 정부 지원을 강화해야 한다.

(3) **빅데이터 활용에 대한 시민들의 인식 제고:** 빅데이터 기반 도시 개발은 시민들의 참여와 협력 없이는 성공할 수 없다. 빅데이터 활용에 대한 시민들의 인식을 제고하고, 빅데이터 활용의 필요성과 이점을 적극적으로 홍보해야 한다.

(4) **빅데이터 기반 도시 개발을 위한 정부 지원 강화:** 빅데이터 기반 도시 개발을 위한 연구 개발, 인프라 구축, 전문 인력 양성 등에 대한 정부 지원을 강화해야 한다. 또한, 빅데이터 활용을 장려하기 위한 정책적 지원 방안을 마련해야 한다.

(5) **빅데이터 활용 과정에서 발생할 수 있는 윤리적 문제 예방:** 빅데이터 활용 과정에서 발생할 수 있는 개인정보 침해, 데이터 편향, 사회적 불평등 심화 등 윤리적 문제를 예방하기 위한 노력을 기울여야 한다. 빅데이터 활용에 대한 윤리적 가이드라인을 마련하고, 윤리 교육을 강화해야 한다.

(6) **빅데이터 기반 도시 개발을 위한 국제 협력 강화:** 빅데이터 기반 도시 개발은 국제적인 협력을 통해 더욱 효과적으로 추진될 수 있다. 해외 도시들의 성공 사례를 벤치마킹하고, 빅데이터 기술 및 정보를 공유하는 등 국제 협력을 강화해야 한다.

(7) **빅데이터 마스터플랜 추진:** 한국 정부는 빅데이터 활용을 촉진하기 위해 '빅데이터 마스터플랜'을 수립하고 추진하고 있다. 이는 빅데이터 활용을 위한 정책적, 제도적 기반을 마련하고, 빅데이터 산업을 육성하는 것을 목표로 한다. 빅데이터 마스터플랜을 통해 도시 계획 분야에서 빅데이터 활용을 더욱 확대하고, 도시 문제 해결에 기여할 수 있을 것으로 기대된다.

참고문헌

1. Janssen, M., Zuiderveen Thoenes, T., & Bonson, E. (2020). Data-driven smart cities: A review of concepts, approaches, and future directions. Government Information Quarterly, 37(3), 101480.
2. Kim, Y., Choi, S. M., & Lee, Y. J. (2023). A comprehensive review of big data analytics for smart cities. Cities, 132, 103929.
3. Yigitcanlar, T., Kamel, M., & Mendes, J. P. (2022). The rise of data-driven smart cities: A critical review. Journal of Urban Technology, 29(1), 3-25.
4. Zou, Z., Dai, H., & Wang, P. (2021). Big data-driven smart cities: A comprehensive review. Journal of Ambient Intelligence and Humanized Computing, 12, 1-23.

05 나이팅게일 같은 도시계획, 도시설계, 교통계획 데이터 사이언티스트가 몰려온다

Data Analytics in Urban Planning: Shaping Smarter City, Linkedin

주요질문

1. 데이터 사이언스 개론
    - '데이터 사이언스(Data Science)의 정의와 핵심 개념은 무엇인가?
    - '데이터 분석이 도시 및 교통 계획 분야에서 왜 중요한가?
    - '데이터 사이언티스트(Data Scientist)가 갖추어야 할 핵심 역량은 무엇인가?
2. 도시 및 교통 계획에서의 데이터 사이언스
    - '데이터 사이언티스트가 도시 계획 과정에서 어떻게 미래 도시를 예측하고 설계하는가?
    - '데이터 분석을 활용하여 효율적인 토지 이용 계획을 수립하는 방법은 무엇인가?
    - '교통 체증, 대기 오염 등 도시 문제 해결에 데이터 사이언스가 어떻게 기여하는가?
    - '데이터 사이언티스트가 스마트시티 구축에 어떤 역할을 하는가?

3. 미래 기술과 데이터 사이언스

- '자율주행 시스템 개발에서 데이터 사이언티스트는 어떤 역할을 수행하는가?
- '디지털 트윈 기술이 도시 및 교통 계획에 어떻게 활용될 수 있는가?
- '생성형 AI 기술이 도시 및 교통 데이터 분석에 어떤 영향을 미치는가? (핵심 키워드: 데이터 시각화 자동화, 분석 효율성 향상, 인사이트 생성, 보고서 작성 자동화)

4. 데이터 윤리

- '데이터 사이언티스트가 도시 및 교통 데이터를 분석할 때 어떤 윤리적 문제에 직면할 수 있는가? (핵심 키워드: 개인 정보 보호, 데이터 편향, 알고리즘 투명성, 책임성)
- '데이터 사이언티스트는 도시 및 교통 분야에서 데이터를 윤리적으로 활용하기 위해 어떤 노력을 기울여야 하는가? (핵심 키워드: 데이터 편향 방지, 개인 정보 보호, 알고리즘 설명 가능성, 사회적 책임)

1 2035년, 데이터 사이언티스트(Scientist)들은 마치 나이팅게일처럼 일하다

#장면1. 도시 계획 과정

데이터 마법사, 미래 도시를 예측하다!

2035년, 서울시 도시계획국에서 일하는 김아람 데이터 사이언티스트는 오늘도 도시의 미래를 들여다봅니다. 인구 증감, 교통량 변화, 경제 성장 예측 등 다양한 데이터를 분석하여 도시의 미래 모습을 시뮬레이션하는 첨단 프로그램을 개발했죠. 덕분에 서울시는 10년 후, 20년 후에도 시민들에게 최적의 주거 환경을 제공할 수 있게 되었답니다.

#장면 2. 토지 이용

데이터 분석으로 최적의 토지 이용 계획을 세우다!

부산시는 급증하는 인구와 개발 수요로 인해 토지 이용 계획에 어려움을 겪고 있었습니다. 이때, 박영희 데이터 사이언티스트가 나섰습니다. 토지 이용 현황, 환경 영향 평가, 경제적 가치 등 다양한 데이터를 분석하여 최적의 토지 이용 계획을 제시했죠. 덕분에 부산시는 환경 보존과 도시 개발이라는 두 마리 토끼를 모두 잡을 수 있었습니다.

#장면 3. 도시 건축 설계

에너지 절약형 건축 설계, 데이터가 해답을 제시하다!

이지혜 씨는 에너지 효율을 극대화하는 건축 설계에 몰두하고 있었습니다. 하지만, 건축물의 에너지 소비량을 정확하게 예측하는 데 어려움을 겪었죠. 최민수 씨는 건축물의 위치, 방향, 창문 크기, 단열재 종류 등 다양한 변수를 고려하여 에너지 소비량을 예측하는 모델을 개발했습니다. 덕분에 이지혜 씨는 에너지 절약형 건축 설계를 완성할 수 있었답니다.

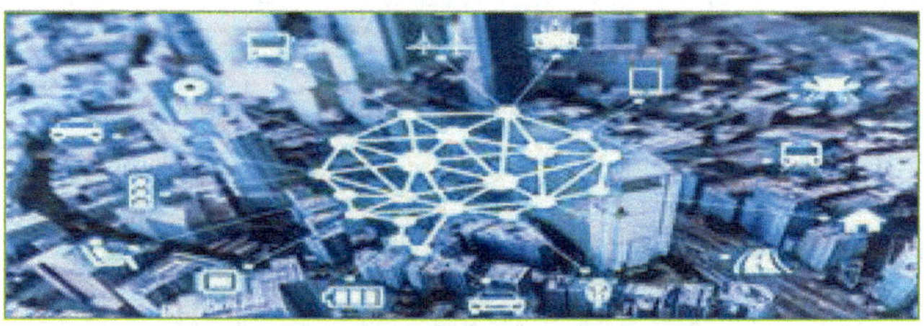

건물의 에너지 사용을 제어하는 인공지능 - LG CNS 블로그

#장면 4. 환경 계획

미세먼지 걱정 끝! 데이터로 깨끗한 도시를 만들다!

대구시는 미세먼지 문제로 골머리를 앓고 있었습니다. 데이터 사이언티스트 정수정은 기상 데이터, 대기 오염 측정 데이터, 교통량 데이터 등을 종합적으로 분석하여 미세먼지 발생 원인을 파악하고 예측 모델을 개발했습니다. 이를 통해 대구시는 미세먼지 저감 정책을 효과적으로 시행하여 시민들에게 깨끗한 공기를 선물할 수 있었습니다.

#장면 5. 교통 계획

데이터로 교통 체증을 해결하다!

서울 강남 지역은 극심한 교통 체증으로 악명이 높았습니다. 강민준 씨는 교통량 데이터, 신호 체계 데이터, 대중교통 이용 데이터 등을 분석하여 교통 흐름을 개선하는 최적의 신호 체계를 개발했습니다. 덕분에 강남 지역의 교통 체증은 눈에 띄게 줄어들었고, 시민들은 쾌적한 출퇴근길을 만끽할 수 있게 되었습니다.

#장면 6. 예술 문화 시설

데이터 분석으로 시민들의 문화 생활을 풍요롭게!

광주시는 시민들의 문화적 욕구를 충족시키기 위해 새로운 문화 시설 건립을 계획하고 있었습니다. 데이터 사이언티스트 한지연은 시민들의 문화 활동 데이터, 선호도 조사 데이터, 지역별 인구 분포 데이터 등을 분석하여 최적의 문화 시설 위치와 규모를 제시했습니다. 덕분에 광주시는 시민들에게 사랑받는 문화 공간을 조성할 수 있었습니다.

제26회 광주광역시건축상 수상작 발표, 아우름

#장면 7. 공원 녹지 계획

데이터로 푸른 도시를 만들다!

인천시는 도시 녹지 공간 확보에 어려움을 겪고 있었습니다. 한예빛 씨는 인구 밀도, 녹지 공간 분포, 시민 이용 패턴 등을 분석하여 도시 내 녹지 공간을 효율적으로 확보하고 관리하는 방안을 제시했습니다. 덕분에 인천시는 푸른 녹지가 풍부한 쾌적한 도시로 거듭날 수 있었습니다.

인천대공원 진입광장개선사업 당선작, Grand Forest Garden

#장면 8. 인프라 계획

데이터로 스마트한 도시 인프라를 구축하다!

세종시는 스마트시티 구축을 위해 노력하고 있었습니다. 나예리 씨는 에너지 사용량 데이터, 상하수도 시설 데이터, 통신망 데이터 등을 분석하여 도시 인프라 시스템을 효율적으로 관리하고 운영하는 스마트 시스템을 개발했습니다. 덕분에 세종시는 에너지 절약, 시설 안전 관리, 시민 편의 증진 등 다양한 효과를 거둘 수 있었습니다.

#장면 9. 모빌리티

데이터로 미래 모빌리티 시대를 열다!

2035년, 자율주행차와 드론 택시가 도시를 누비는 시대가 도래했습니다. 데이터 사이언티스트들은 도시 교통 데이터, 자율주행 시스템 데이터, 드론 운영 데이터 등을 분석하여 안전하고 효율적인 미래 모빌리티 시스템 구축에 힘쓰고 있습니다. 덕분에 시민들은 더욱 편리하고 안전한 이동을 경험할 수 있게 되었답니다.

2 ▶▶ 나이팅게일 간호사 덕분에 사망률이 60%에서 2%로 크게 감소하였다

2.1 나이팅게일은 죽어 나가는 병사의 원인이 병원의 지극히 비위생적인 환경이란 판단을 내놓게 된다

새벽이 서서히 밝아오는 안개 숲 속. 부상자들은 창백한 얼굴과 다친 몸들이 들것에 실려진 채로 야전병원으로 들어온다. 부상군인들은 피로 적셔진 몸과 마음의 깊은 그늘을 품으며, 어둠 속으로 떨어져가는 듯한 무력함에 휩싸여 있었다. 포탄의 잔혹한 상처로 피를 쏟아내며 비틀거리는 모습이 전쟁의 슬픔과 절망을 온몸으로 표출해 내는 듯하다. 나이팅게일(Nightingale)이 근무했던 크림전쟁 당시 영국군 야전병원의 모습을 상상해본다.

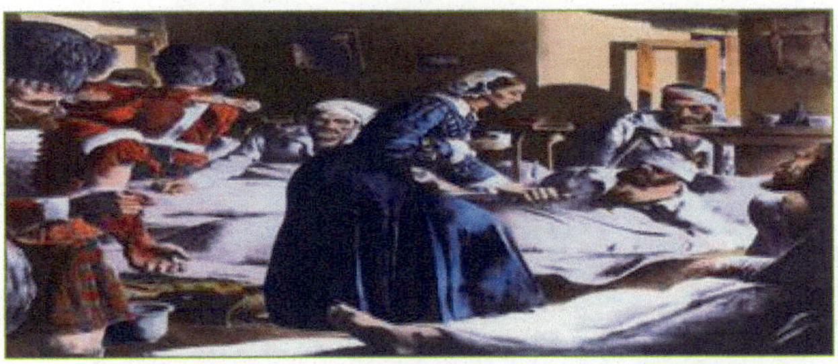

나이팅게일이 부상병사를 돌보는 모습, m.post.naver.com/postView.naver

1854년 러시아와 연합국간에 '크림전쟁'이 일어났다. 많은 영국군이 부상과 질병으로 죽어갔다. 과다한 숫자의 부상자와 협소한 공간에서 환자들 사이의 접촉이 증가됨에 따라 감염이 확산되기 쉬운 환경이었다. 더러운 침대와 의료용품의 청결이 제대로 관리되지 않아 환자들이 질병에 노출되는 위험이 높았다. 설상가상으로 부상자들의 몸에서 발생하는 분비물과 혈액이 적절하게 처리되지 않아 하수가 오염되었다. 이러한 환경은 세균과 감염의 번식 지대가 된 것이다.

영국의 국방장관 시드니 하버트는 나이팅게일에게 크림반도 야전병원으로 가 간호활동을 해줄 것을 부탁했다. 나이팅게일은 죽어 나가는 병사의 원인이 병원의 지극히 비위생적인 환경이란 날카로운 판단을 내놓게 된다. 나이팅게일은 1858년에 장미 다이어그램(Rose Diagram)을 만들어 당시 야전병원에서 부상 치료받다가 사망하는 병사보다 비위생적인 환경때문에 2차감염으로 죽는 병사가 많다는 사실을 군당국에 알렸다. 그녀가 통계를 내기 전까지는 아무도 크림반도에서 죽고 부상당한 영국군의 수를 정확히 알지 못했다.

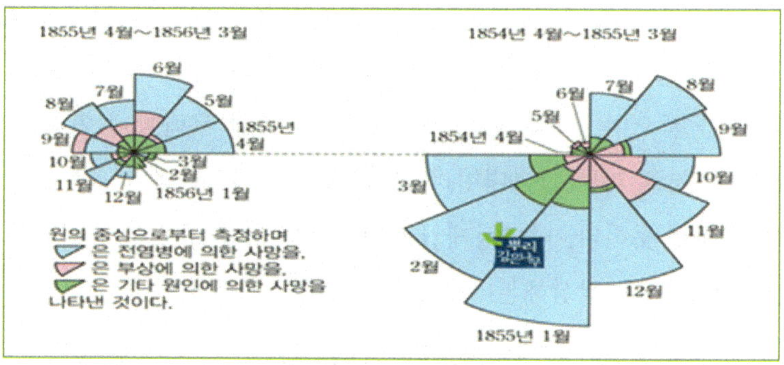

통계그래프 나이팅게일의 장미그림, 네이버 블로그

2.2 복잡한 통계 데이터를 알기 쉽게 시각화 한 장미 다이어그램이 당시 위생개선 사업의 극적인 효과를 일으켰다

복잡한 통계 데이터를 대중의 눈높이에 맞게 시각화 한 장미 다이어그램이 당시 위생개선 사업의 극적인 효과를 일으켰다. 그의 장미 다이어그램을 본 하버트 국방장관은 상당한 예산을 야전병원 환경개선에 투입한다. 덕택에 부상자의 사망률이 60%에서 2%로 크게 감소하였다. 이런 시각적인 나이팅게일의 다이어그램은 19세기 최고의 통계그래픽으로 꼽힌다. 백의의 천사로 알려진 나이팅게일은 이처럼 당시로는 대단한 통계학자였다.

데이터분석을 통해 나이팅게일이 기여한 것처럼 요즘 세상에는 더욱 더 데이터의 중요성이 날로 부각되고 있다. 데이터는 이제 우리의 일터와 삶의 공간에서부터 기업의 운영, 정부의 정책 결정에 이르기까지 거의 모든 영역에서 데이터가 필수적인 요소가 되고 있다. 데이터 분석을 통해 미래의 패턴과 동향을 예측하고, 잠재적인 위험을 예방하는데 활용되고 있다.

나이팅게일의 로즈 다이어그램의 의미, 브런치

3 ▶▶ 데이터 분석이 왜 필요한가?

1) 데이터 분석은 선택적이 아니라 필수적

오늘날 데이터는 거의 모든 산업과 일상생활에서 중요한 역할을 한다. 기업의 운영, 정부 정책, 개인의 소비 습관 등 다양한 영역에서 데이터는 의사결정을 위한 핵심 자원이 되고 있다. 데이터 분석은 다음과 같은 이유로 필수적이다.

(1) **문제의 진단 및 해결:** 나이팅게일의 사례처럼 데이터를 활용하면 기존 문제를 명확히 정의하고 원인을 규명할 수 있다.

(2) **미래 예측:** 과거 데이터의 패턴을 분석해 미래의 동향을 예측하고, 잠재적인 위험을 예방할 수 있다.

(3) **효율성 향상:** 데이터를 기반으로 한 의사 결정은 자원 활용의 효율성을 극대화하고 성과를 개선한다.

(4) **혁신 촉진:** 데이터 분석은 새로운 비즈니스 기회와 혁신적 아이디어를 발굴하는 데 기여한다.

2) 데이터 분석을 통한 인사이트가 필요한 이유

① 객관적 근거 기반의 의사결정 가능

② 복잡한 문제의 근본 원인 파악 용이

③ 예측 가능한 패턴 발견으로 선제적 대응 가능

④ 효율적인 자원 배분과 비용 절감 실현

⑤ 정량적 성과 측정을 통한 개선점 도출

Data Flair

Big Data Vs Data Science

Factors	*Big Data*	Data Science
Concept	Handling large data	Analyzing data
Responsibility	Process huge volumes of data and generate insights	Understand pattern within data and make decisions
Industry	E-commerce, security services, telecommunication	Sales, image recognition, advertisement, risk analytics
Tools	Hadoop, Spark, Flink	SAS, R, Python

빅데이터와 데이터 사이언스의 차이 https://www.finereport.com/kr

4 ▶▶ 데이터 사이언티스트의 역할과 기여도

빅데이터와 인공지능 기술의 발전으로 데이터 사이언티스트의 수요는 폭발적으로 증가하고 있다. 기업이나 공공기관이나 데이터를 기반으로 혁신을 이루고, 복잡한 문제를 해결해 나가는 데이터 사이언티스트의 기여에 점점 더 의존하고 있다.

따라서 데이터 분석 능력을 갖춘 인재는 미래 사회에서 더욱 중요한 역할을 하게 될 것이다. 현재 데이터 사이언티스트의 높은 연봉은 이러한 복합적인 역량이 요구되는 직무 특성을 반영하고 있다. 나이팅게일의 사례에서 보듯이, 단순한 데이터 수집을 넘어 의미 있는 인사이트를 도출하고 이를 효과적으로 전달하는 능력이 매우 중요하다.

4.1 데이터 사이언티스트의 역할 및 기여도

(1) 데이터 수집 및 처리

- 역할: 원시 데이터를 수집하고, 분석에 적합하도록 데이터를 정리하며, 중복 제거 및 이상치를 처리한다.
- 기여도: 분석의 정확성을 높이고, 데이터 품질을 보장하여 신뢰할 수 있는 결과를 도출한다.

(2) 데이터 분석 및 모델링

- 역할: 데이터를 통해 패턴과 관계를 파악하고, 통계적 모델링 및 머신러닝 알고리즘을 적용한다.
- 기여도: 복잡한 데이터에서 인사이트를 도출하여 문제 해결과 전략적 의사결정을 지원한다.

(3) 시각화 및 커뮤니케이션

- **역할:** 데이터를 쉽게 이해할 수 있는 시각적 자료(그래프, 다이어그램 등)로 표현하고, 분석 결과를 설명한다.
- **기여도:** 나이팅게일의 장미 다이어그램처럼, 데이터의 메시지를 효과적으로 전달하여 실행 가능한 조치를 이끌어낸다.

(4) 예측 및 의사결정 지원

- **역할:** 머신러닝 및 딥러닝을 활용해 미래를 예측하고, 데이터를 기반으로 최적의 의사결정을 제안한다.
- **기여도:** 기업의 수익 증대, 비용 절감, 위험 관리에 크게 기여한다.

4.2 데이터 사이언티스트의 주요 기술 분야별 역할

(1) 데이터 수집 및 전처리 (30%)

- 다양한 소스에서 데이터 수집
- 데이터 클리닝 및 정제
- 데이터 품질 관리
- ETL 프로세스 구축

(2) 데이터 분석 및 모델링 (40%)

- 통계적 분석 수행
- 머신러닝 모델 개발
- 예측 모델 구축
- 패턴 인식 및 이상 감지

(3) 데이터 시각화 및 커뮤니케이션 (20%)

- 분석 결과의 시각화
- 대시보드 구축

- 의사결정자를 위한 보고서 작성
- 인사이트 도출 및 공유

(4) 비즈니스 문제 해결 (10%)

- 비즈니스 요구사항 분석
- 솔루션 제안
- ROI 분석
- 실행 가능한 인사이트 도출

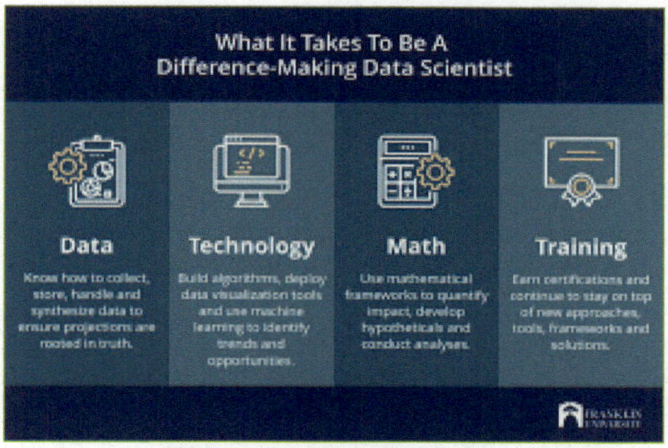

Best Degree for Data Science, Flanklin

5 도시계획, 환경계획, 교통계획 등에서 데이터 사이언티스트가 필요한 배경 및 이유

5.1 데이터 사이언티스트가 필요한 이유

1) 도시계획 분야에서 데이터 기반 의사결정의 필요성이 더욱 강조되고 있다

과거 도시계획은 전문가의 경험과 직관에 의존하는 경우가 많았다. 그러나 도시가 점차 복잡해지고 데이터의 양이 기하급수적으로 증가하면서, 이러한 전통적인 방식은 한계에 직면하게 되었다. 도시 문제는 복잡하고 다양한 요인이 서로 얽혀 있어, 전문가의 직관만으로는 정확한 분석과 예측이 어렵다. 또한, 도시 관련 데이터는 인구, 교통, 환경, 경제 등 다양한 분야에서 생성되며 그 양이 방대하여 효율적인 관리 및 분석이 중요하다.

이러한 도시 문제의 복잡성과 데이터의 양적 증가는 도시계획 및 교통계획 분야에서 데이터 기반 의사결정의 필요성을 더욱 강조하고 있다. 데이터 사이언티스트는 도시 관련 데이터를 수집, 분석, 시각화하여 도시 문제의 근본 원인을 파악하고 효과적인 해결 방안을 제시할 수 있다.

2) 빅데이터 분석을 통해 어느 지역에 교통사고가 빈번하게 발생하는지, CCTV 사각지대 및 범죄발생 다발지역은 어디인지 등을 파악하여 도시 안전을 위한 정책 수립에 기여할 수 있다.

예를 들어, 빅데이터 분석을 통해 어느 지역에 교통사고가 빈번하게 발생하는지, CCTV 사각지대 및 범죄발생 다발지역은 어디인지 등을 파악하여 도시 안전을 위한 정책 수립에 기여할 수 있다. 또한, 이상 기후로 인한 침수 피해 예방을 위해 침수가 예상되는 지역을 분석하고 물막이판 설치, 노후 하수관로 정비 등의 정책을 지원할 수 있다.

5.2 도시계획 및 교통계획에서 데이터 사이언티스트의 역할

데이터 사이언티스트는 도시계획 및 교통계획 분야에서 다음과 같은 중요한 역할을 수행한다.

(1) **데이터 기반 의사결정 지원:** 인구 통계, 교통량, 환경 데이터 등 방대한 도시 데이터를 분석하여 도시 계획 및 정책 결정에 필요한 객관적인 근거를 제공한다. 스마트시티에서는 빅데이터가 핵심적인 역할을 수행하며, 데이터 사이언티스트는 이러한 빅데이터를 활용하여 도시 문제 해결 및 효율적

인 도시 관리에 기여한다.

(2) **도시 문제 해결:** 교통 체증, 환경 오염, 주택 부족 등 다양한 도시 문제의 원인을 분석하고, 머신러닝 등의 기술을 활용하여 최적의 해결 방안을 모색한다.

(3) **미래 예측 및 도시 시뮬레이션:** 도시 성장 모델링, 교통량 예측 등을 통해 미래 도시 변화를 시뮬레이션하고 지속 가능한 도시 개발을 위한 전략을 수립한다.

(4) **시민 참여 및 소통:** 데이터 시각화 및 스토리텔링을 통해 도시 계획 관련 정보를 시민들에게 효과적으로 전달하고, 시민들의 의견을 수렴하여 정책에 반영한다.

6 ▶▶ 도시계획 요소별 데이터 사이언티스트의 역할

데이터 사이언티스트는 도시계획의 다양한 요소에서 중요한 역할을 수행합니다. 주요 역할은 다음과 같다.

(1) **도시계획:** 도시의 공간 구조, 용도 지역, 인프라 계획 등을 분석하고 최적화합니다. 데이터 사이언티스트는 인구 분포, 토지 이용 현황, 교통량 등의 데이터를 분석하여 도시의 성장과 발전을 예측하고, 이를 바탕으로 효율적인 도시 공간 구조를 설계하는 데 기여한다.

(2) **도시설계:** 도시 미관, 공간 활용, 보행자 편의 등을 고려한 디자인을 위한 데이터 분석을 수행한다. 데이터 사이언티스트는 시민들의 이동 경로, 공간 이용 패턴, 선호도 등을 분석하여 쾌적하고 편리한 도시 환경을 조성하기 위한 디자인을 제시할 수 있다.

(3) **토지이용계획**: 토지 이용 현황, 개발 압력, 환경 영향 등을 분석하여 효율적인 토지 이용 계획을 수립한다. 데이터 사이언티스트는 토지 이용 변화, 환경 변화, 경제적 가치 등을 종합적으로 분석하여 토지 자원의 효율적인 배분과 지속 가능한 개발을 위한 계획을 수립한다.

(4) **교통계획**: 교통량 분석, 대중교통 시스템 최적화, 교통 안전 증진 등을 위한 데이터 분석 및 모델링을 수행한다. 데이터 사이언티스트는 교통량 데이터, 대중교통 이용 데이터, 사고 데이터 등을 분석하여 교통 흐름을 개선하고, 대중교통 시스템의 효율성을 높이며, 교통 안전을 증진시키는 데 기여한다. 예를 들어, 교통량 예측 모델을 개발하여 교통 체증을 완화하고, 대중교통 노선 및 운영 계획을 최적화하여 시민들의 편의를 증진시킬 수 있다.

(5) **도시건축**: 건축물 에너지 효율, 건축 자재 선택, 도시 미관 등을 고려한 건축 설계를 지원한다. 데이터 사이언티스트는 건축물 에너지 소비량, 건축 자재 특성, 주변 환경 요인 등을 분석하여 에너지 효율을 높이고 환경 친화적인 건축 설계를 지원할 수 있다.

(6) **환경계획**: 대기 오염, 수질 오염, 폐기물 관리 등 환경 문제 해결을 위한 데이터 분석 및 모델링을 수행한다. 데이터 사이언티스트는 환경 오염 데이터, 기상 데이터, 지리 정보 등을 분석하여 오염원을 파악하고 오염 확산을 예측하며, 효과적인 환경 관리 정책 수립을 지원한다.

(7) **예술문화시설**: 문화 시설 접근성, 이용 현황, 시민 선호도 등을 분석하여 문화 정책 수립을 지원한다. 데이터 사이언티스트는 문화 시설 이용 데이터, 시민 설문 조사 데이터 등을 분석하여 시민들의 문화적 요구를 파악하고, 문화 시설 접근성을 개선하며, 문화 향유 기회를 확대하기 위한 정책을 지원한다.

(8) **공원녹지계획**: 도시 녹지 공간 확보, 생태 환경 보존, 시민 휴식 공간 조성 등을 위한 데이터 분석을 수행한다. 데이터 사이언티스트는 녹지 공간 분

포, 생태 환경 데이터, 시민 이용 데이터 등을 분석하여 도시 녹지 공간을 확보하고 생태 환경을 보존하며, 시민들에게 쾌적한 휴식 공간을 제공하기 위한 계획을 수립한다.

(9) **모빌리티:** 새로운 교통 수단 도입, 교통 시스템 연계, 모빌리티 서비스 개선 등을 위한 데이터 분석 및 모델링을 수행한다. 데이터 사이언티스트는 새로운 교통 수단의 도입 효과를 분석하고, 다양한 교통 수단 간의 연계를 통해 효율적인 교통 시스템을 구축하며, 시민들의 이동 편의를 증진시키는 모빌리티 서비스를 개발한다.

(10) **도시인프라계획:** 상하수도, 에너지, 통신 등 도시 인프라 시스템의 효율적인 관리 및 개선을 위한 데이터 분석을 수행한다. 데이터 사이언티스트는 인프라 시스템 운영 데이터, 시설 노후화 데이터, 사고 데이터 등을 분석하여 인프라 시스템의 효율성을 높이고 안전성을 강화하며, 지속 가능한 도시 인프라 관리 체계를 구축한다.

7 도시 및 교통 분야에서 일하기 위해 데이터 사이언티스트가 갖추어야 할 역량

도시 및 교통 분야에서 데이터 사이언티스트로 성공적으로 일하기 위해서는 다음과 같은 역량을 갖추어야 한다. 데이터 사이언티스트는 다양한 분야의 지식과 기술을 융합하여 도시 문제를 해결하고 미래 도시를 설계하는, 도시 계획 분야의 혁신을 이끌어갈 핵심 인력이다.

■ 데이터 사이언티스트가 갖추어야 할 역량

역량	내용
도메인 지식	도시계획, 교통공학, 지리정보시스템(GIS) 등 관련 분야에 대한 지식을 갖추어야 데이터 분석 결과를 정확하게 해석하고 도시 문제 해결에 적용할 수 있습니다.
데이터 분석 기술	통계 분석, 머신러닝, 딥러닝, 데이터 시각화 등 데이터 분석 기술에 대한 숙련도는 데이터 기반 의사결정을 지원하는 데 필수적입니다.
문제 해결 능력	복잡한 도시 문제를 분석하고 창의적인 해결 방안을 제시할 수 있는 능력은 데이터 사이언티스트의 핵심 역량입니다.
소통 능력	도시 계획 관련 전문가, 정책 결정자, 시민들과 효과적으로 소통하고 협력할 수 있는 능력은 데이터 분석 결과를 효과적으로 전달하고 정책에 반영하는 데 중요합니다.
GIS 활용 능력	도시 공간 데이터 분석 및 시각화를 위해 GIS 소프트웨어 활용 능력을 갖추는 것이 유리합니다.

Data Science in Urban Planning, MoldStud

8 도시 및 교통 분야에서 데이터 사이언티스트에 대한 수요 전망

스마트시티, 자율주행, 공유경제 등 도시 및 교통 분야의 혁신적인 변화는 데이터 기반 의사결정의 중요성을 더욱 강조하고 있다. 이에 따라 도시 및 교통 분야에서 데이터 사이언티스트의 수요는 지속적으로 증가할 것으로 예상됩니다. 특히, 다음과 같은 분야에서 높은 수요가 예상된다.

1) 데이터 사이언티스트는 스마트시티 구축 과정에서 도시 데이터를 수집, 분석, 활용하여 도시운영 시스템을 최적화하고 다양한 서비스를 개발하는 데 중요한 역할을 수행한다

도시 데이터 플랫폼 구축, 스마트 교통 시스템 개발, 도시 안전 및 환경 관리 등 스마트시티는 도시 운영에 빅데이터, AI, IoT 등을 접목하여 연결성을 확보하고 도시 문제 해결 및 시민 삶의 질 향상에 기여한다. 데이터 사이언티스트는 스마트시티 구축 과정에서 도시 데이터를 수집, 분석, 활용하여 도시 운영 시스템을 최적화하고 다양한 서비스를 개발하는 데 중요한 역할을 수행한다.

예를 들어, 싱가포르는 '스마트네이션' 프로젝트를 통해 지속 가능한 도시 모델을 구축하고 있으며, 데이터 과학자들은 도시 데이터를 기반으로 도시 혁신과 기업 성장을 위한 리빙랩을 운영하고 있다. 또한, 미국 오하이오주 콜럼버스는 '스마트 시티 챌린지' 대상 도시로 선정되어 데이터 통합 및 공유를 통해 교통 서비스 품질을 개선하고 전기차 인프라 확대를 추진하고 있다.

2) 자율주행 시스템 개발:

자율주행 차량 운영 데이터 분석, 교통 시뮬레이션, 안전성 평가 등

(1) 자율주행 시스템 개발에서의 데이터 과학자는 핵심 역할을 한다.

자율주행 시스템 개발은 도시 및 교통 분야의 혁신을 이끌어갈 핵심 기술이며, 데이터 사이언티스트는 이 분야에서 다양한 역할을 수행한다. 자율주행 차량에는 CAN 데이터, GPS/INS, Vision, Radar 등 다양한 센서가 장착되며, 데이터 사이언티스트는 이러한 센서에서 수집된 데이터를 분석하여 자율주행 시스템의 성능을 개선하고 안전성을 확보해 준다.

2) 자율주행 시스템의 머신러닝 알고리즘을 개발하고 학습시켜 자율주행 차량의 인지, 판단, 제어 능력을 향상시키는 데 기여한다

머신러닝 알고리즘을 개발하고 학습시켜 자율주행 차량의 인지, 판단, 제어

능력을 향상시키는 데 기여한다. 자율주행 시스템의 신뢰성을 평가하고 개선하기 위해 방대한 데이터를 분석하고 시뮬레이션 플랫폼을 개발하는 데에도 데이터 사이언티스트의 역할이 중요하다. 뿐만 아니라, 자율주행 기술 수준(Level 1부터 Level 5까지)에 대한 연구 및 분석을 통해 자율주행 시스템이 도시 및 교통 계획에 미치는 영향을 평가하고 정책 수립을 지원한다.

3) 모빌리티 서비스의 일종인 MaaS(Mobility as a Service) 플랫폼 개발, 교통 수요 예측, 서비스 최적화 등에 기여한다.

모빌리티 서비스의 일종인 MaaS(Mobility as a Service) 플랫폼 개발, 교통 수요 예측, 서비스 최적화 등에 기여한다.

Mobility as a Service, iStock

4) 도시 재생에서 도시 쇠퇴 지역 데이터 분석을 토대로 도시 개발 효과 예측, 지속 가능한 도시 개발 대안 모색 등을 주도한다.

도시 재생에서 도시 쇠퇴 지역 데이터 분석을 토대로 도시 개발 효과 예측, 지속 가능한 도시 개발 대안 모색 등을 주도한다.

5) 도시의 다양한 데이터를 수집하고 분석하여 디지털 트윈(Digital Twin)을 구축하고, 이를 활용하여 도시 계획 시뮬레이션, 교통 흐름 분석, 재난 예측 등을 수행한다.

디지털 트윈은 현실 세계의 도시 환경을 가상 공간에 복제하여 도시 문제를 분석하고 해결 방안을 모색하는 데 활용되는 기술이다. 데이터 사이언티스트는 도시의 다양한 데이터를 수집하고 분석하여 디지털 트윈을 구축하고, 이를 활용하여 도시 계획 시뮬레이션, 교통 흐름 분석, 재난 예측 등을 수행한다. 디지털 트윈을 통해 도시 계획의 효과를 사전에 예측하고 문제점을 파악하여 도시 계획의 효율성을 높이고 시민들의 삶의 질을 향상시키는 데 기여할 수 있다.

9 ▶▶ 생성형 AI기반의 데이터 사이언티스트의 역할

1) 데이터 사이언티스트는 생성형 AI를 활용하여 도시 데이터 분석하고, 데이터 기반 의사 결정을 지원하며, AI 윤리 및 거버넌스에 대한 자문을 제공할 수 있다

최근 생성형 AI 기술의 발전은 데이터 사이언티스트의 역할에도 영향을 미치고 있다. 생성형 AI는 데이터 시각화, 분석, 인사이트 생성 등 다양한 작업을 자동화하고 효율성을 높이는 데 활용될 수 있다. 데이터 사이언티스트는 생성형 AI를 활용하여 도시 데이터 분석하고, 정책 팀의 데이터 기반 의사 결정을 지원하며, AI 윤리 및 거버넌스에 대한 자문을 제공할 수 있다. 또한, 생성형 AI를 통해 도시 계획 관련 보고서 및 문서 작성을 자동화하고, 시민들에게 도시 계획 정보를 효과적으로 전달하는 데 기여할 수 있다.

2) 스마트시티, 자율주행 시스템 등 첨단 기술 발전과 함께 데이터 사이언티스트의 역할은 더욱 중요해질 것으로 예상된다

데이터 사이언티스트는 도시 및 교통 분야의 혁신과 발전을 이끌어갈 핵심 인력이다. 데이터 분석 능력과 도메인 지식을 갖춘 데이터 사이언티스트는 미래 도시를 만들어가는 데 중요한 역할을 수행할 것이다. 특히, 도시 및 교통 분야에서 데이터 사이언티스트는 도시 문제 해결, 시민 삶의 질 향상, 지속 가능한 도시 개발에 기여할 수 있는 매력적인 직업이다.

Chapter 02

도시 유형별로 적용된 빅데이터의 목표, 데이터유형, 방법 및 기술, 효과, 활용예시

06 빅데이터 기반 뉴어바니즘(New Urbanism City) 도시의 구상 및 계획

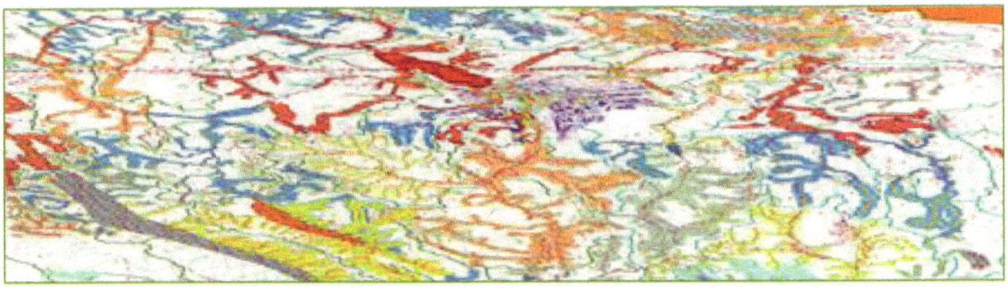

Big Data & Urbanism — Cleveland Urban Design

주요질문

1. 뉴어바니즘 도시 설계의 목표, 배경, 주요 원칙 및 설계 기법은 무엇이며, 빅데이터는 어떠한 방식으로 이러한 목표 달성에 기여하는가?
2. 빅데이터 기반 뉴어바니즘 도시 계획 과정에서 목표, 데이터 유형, 방법 및 기술, 효과, 활용 예시는 무엇이며, 각 요소가 도시 계획에 미치는 영향은 어떠한가?
3. 빅데이터 기반 뉴어바니즘 토지 이용 계획의 목표, 데이터 유형, 방법 및 기술, 효과, 활용 예시는 무엇이며, 토지 이용 효율성 증대 및 보행 중심 도시 환경 조성에 빅데이터가 어떻게 활용될 수 있는가?
4. 빅데이터 기반 뉴어바니즘 도시 건축 설계의 목표, 데이터 유형, 방법 및 기술, 효과, 활용 예시는 무엇이며, 보행 친화적 건축 설계 및 에너지 효율적인 건물 설계에 빅데이터가 어떻게 적용될 수 있는가?
5. 빅데이터 기반 뉴어바니즘 교통 계획 및 모빌리티의 목표, 데이터 유형, 방법 및 기술, 효과, 활용 예시는 무엇이며, 보행 중심 교통 시스템 구축 및 스마트 모빌리티 서비스 제공에 빅데이터가 어떻게 활용될 수 있는가?

6. 빅데이터 기반 뉴어바니즘 환경 계획의 목표, 데이터 유형, 방법 및 기술, 효과, 활용 예시는 무엇이며, 녹지 공간 확보 및 지속 가능한 도시 환경 조성에 빅데이터가 어떻게 기여할 수 있는가?
7. 도시 계획 과정, 토지 이용 계획, 도시 건축 설계, 교통 계획 및 모빌리티, 환경 계획 등 빅데이터 기반 뉴어바니즘 도시 설계의 각 활용 분야별 목표, 데이터 유형, 방법 및 기술, 효과, 활용 예시는 무엇이며, 각 분야별 빅데이터 활용의 핵심 요소는 무엇인가?
8. 뉴어바니즘 도시 설계에 빅데이터를 활용함으로써 기대되는 효과는 무엇이며, 실제 도시 문제 해결 및 지속 가능한 도시 개발에 빅데이터가 어떻게 적용될 수 있는가?
9. 뉴어바니즘 도시 설계에 필요한 다양한 유형의 데이터는 어떻게 수집 및 활용될 수 있으며, 데이터 기반의 과학적인 도시 계획 수립을 위한 구체적인 방법 및 기술은 무엇인가?
10. 뉴어바니즘 도시 설계에 빅데이터를 성공적으로 적용하기 위한 핵심 성공 요인은 무엇이며, 빅데이터 활용 과정에서 발생할 수 있는 잠재적인 문제점 및 해결 방안은 무엇인가?

New Urbanism: Nostalgia for Communities, https://ngathanblog.wordpress.com/2018

1 ▶▶ 뉴어바니즘 배경, 주요원칙, 설계기법

뉴어바니즘은 보행 중심, 복합 용도, 지역 커뮤니티 강화, 환경 친화적 도시 설계를 지향하며, 빅데이터는 이러한 목표를 달성하는 데 중요한 역할을 수행한다.

1) 뉴어바니즘 배경과 사상

<table>
<tr><th>구분</th><th colspan="2">내용</th></tr>
<tr><td>목표</td><td colspan="2">· 대중교통과 보행자 중심의 계획을 통해 접근성을 확보하고, 복합용도의 근린주구를 형성하여 커뮤니티 증진을 모색하고자 함</td></tr>
<tr><td rowspan="3">배경</td><td colspan="2">· 인간성 상실, 공동체 의식 약화, 인종과 소득계층별 격리현상, 범죄 확장이 자동차에 의존한 도시 확산에 그 원인이 있다고 주장</td></tr>
<tr><td>도시문제</td><td>신전통주의 사상</td></tr>
<tr><td>· Urban Sprawl(도시확장)에 대한 저항
· Modernism에 반한Postmodernism의 등장
· MXD(복합용도개발)의 요구 증대</td><td>· Garden City(전원도시)로의 회귀
· 전통적 미국 타운에 대한 향수</td></tr>
<tr><td rowspan="3">기본 원칙</td><td>· 압축된 성장한계 설정
· 대중교통 보행거리 내에 용도 배치
· 목적지별 직접 연결된 보행체계
· 도시의 다양성을 추구</td><td>· 생태계 및 오픈스페이스 등을 보존
· 공공장소의 활용성 제고
· 재개발은 대중교통의 축선상 위치
· 혼합토지이용 장려</td></tr>
<tr><td>규모</td><td>목표</td></tr>
<tr><td>· 보행 가능한 가로(Walkable Streets)
· 다양한 용도 및 다양한 사용자
· 조밀한 밀도(Fine Grain)와 스케일</td><td>· 인간성 회복
· 삶의 질적 향상
· 사회영역, 공적영역의 조화</td></tr>
</table>

2) 주요원칙과 계획 및 설계기법

구분	내용	
목표	· 지금까지의 도시개발 방식을 지양하고, 교외화 현상이 시작되기 이전의 인간적인 척도를 지닌 근린주구가 중심인 도시로 회귀하는 것	
계획의 전제	· 교외화 현상이 시작되기 이전의 인간적인 척도를 지닌 근린주구 중심의 도시로 회귀	
주요 원칙	· 도시에너지 소비절감(Newman and Kenworthy, 1988) · 토지이용의 효율화와 통행량 감소(Gordon and Richardson, 1999) · 보다 나은 정주형태의 설계(Duany, 1991; Calthorpe, 1993)	
설계기법	계획원리	목표
	· 보행 및 대중교통 중심계획 · 편리한 대중 교통체계 구축 · 복합적인 토지 이용(Mixed Use) · 다양한 주택유형의 혼합 · 건축 및 도시설계 코드의 활용 · 고밀도 개발 · 녹지공간의 확충 · 차량사용의 최소화	· 효율적이며 친환경적인 보행도로 조성 · 차도 및 보행공간의 연결성 확보 · 복합적이고 다양한 토지이용 · 다양한 기능 및 형태의 주거단지 조성 · 건축물 및 도시설계의 질적 향상 · 지역공동체를 위한 거점공간의 마련 · 효율을 고려한 토지이용 밀도의 조정 · 생태계를 토대로 한 지속가능성의 고려 · 삶의 질적 향상 도모

2 ▶▶ 빅데이터 기반 뉴어바니즘 도시계획 과정

1) 목표

- 도시 개발 방향 설정 및 정책 수립의 과학적 근거 강화
- 도시 문제 예측 및 해결 방안 모색
- 시민 참여형 도시 계획 프로세스 구축

2) 데이터 유형

- 인구 통계 데이터 (연령, 성별, 가구 구성, 소득)

- 소셜 미디어 데이터 (시민 의견, 관심사)
- 도시 활동 데이터 (상업 활동, 문화 활동)

3) 방법 및 기술

- 공간 데이터 분석 (GIS 분석, 공간 클러스터링)
- 데이터 마이닝 (패턴 분석, 예측 모델링)
- 소셜 네트워크 분석 (시민 의견 분석, 커뮤니티 분석)

4) 효과

- 데이터 기반 의사 결정 및 정책 수립
- 시민 의견 반영 및 도시 계획 참여 증진
- 도시 문제 해결 및 지속 가능한 도시 개발

5) 활용 예시

- **서울시 심야버스 노선 최적화:** 심야 시간대 이동 데이터 분석을 통한 노선 설계
- **수원시 공간 빅데이터 활용 도시 재생:** 도시 쇠퇴 지표 분석 및 도시 재생 후보지 선정

3 ▶▶ 빅데이터 기반 뉴어바니즘 토지이용 계획

1) 목표

- 복합 용도 개발 및 토지 이용 효율성 증대
- 보행 중심 도시 환경 조성 및 대중교통 접근성 강화
- 녹지 공간 확보 및 생태 도시 구축

2) 데이터 유형

- 토지 이용 현황 데이터 (토지 용도, 건물 용도)
- 유동 인구 데이터 (통신사 데이터, GPS 데이터)
- 대중교통 이용 데이터 (교통카드 데이터, GPS 데이터)

3) 방법 및 기술

- 토지 이용 적합성 분석 (GIS 분석, 공간 모델링)
- 보행 네트워크 분석 (네트워크 분석, 접근성 분석)
- 녹지 공간 분석 (환경 모델링, 생태 분석)

4) 효과

- 토지 이용 최적화 및 복합 용도 개발 촉진
- 보행 중심 도시 환경 조성 및 대중교통 활성화
- 녹지 공간 확보 및 생태 도시 구축

5) 활용 예시

- 신도시 개발 계획 수립 시 인구 이동 및 생활 패턴 데이터 분석을 통해 생활 편의 시설 배치 최적화
- 서울시 열섬 현상 완화를 위한 쿨링로드 우선 입지 선정

쿨링 로드 '지하수 저금통'…신박한 도심 '열섬 현상' 대 , 네이트 뉴스

4 ▶▶ 빅데이터 기반 뉴어바니즘 도시건축 설계

1) 목표

- 보행 친화적 건축 설계 및 지역 커뮤니티 강화
- 에너지 효율적인 건물 설계 및 지속 가능한 건축 환경 조성
- 스마트 빌딩 설계 및 첨단 기술 도입

2) 데이터 유형

- 건물 에너지 소비 데이터 (건물 에너지 소비량, 센서 데이터)
- 보행 환경 데이터 (보행량, 보행 속도)
- 스마트 빌딩 데이터 (센서 데이터, 사용자 데이터)

3) 방법 및 기술

- 건물 에너지 시뮬레이션 (에너지 모델링, 시뮬레이션)
- 보행 환경 시뮬레이션 (보행 모델링, 시뮬레이션)
- 스마트 빌딩 시스템 (IoT 센서, 데이터 분석)

4) 효과

- 보행 친화적 건축 설계 및 커뮤니티 강화
- 에너지 효율적인 건물 설계 및 환경 친화적 건축
- 스마트 빌딩 구현 및 첨단 기술 활용

5) 활용 예시

- **캘리포니아 프론티어 프로젝트:** 친환경 건물 설계 및 에너지 효율 최적화
- **암스테르담 디 엣지(The Edge):** 스마트 오피스 운영 및 관리 최적화

Frontier Project / HMC Architects | ArchDaily

EDGE | EDGE Amsterdam West

5 ▶▶ 빅데이터 기반 뉴어바니즘 교통계획 및 모빌리티

1) 목표

- 보행 중심 교통 시스템 구축 및 교통 혼잡 완화
- 대중교통 이용 활성화 및 스마트 모빌리티 서비스 제공
- 친환경 교통 시스템 구축 및 지속 가능한 모빌리티 환경 조성

2) 데이터 유형

- 교통량 데이터 (도로 센서, CCTV)
- 대중교통 이용 데이터 (교통카드 데이터, GPS 데이터)
- 모빌리티 서비스 데이터 (공유 자전거, 공유 자동차)

3) 방법 및 기술

- 교통 흐름 분석 (교통 모델링, 시뮬레이션)
- 대중교통 최적화 (경로 분석, 배차 분석)
- 스마트 모빌리티 시스템 (데이터 플랫폼, 앱 서비스)

4) 효과

- 보행 중심 교통 시스템 구축 및 교통 혼잡 완화
- 대중교통 활성화 및 스마트 모빌리티 서비스 제공
- 친환경 교통 시스템 구축 및 지속 가능한 모빌리티 환경 조성

5) 활용 예시

- **대구시 교통량 기반 지능형 교통정보 서비스:** 딥러닝 기반 교통량 분석 및 예측
- **서울시 따릉이 서비스:** 자전거 이용 데이터 분석을 통한 자전거 도로 및 거치대 최적 배치

6 ▶▶ 빅데이터 기반 뉴어바니즘 환경 계획

1) 목표

- 녹지 공간 확보 및 생태 도시 구축

- 환경 오염 감시 및 예방
- 지속 가능한 도시 환경 조성

2) 데이터 유형

- 환경 센서 데이터 (대기 질, 수질, 소음)
- 녹지 공간 데이터 (녹지 면적, 생태 다양성)
- 기상 데이터 (온도, 강수량)

3) 방법 및 기술

- 환경 모델링 (환경 오염 분석, 생태 분석)
- 녹지 공간 분석 (GIS 분석, 생태 분석)
- 환경 정보 시스템 (데이터 플랫폼, 앱 서비스)

4) 효과

- 녹지 공간 확보 및 생태 도시 구축
- 환경 오염 감시 및 예방
- 지속 가능한 도시 환경 조성

5) 활용 예시

- **미세먼지 농도 실시간 측정 및 예측 서비스:** 환경 센서 데이터 분석을 통한 미세먼지 농도 측정 및 예보
- **데이터 연계를 통한 서울 강남역 일대 침수 위험 건축물 특성 파악:** 도시 안전 문제 해결에 빅데이터 활용

■ 빅데이터 기반 뉴어바니즘 도시의 계획 별 목표, 데이터 유형, 방법, 효과, 활용예시

활용 분야	목표	데이터 유형	방법 및 기술	효과	활용 예시
도시 계획 과정	- 도시 개발 방향 설정 - 도시문제 예측 - 시민 참여	- 인구 통계 - 소셜 미디어 - 도시 활동 데이터	- 공간 분석 - 데이터 마이닝 - 소셜 네트워크 분석	- 데이터 기반 의사 결정 - 시민 참여 - 도시 문제 개선	- 서울시 심야버스 노선 최적화 - 수원시 도시 재생
토지 이용 계획	- 복합 용도 개발 - 보행 중심 - 녹지 공간 확보	- 토지 이용 현황 - 유동 인구 - 대중교통 이용 데이터	- 토지 이용 적합성 분석 - 보행 네트워크 분석 - 녹지 공간 분석	- 토지 이용 최적화 - 보행 환경 조성 - 녹지 공간 확보	- 신도시 개발 계획 - 쿨링로드 우선 입지 선정
도시 건축 설계	- 보행 친화적 설계 - 에너지 효율 - 스마트 빌딩	- 건물 에너지 소비 - 보행 환경 - 스마트 빌딩 데이터	- 에너지 시뮬레이션 - 보행 시뮬레이션 - 스마트 빌딩 시스템	- 보행 친화적 설계 - 에너지 효율 - 스마트 빌딩 구현	- 캘리포니아 프론티어 프로젝트 - 암스테르담 디 엣지프로젝트
교통 계획 및 모빌리티	- 보행 중심 교통, 대중교통 활성화, - 친환경 교통	- 교통량 - 대중교통 이용 - 모빌리티 서비스 데이터	- 교통 흐름 분석 - 대중교통 최적화 - 스마트 모빌리티 시스템	- 교통 혼잡 완화 - 대중교통 활성화 - 친환경 교통	- 대구시 교통정보 서비스 - 서울시 따릉이 서비스
환경 계획	- 녹지 공간 확보 - 환경 오염 감시 - 지속 가능한 환경	- 환경 센서 - 녹지 공간 - 기상 데이터	- 환경 모델링 - 녹지 공간 분석 - 환경 정보 시스템		

07 빅데이터 기반 압축도시 (Compact City)의 구상 및 계획

Compact City Vectors, Freepik

주요질문

1. 압축도시(Compact City)의 배경, 계획 및 설계 원칙은 무엇이며, 빅데이터는 어떠한 방식으로 이러한 원칙들을 구현하는 데 기여하는가?
2. 빅데이터 기반 압축도시 도시 계획 과정의 목표, 데이터 유형, 방법 및 기술, 효과, 활용 예시는 무엇이며, 고밀도 도시 문제 해결 및 시민 참여 증진에 빅데이터가 어떻게 활용될 수 있는가?
3. 빅데이터 기반 압축도시 토지 이용 계획의 목표, 데이터 유형, 방법 및 기술, 효과, 활용 예시는 무엇이며, 고밀도 복합 용도 개발 및 수직적 토지 이용 극대화에 빅데이터가 어떻게 기여할 수 있는가?
4. 빅데이터 기반 압축도시 도시 건축 설계의 목표, 데이터 유형, 방법 및 기술, 효과, 활용 예시는 무엇이며, 고밀도 복합 건물 설계 및 스마트 빌딩 구현에 빅데이터가 어떻게 적용될 수 있는가?
5. 빅데이터 기반 압축도시 교통 계획 및 모빌리티의 목표, 데이터 유형, 방법 및 기술, 효과, 활용 예시는 무엇이며, 고밀도 교통 시스템 구축 및 스마트 모빌리티 서비스 제공에 빅데이터가 어떻게 활용될 수 있는가?

6. 빅데이터 기반 압축도시 환경 계획의 목표, 데이터 유형, 방법 및 기술, 효과, 활용 예시는 무엇이며, 고밀도 도시 환경 오염 감시 및 녹지 공간 확보에 빅데이터가 어떻게 기여할 수 있는가?
7. 도시 계획 과정, 토지 이용 계획, 도시 건축 설계, 교통 계획 및 모빌리티, 환경 계획 등 압축도시의 각 활용 분야별 목표, 데이터 유형, 방법 및 기술, 효과, 활용 예시는 무엇이며, 각 분야별 빅데이터 활용의 핵심 요소는 무엇인가?
8. 압축도시 설계에 빅데이터를 활용함으로써 기대되는 효과는 무엇이며, 실제 고밀도 도시 문제 해결 및 지속 가능한 도시 환경 조성에 빅데이터가 어떻게 적용될 수 있는가?
9. 압축도시 설계에 필요한 다양한 유형의 데이터는 어떻게 수집 및 활용될 수 있으며, 데이터 기반의 과학적인 도시 계획 수립을 위한 구체적인 방법 및 기술은 무엇인가?
10. 압축도시 설계에 빅데이터를 성공적으로 적용하기 위한 핵심 성공 요인은 무엇이며, 빅데이터 활용 과정에서 발생할 수 있는 잠재적인 문제점 및 해결 방안은 무엇인가?

1 압축도시(Compact City)의 배경, 계획, 설계원칙

- 압축도시는 고밀도, 복합 용도, 대중교통 중심, 보행 친화적인 도시 설계를 지향하며, 빅데이터는 이러한 목표를 달성하는 데 중요한 역할을 수행한다.
- 압축 도시는 도시의 확산을 억제하고 주거, 직장, 상업 등 일상적인 도시 기능들을 가급적 도시의 내부로 유도하여 고밀과 복합개발을 유도하는 도시이다

1) 배경

- 신도시를 만들어 도시를 확장해가던 정책의 반성에서 출발
- 도시 중심부가 외곽으로 흩어지면서 도시의 외연화에 따른 각종 사회비용이 발생함. 이에 대한 대안정책으로 압축도시가 부각

- 교통체증 현상과 환경오염 문제를 해결하고 경제적 효율성을 추구하기 위해 도시를 고밀도로 개발하는 콤팩트시티Compact City, 압축 도시 주요기능 밀집시킨 콤팩트시티 개발 필요성 제기

2) 계획 및 설계 원칙

- 고밀 복합적 토지 이용과 대중교통 중심의 개발
- 대중교통 정류장으로부터 보행거리 내에 상업시설, 업무시설, 공공시설 등을 혼합배치
- 지역 내 상호 목적지간 친화적 보행 가로망 구축
- 생태적 민감지역, 수변지역 등 녹색공간의 보전 관리
- 대중교통을 중심으로 한 TOD계획기법을 도입하여 복합토지이용 및 직주근접의 실현
- 건축계획에 있어 주택 유형, 밀도, 가격의 혼합적 공간배치
- 공공공간을 근린생활의 중심지로 배치하여
- 주민활동의 주요 초점으로 활용
- 지역적 개발의 규모는 대중교통 기반의 형태가 될 수 있는 규모

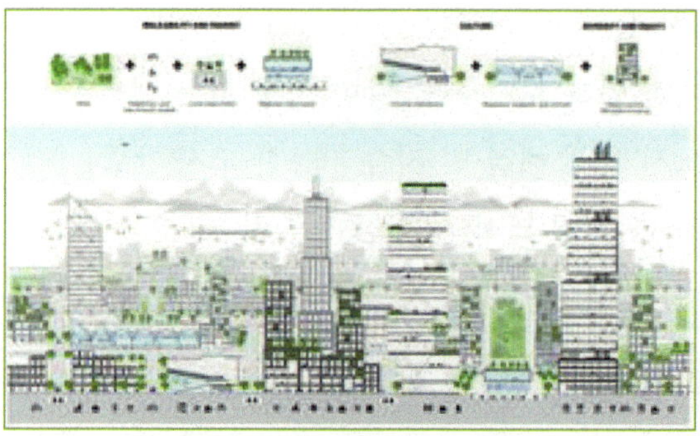

Compact City　RersearchGate

2 ▶▶ 빅데이터 기반 압축도시의 도시계획 과정

1) 목표

- 압축 도시 개발 방향 설정 및 정책 수립의 과학적 근거 강화
- 고밀도 도시 문제 예측 및 해결 방안 모색
- 시민 참여형 압축 도시 계획 프로세스 구축

2) 데이터 유형

- 인구 밀도 데이터 (인구 통계, 통신사 데이터)
- 토지 이용 데이터 (건물 용도, 토지 용도)
- 도시 활동 데이터 (상업 활동, 문화 활동)

3) 방법 및 기술

- 공간 데이터 분석 (GIS 분석, 공간 클러스터링)
- 데이터 마이닝 (패턴 분석, 예측 모델링)
- 시뮬레이션 모델링 (도시 성장 시뮬레이션)

4) 효과

- 데이터 기반 압축 도시 개발 방향 설정 및 정책 수립
- 고밀도 도시 문제 해결 및 지속 가능한 도시 개발
- 시민 의견 반영 및 도시 계획 참여 증진

5) 활용 예시

- 서울시 고밀도 주거 지역 개발 계획 수립 시 인구 밀도 및 생활 편의 시설 데이터 분석
- 싱가포르 스마트 네이션 프로젝트: 도시 전반 데이터를 통합하여 시민 맞춤형 공공 서비스 제공

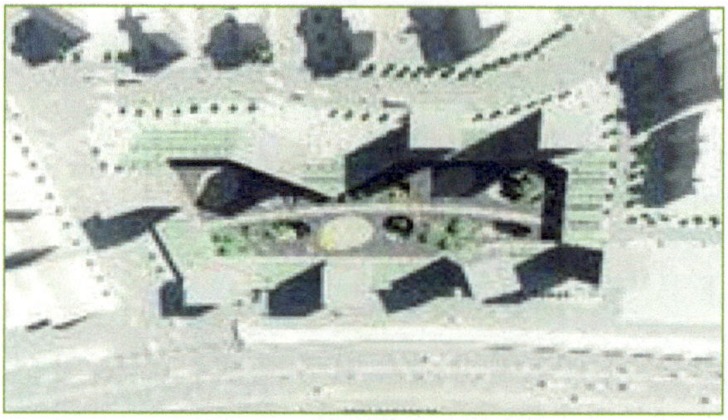

Gangil Compact City, Seoul, South Korea - Other Projects

3 ▶▶ 빅데이터 기반 압축도시의 토지 이용 계획

1) 목표

- 고밀도 복합 용도 개발 및 토지 이용 효율성 극대화
- 수직적 토지 이용 및 지하 공간 활용 극대화
- 녹지 공간 확보 및 도시 생태 기능 강화

2) 데이터 유형

- 토지 이용 현황 데이터 (건물 용도, 층수, 지하 공간 정보)
- 건물 에너지 소비 데이터 (건물 에너지 소비량, 센서 데이터)
- 녹지 공간 데이터 (녹지 면적, 생태 다양성)

3) 방법 및 기술

- 3D 공간 모델링 (건물 3D 모델, 지하 공간 모델)
- 토지 이용 최적화 모델링 (수학적 최적화, 시뮬레이션)
- 녹지 공간 분석 (GIS 분석, 생태 분석)

4) 효과

- 고밀도 복합 용도 개발 및 토지 이용 효율성 극대화
- 수직적 토지 이용 및 지하 공간 활용 극대화
- 녹지 공간 확보 및 도시 생태 기능 강화

5) 활용 예시

- 홍콩 지하 공간 개발 계획 수립 시 지하 공간 이용 및 안전 데이터 분석
- 런던 도심 고밀도 주거 지역 개발 시 녹지 공간 확보 및 생태 통로 계획 수립

4 ▶▶ 빅데이터 기반 압축도시의 도시건축 설계

1) 목표

- 고밀도 복합 건물 설계 및 지역 커뮤니티 강화
- 에너지 효율적인 건물 설계 및 지속 가능한 건축 환경 조성
- 스마트 빌딩 설계 및 첨단 기술 도입

2) 데이터 유형

- 건물 에너지 소비 데이터 (건물 에너지 소비량, 센서 데이터)
- 건물 사용자 데이터 (사용자 행동 패턴, 만족도)
- 스마트 빌딩 데이터 (센서 데이터, IoT 데이터)

3) 방법 및 기술

- 건물 에너지 시뮬레이션 (에너지 모델링, 시뮬레이션)
- 사용자 행동 분석 (데이터 마이닝, 시뮬레이션)

- 스마트 빌딩 시스템 (IoT 센서, 데이터 플랫폼)

4) 효과

- 고밀도 복합 건물 설계 및 커뮤니티 강화
- 에너지 효율적인 건물 설계 및 환경 친화적 건축
- 스마트 빌딩 구현 및 첨단 기술 활용

5) 활용 예시

- 암스테르담 디 엣지(The Edge): 스마트 오피스 운영 및 관리 최적화
- 런던 도심 고밀도 주거 건물 설계 시 에너지 효율 및 사용자 편의성 시뮬레이션

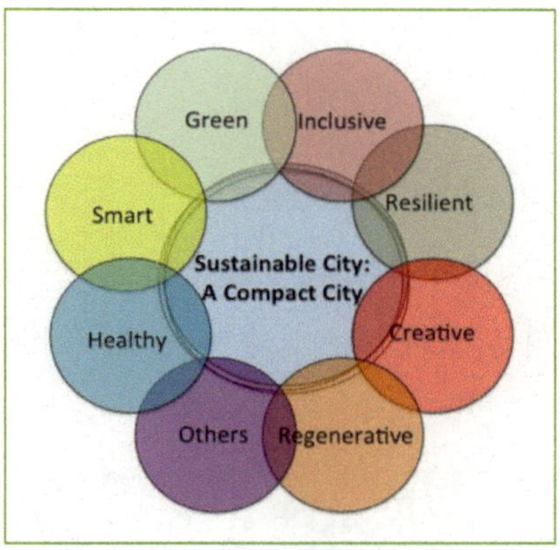

Compact City　　Semantic Scholar

5 ▶▶ 빅데이터 기반압축도시의 교통계획 및 모빌리티

1) 목표

- 고밀도 교통 시스템 구축 및 교통 혼잡 완화
- 대중교통 이용 활성화 및 스마트 모빌리티 서비스 제공
- 친환경 교통 시스템 구축 및 지속 가능한 모빌리티 환경 조성

2) 데이터 유형

- 교통량 데이터 (도로 센서, CCTV)
- 대중교통 이용 데이터 (교통카드 데이터, GPS 데이터)
- 모빌리티 서비스 데이터 (공유 자전거, 공유 자동차)

3) 방법 및 기술

- 교통 흐름 분석 (교통 모델링, 시뮬레이션)
- 대중교통 최적화 (경로 분석, 배차 분석)
- 스마트 모빌리티 시스템 (데이터 플랫폼, 앱 서비스)

Integrating Public Transport into Mobility as a Service | ITF

4) 효과

- 고밀도 교통 시스템 구축 및 교통 혼잡 완화
- 대중교통 활성화 및 스마트 모빌리티 서비스 제공
- 친환경 교통 시스템 구축 및 지속 가능한 모빌리티 환경 조성

5) 활용 예시

- 서울시 심야버스 노선 최적화: 심야 시간대 이동 데이터 분석을 통한 노선 설계
- 도심 교통 혼잡 완화를 위한 스마트 교통 신호 시스템 구축

6 ▶▶ 환경 계획

1) 목표

- 고밀도 도시 환경 오염 감시 및 예방
- 녹지 공간 확보 및 도시 생태 기능 강화
- 지속 가능한 도시 환경 조성

2) 데이터 유형

- 환경 센서 데이터 (대기 질, 수질, 소음)
- 녹지 공간 데이터 (녹지 면적, 생태 다양성)
- 기상 데이터 (온도, 강수량)

3) 방법 및 기술

- 환경 모델링 (환경 오염 분석, 생태 분석)
- 녹지 공간 분석 (GIS 분석, 생태 분석)

- 환경 정보 시스템 (데이터 플랫폼, 앱 서비스)

4) 효과

- 고밀도 도시 환경 오염 감시 및 예방
- 녹지 공간 확보 및 도시 생태 기능 강화
- 지속 가능한 도시 환경 조성

5) 활용 예시

- 미세먼지 농도 실시간 측정 및 예측 서비스: 환경 센서 데이터 분석을 통한 미세먼지 농도 측정 및 예보
- 도시 열섬 현상 완화를 위한 옥상 녹화 및 벽면 녹화 계획 수립

■ 빅데이터 기반 압축도시(Compact City) 목표, 데이터, 방법, 효과, 활용예시

활용 분야	목표	데이터 유형	방법 및 기술	효과	활용 예시
도시 계획 과정	- 압축 도시 개발 방향 설정 - 도시문제 예측 - 계획과정 시민 참여	- 인구 밀도 - 용적률, 건폐율 - 토지 이용 - 도시 활동 데이터	- 공간 분석 - 데이터 마이닝 - 시뮬레이션 모델링	- 데이터 기반 개발 방향 설정 - 도시문제 해결 - 계획과정 시민 참여	- 서울시 고밀도 주거 지역 개발 - 싱가포르 스마트 네이션
토지 이용 계획	- 고밀도 복합 개발 - 수직적 토지 이용 - 녹지 공간 확보	- 토지 이용 현황 - 용적률, 건폐율 - 건물 에너지 소비 - 녹지 공간 데이터	- 3D 공간 모델링 - 토지 이용 최적화 모델링 - 녹지 공간 분석	- 토지 이용 효율성 극대화 - 수직적 이용 녹지 공간 확보	- 홍콩 지하 공간 개발 - 런던 도심 녹지 공간 계획
도시 건축 설계	- 고밀도 복합 건물 - 에너지 효율 - 스마트 빌딩 구축	- 건물 에너지 소비 - 건물 사용자 - 스마트 빌딩 데이터	- 에너지 시뮬레이션 - 사용자 행동 분석 - 스마트 빌딩 시스템	- 고밀도 건물 - 에너지 효율 향상 - 스마트 기능 구현	- 암스테르담 디 엣지 - 도심 고밀도 주거 건물 설계

교통 계획 및 모빌리티	- 고밀도 교통 시스템 - 스마트 모빌리티 - 친환경 교통	- 교통량 - 대중교통 이용 - 모빌리티 서비스 데이터	- 교통 흐름 분석 - 대중교통 최적화 - 스마트 모빌리티 시스템	- 교통 혼잡 완화 - 대중교통 활성화 - 친환경 교통 구현	- 서울시 심야버스 노선 최적화 - 스마트 교통 신호 시스템
환경 계획	- 환경 오염 감시 - 녹지 공간 확보 - 지속 가능한 환경 조성	- 환경 센서 - 녹지 공간 - 기상 데이터 - 이용자 데이터	- 환경 모델링 - 녹지 공간 분석 - 환경 정보 시스템	- 환경 오염 감소 - 도시 생태 기능 강화 - 지속 가능한 환경 조성	- 미세먼지 농도 예측 - 옥상 녹화 및 벽면 녹화 계획

08 빅데이터 기반 회복탄력성 도시 (Resilient City)의 구상 및 계획

What is resilience? - National Resilience Strategy - gov. scottland

주요질문

1. 회복탄력성 도시의 정의와 의미는 무엇이며, 도시 계획 분야에서 회복탄력성을 확보하기 위한 빅데이터의 역할과 시사점은 무엇인가?
2. 빅데이터 기반 회복탄력성 도시의 도시 계획 과정에서 목표, 데이터 유형, 방법 및 기술, 효과, 활용 예시는 무엇이며, 재난 위험 예측 정확도 향상 및 시민 참여형 재난 관리 체계 구축에 빅데이터는 어떻게 기여하는가?
3. 빅데이터 기반 회복탄력성 도시의 토지 이용 계획의 목표, 데이터 유형, 방법 및 기술, 효과, 활용 예시는 무엇이며, 재난 위험 지역 토지 이용 효율성 제고 및 안전 시설 접근성 향상에 빅데이터는 어떻게 활용될 수 있는가?
4. 빅데이터 기반 회복탄력성 도시의 도시 건축 설계의 목표, 데이터 유형, 방법 및 기술, 효과, 활용 예시는 무엇이며, 재난 대비 건물 설계 및 스마트 빌딩 기술 적용에 빅데이터는 어떻게 기여하는가?
5. 빅데이터 기반 회복탄력성 도시의 교통 계획 및 모빌리티의 목표, 데이터 유형, 방법 및 기술, 효과, 활용 예시는 무엇이며, 비상 시 교통 흐름 관리 및 스마트 모빌리티 기술 활용에 빅데이터는 어떻게 활용될 수 있는가?

6. 빅데이터 기반 회복탄력성 도시의 환경 계획의 목표, 데이터 유형, 방법 및 기술, 효과, 활용 예시는 무엇이며, 재난 대비 생태 환경 조성 및 기후 변화 적응형 도시 조성에 빅데이터는 어떻게 기여하는가?
7. 도시 계획 과정, 토지 이용 계획, 도시 건축 설계, 교통 계획 및 모빌리티, 환경 계획 등 회복탄력성 도시의 각 활용 분야별 목표, 데이터 유형, 방법 및 기술, 효과, 활용 예시는 무엇이며, 각 분야별 빅데이터 활용의 핵심 요소는 무엇인가?
8. 회복탄력성 도시 설계에 빅데이터를 활용함으로써 기대되는 효과는 무엇이며, 실제 재난 발생 시 도시 기능 유지 및 피해 최소화에 빅데이터가 어떻게 적용될 수 있는가?
9. 회복탄력성 도시 설계에 필요한 다양한 유형의 데이터는 어떻게 수집 및 활용될 수 있으며, 데이터 기반의 과학적인 도시 계획 수립을 위한 구체적인 방법 및 기술은 무엇인가?
10. 회복탄력성 도시 설계에 빅데이터를 성공적으로 적용하기 위한 핵심 성공 요인은 무엇이며, 빅데이터 활용 과정에서 발생할 수 있는 잠재적인 문제점 및 해결 방안은 무엇인가?

1 ▶▶ 회복탄력성 도시(Resilient City)의 의미와 시사점

회복탄력성 도시는 자연재해, 기후 변화, 사회적 재난 등 다양한 위험에 대한 대응력을 극대화하고, 도시 기능을 신속하게 복구하는 것을 목표로 하며, 빅데이터는 이러한 목표를 달성하는 데 필수적인 도구가 된다.

1) 도시계획 분야 속에서의 회복탄력성도시의 정의와 의미

- 도시계획분야에서 다뤄지는 리질리언스(회복탄력성)는 외부요인에 의해 야기된 스트레스와 방해에 대처하기 위한 생태학적 시스템의 연구방식에서 차용된 것으로 보며 '도시 리질 리언스(Urban resilience)'라는 용어가 사용됨
- 리질리언스는 '방해'에 대처하는 능력, 끊임없이 변화하는 환경에서 외부 충격을 견디고 흡수하여 적응하는 능력, 이전 수준보다 더 진화된 수준으

로 되돌리는 능력을 의미함

- 시공간 차원에 걸쳐 바람직한 기능으로 빠르게 유지 또는 복귀시키고, 변화에 적응하며, 현재 또는 미래의 적응 능력을 제한하는 시스템을 빠르게 전환시킬 수 있는 능력을 가진 도시로 정의.
- 유기적인 시스템으로 인하여 스트레스나 위협으로부터 지속적인 전환을 추구하는 과정의 도시

Top 5 Green and Resilient City Initiatives — Europe of Cities

2) 회복탄력성도시가 주는 시사점

- 자연재해나 테러 등에 직면하여 큰 재난을 겪을 경우 도시가 그 이전의 상태를 회복할 수 있는 역량을 구축하기 위한 도시 시스템(소프트웨어 및 하드웨어)의 근본적인 변혁이 요구됨
- 재난 대응형 의사결정체계로 변화 필요: 혼란(disruption), 위기(crisis), 저항(resistance), 변혁(transformation)의 단계별 극복전략이 요구됨
- 도시 정부는 '혼란'과 '위기', '저항'에 대처하는 사회학습프로그램 등을 통하여 회복력 있는 도시 목표를 추구할 수 있는 전략수립
- 계획과 정책의 의사결정과정에 리질리언스(회복탄력성) 의사결정 체계를 도입 '변혁'되어야 함

- 혼란과 위기로부터 리질리언스가 높은 도시가 되기 위해서는 리질리언스 예측 분석 기법의 개발과 평가체계 개발이 요구됨
- 지속적으로 도시를 위협하고 있는 위기와 혼란을 방지하기 위하여 도시 주요기반시설이 스스로 위험을 모니터링하고 대응하면서 회복력을 갖출 수 있는 도시 통합 리질리언스 시스템을 구축해야 함
- 기후변화 적응 도시계획 및 도시설계 과정(현황분석 → 영향분석 → 목표 및 전략수립 → 계획 및 설계 → 기후변화적응도시 실천(집행))의 정립이 요구 됨
- 커뮤니티 단위에서 회복탄력성을 위한 요소가 무엇인지 진단하고 규명함으로써 커뮤니티에서 회복탄력성의 의식을 고취시키고 생활 비용과 에너지 절약을 동시에 달성하는 방안을 모색

2 ▶▶ 빅데이터 기반 회복탄력성 도시의 도시계획 과정

1) 목표

- 다양한 위험 요소의 예측 및 평가를 정교하게 수행한다.
- 실시간 데이터를 기반으로 한 신속한 비상 대응 계획을 수립한다.
- 시민 참여형 재난 관리 체계를 구축하고, 시민의 회복탄력성을 강화한다.

2) 데이터 유형

- 기상 데이터 (강우량, 풍속, 온도 등)
- 지진 및 지반 데이터 (지진 발생 빈도, 지반 안정성 등)
- 홍수 및 해일 데이터 (수위 변화, 해안선 침식 등)
- 사회 경제 데이터 (인구 밀도, 취약 계층 분포 등)
- 통신 데이터 (휴대폰 위치 정보, SNS 데이터 등)

3) 방법 및 기술

- 위험 모델링 (통계적 모델, 기계 학습 모델)
- 시뮬레이션 (재난 시나리오 시뮬레이션, 대피 시뮬레이션)
- 공간 데이터 분석 (GIS 분석, 공간 클러스터링)
- 소셜 네트워크 분석 (재난 시 시민 반응 분석, 정보 확산 경로 분석)

4) 효과

- 재난 위험 예측의 정확도를 획기적으로 향상시킨다.
- 실시간 데이터를 기반으로 한 즉각적인 비상 대응을 가능하게 한다.
- 시민 참여형 재난 관리 시스템을 구축하여 시민의 안전 의식을 높인다.

5) 활용 예시

- 일본 도쿄의 방재 시뮬레이션은 다양한 재난 시나리오를 가상으로 구현하여 도시의 취약성을 분석하고, 대응 전략을 수립한다.
- 미국 뉴욕은 허리케인 샌디 이후 빅데이터를 활용하여 복구 계획을 수립하고, 재난 대응 시스템을 개선한다.

Now is the Time to Invest in Resilient City World Bank Group

3 ▶▶ 빅데이터 기반 회복탄력성 도시의 토지이용 계획

1) 목표

- 재난 위험 지역의 토지 이용을 제한하고, 안전 시설의 적절한 입지를 선정한다.
- 재난 발생 시 대피 공간 및 비상 시설을 확보한다.
- 도시 기반 시설의 회복탄력성을 높이는 토지 이용 계획을 수립한다.

2) 데이터 유형

- 토지 이용 현황 데이터 (건물 용도, 토지 용도)
- 위험 지역 데이터 (침수 지역, 산사태 위험 지역)
- 인구 밀도 데이터 (인구 분포, 취약 계층 분포)
- 기반 시설 데이터 (도로망, 통신망, 에너지 시설)

3) 방법 및 기술

- 위험 지역 분석 (GIS 분석, 공간 클러스터링)
- 입지 분석 (다기준 의사 결정, 네트워크 분석)
- 시뮬레이션 모델링 (재난 시 기반 시설 영향 분석)

4) 효과

- 재난 위험 지역의 토지 이용 효율성을 높이고, 안전성을 확보한다.
- 재난 발생 시 시민의 안전을 위한 대피 공간 및 비상 시설의 접근성을 향상시킨다.
- 도시 기반 시설의 회복탄력성을 높여 재난 발생 시 피해를 최소화한다.

5) 활용 예시

- 네덜란드는 해수면 상승에 대비하여 해안 방어 시설 계획에 빅데이터를 활용하고, 토지 이용 계획을 조정한다.
- 일본은 쓰나미 위험 지역에 대한 해안 도시 계획을 수립하고, 대피 시설 및 방재 공원을 조성한다.

Seoul is Building Resilient Cities for Sustainable Urban Growth, Highways Today

4 ▶▶ 빅데이터 기반 회복탄력성 도시의 도시건축 설계

1) 목표

- 재난에 강한 건물을 설계하고, 에너지 자립형 건물을 구축한다.
- 스마트 빌딩 기술을 적용하여 재난 발생 시 건물 기능을 유지한다.
- 친환경 건축 설계를 통해 도시의 지속가능성을 높인다.

2) 데이터 유형

- 건물 구조 데이터 (건축 자재, 구조 설계)
- 에너지 소비 데이터 (건물 에너지 소비량, 발전량)

- 센서 데이터 (건물 내 온도, 습도, 진동)
- 스마트 빌딩 데이터 (건물 운영 데이터, 사용자 데이터)

3) 방법 및 기술

- 구조 안전성 평가 (구조 해석, 내진 설계)
- 에너지 시뮬레이션 (건물 에너지 성능 분석)
- 스마트 빌딩 시스템 (IoT 센서, 데이터 플랫폼)

4) 효과

- 재난 발생 시 건물의 안전성을 높여 인명 피해를 최소화한다.
- 에너지 자립형 건물을 통해 재난 시에도 건물 기능을 유지한다.
- 스마트 빌딩 기술을 활용하여 건물 운영 효율성을 높이고, 사용자 편의성을 향상시킨다.

5) 활용 예시

- 일본은 내진 설계 기준을 강화하고, 첨단 건축 기술을 적용하여 지진에 강한 건물을 건설한다.
- 독일은 스마트 그리드 기술을 활용하여 건물 에너지 자립률을 높이고, 친환경 건물을 구축한다.

The Resilient City Emerging - Hawaii Business Magazine

5 ▶▶ 빅데이터 기반 회복탄력성 도시의 교통계획 및 모빌리티

1) 목표

- 재난 발생 시 교통 흐름을 효율적으로 관리하고, 대피 경로를 최적화한다.
- 긴급 차량 우선 통행 시스템을 구축하여 신속한 대응을 가능하게 한다.
- 스마트 모빌리티 기술을 활용하여 재난 시 이동 편의를 높인다.

2) 데이터 유형

- 교통량 데이터 (도로 센서, CCTV)
- 대중교통 이용 데이터 (교통카드 데이터, GPS 데이터)
- 통신 데이터 (휴대폰 위치 정보)
- 긴급 차량 데이터 (위치 정보, 이동 경로)

3) 방법 및 기술

- 교통 흐름 시뮬레이션 (교통 모델링, 시뮬레이션)
- 경로 분석 (네트워크 분석, 최적 경로 알고리즘)
- 실시간 교통 정보 시스템 (데이터 플랫폼, 앱 서비스)

4) 효과

- 재난 발생 시 교통 혼잡을 완화하고, 신속한 대피를 가능하게 한다.
- 긴급 차량의 이동 시간을 단축하여 재난 대응 효율성을 높인다.
- 스마트 모빌리티 기술을 활용하여 재난 시 이동 편의를 제공하고, 시민의 안전을 확보한다.

5) 활용 예시

- 영국 런던은 올림픽 개최 시 빅데이터를 활용하여 비상 교통 관리 시스템

을 구축하고, 교통 혼잡을 최소화한다.

- 서울시는 긴급 차량 우선 신호 시스템을 구축하여 소방차, 구급차 등의 이동 시간을 단축한다.

6 ▶▶ 빅데이터 기반 회복탄력성 도시의 환경계획

1) 목표

- 재난에 강한 생태 환경을 조성하고, 환경 오염을 감시 및 예방한다.
- 기후 변화에 적응하는 도시를 건설한다.
- 지속가능한 도시 환경을 조성하여 시민의 삶의 질을 높인다.

2) 데이터 유형

- 환경 센서 데이터 (대기 질, 수질, 소음)
- 녹지 공간 데이터 (녹지 면적, 생태 다양성)
- 기상 데이터 (온도, 강우량, 해수면 높이)

3) 방법 및 기술

- 환경 모델링 (환경 오염 분석, 생태 분석)
- 녹지 공간 분석 (GIS 분석, 생태 분석)
- 기후 변화 시나리오 분석 (기후 모델링, 시뮬레이션)

4) 효과

- 재난 발생 시 환경 오염 피해를 최소화하고, 시민의 건강을 보호한다.
- 녹지 공간을 확보하여 도시의 생태 기능을 강화하고, 기후 변화에 적응한다.
- 지속가능한 도시 환경을 조성하여 시민의 삶의 질을 높이고, 미래 세대의 안전을 보장한다.

5) 활용 예시

- 싱가포르는 스카이 가든

■ 빅데이터 기반 회복탄력성 도시 목표, 데이터, 방법, 효과, 활용 예시

활용 분야	목표	데이터 유형	방법 및 기술	효과	활용 예시
도시 계획 과정	- 위험 예측 및 평가 - 비상 대응 계획 수립 - 시민 참여 증진	- 재난 관련 데이터 (기상, 지진, 홍수) - 사회 경제 데이터 - 통신 데이터	- 위험 모델링, 시뮬레이션 - 공간 데이터 분석 - 소셜 네트워크 분석	- 위험 예측 정확도 향상 - 비상 대응 효율성 증대 - 시민 참여형 재난 관리 체계 구축	- 도쿄 방재 시뮬레이션 - 뉴욕 허리케인 샌디 이후 복구 계획 수립
토지 이용 계획	- 위험 지역 토지 이용 제한 - 안전 시설 입지 선정 - 재난 대비 공간 확보	- 토지 이용 현황 - 위험 지역 데이터 - 인구 밀도 데이터	- 위험 지역 분석, 입지 분석 - 시뮬레이션 모델링	- 위험 지역 토지 이용 효율성 제고 - 안전 시설 접근성 향상 - 재난 발생 시 피해 최소화	- 네덜란드 해안 방어 시설 계획 - 일본 쓰나미 대비 해안 도시 계획
도시 건축 설계	- 재난 대비 건물 설계 - 에너지 자립형 건물 구축 - 스마트 빌딩 기술 적용	- 건물 구조 데이터 - 에너지 소비 데이터 - 센서 데이터	- 구조 안전성 평가 - 에너지 시뮬레이션 - 스마트 빌딩 시스템	- 건물 안전성 향상, - 에너지 자립률 증대 - 재난 발생 시 건물 기능 유지	- 일본 내진 설계 건물 - 독일 스마트 그리드 건물
교통 계획 및 모빌리티	- 비상 시 교통 흐름 관리 - 대피 경로 최적화 - 긴급 차량 우선 통행 시스템 구축	- 교통량 데이터 - 대중교통 이용 데이터 - 통신 데이터	- 교통 흐름 시뮬레이션 - 경로 분석 - 실시간 교통 정보 시스템	- 비상 시 교통 혼잡 완화 - 신속한 대피 경로 확보 - 긴급 차량 이동 시간 단축	- 런던 올림픽 비상 교통 관리 시스템 - 서울시 긴급 차량 우선 신호 시스템
환경 계획	- 재난 대비 생태 환경 조성 - 환경 오염 감시 및 예방 - 기후 변화 적응형 도시 조성	- 환경 센서 데이터 - 녹지 공간 데이터 - 기상 데이터	- 환경 모델링 - 녹지 공간 분석 - 기후 변화 시나리오 분석	- 재난 대비 생태 환경 구축 - 환경 오염 피해 최소화 - 기후 변화 적응력 강화	- 싱가포르 스카이 가든 - 로테르담 물 관리 시스템

Chapter 03

빅데이터 기반 신도시계획, 기존 도시 재생 시 계획과정

09 빅데이터 기반 신도시계획의 계획과정 별 목표, 데이터유형, 방법 및 기술, 효과, 활용예시

New Town Background Images, HD Pictures

주요질문

1. 빅데이터 기반 신도시계획의 계획과정 별 목표는 무엇이며, 각 목표 달성에 기여하는 빅데이터의 핵심 역할은 무엇인가?
2. 신도시계획 단계별 필요한 데이터 유형은 무엇이며, 데이터 수집 및 분석을 통해 신도시의 어떠한 특성을 파악할 수 있는가?
3. 신도시계획 각 단계에서 활용되는 빅데이터 분석 방법 및 기술은 무엇이며, 각 방법 및 기술의 적용을 통해 어떠한 결과를 도출할 수 있는가?
4. 빅데이터 기반 신도시계획을 통해 기대되는 효과는 무엇이며, 도시의 지속가능성 및 효율성 증진에 빅데이터가 어떻게 기여하는가?
5. 빅데이터 기반 신도시계획의 단계별 실제 활용 예시는 무엇이며, 각 활용 예시가 신도시 개발에 어떠한 긍정적 영향을 미치는가?
6. 신도시의 입지 선정, 토지 이용 계획, 교통 계획, 환경 계획 등 각 계획 단계에서 빅데이터가 어떻게 활용될 수 있으며, 최적의 계획 수립을 위한 데이터 기반 의사 결정 과정은 어떻게 이루어지는가?

7. 신도시계획 과정에서 시민 참여를 증진시키기 위한 빅데이터 기반 방법 및 기술은 무엇이며, 시민 의견 수렴 및 반영을 통해 신도시의 포용성을 어떻게 확보할 수 있는가?
8. 신도시계획 과정에서 발생할 수 있는 데이터 편향 및 개인 정보 보호 문제에 대한 해결 방안은 무엇이며, 빅데이터 활용의 윤리적 측면을 고려한 신도시 개발 전략은 무엇인가?
9. 빅데이터 기반 신도시계획의 성공적인 추진을 위한 핵심 성공 요인은 무엇이며, 데이터 기반의 혁신적인 도시 계획을 위한 정부, 기업, 시민의 역할은 무엇인가?
10. 미래 신도시 개발에 빅데이터 및 인공지능 기술이 어떻게 적용될 수 있으며, 스마트 시티 구축을 위한 데이터 기반의 지속적인 연구 및 개발 방향은 무엇인가?

1 ▶▶ 신도시의 의미, 목적, 역할, 특성

신도시는 인구 증가, 도시 과밀화 등의 문제를 해결하고 새로운 도시 기능을 창출하는 것을 목표로 하며, 빅데이터는 이러한 목표를 달성하는 데 핵심적인 역할을 수행한다.

1) 신도시의 의미, 목적, 역할, 유형

(1) 신도시의 의미

신도시(planned community, planned city, planned town)는 일반적으로 새로 계획하여 만든 도시를 뜻하는 말로서, 주로 개발되지 않은 지역에 새로 만들어지는 지역 공동체를 뜻한다.

(2) 신도시의 목적

신도시의 개발목적은 첫째, 지역개발 차원에서 배후도시로 개발하는 것이며, 둘째, 서울의 도심기능 분산과 주택공급 확대 그리고 셋째, 대도시 인구 분산 및 지역개발의 수단 넷째, 수도권 주택공급 수단 등이다

(3) 신도시의 역할

신도시는 서울 등 주변지역과의 교통체계 구축 및 쾌적한 주거환경과 자족기능을 갖추고 어울러 수도권 과밀해소와 주거안정에 기여하도록 계획되었다.

(4) 신도시의 유형

신도시의 유형에는 수도신도시, 산업신도시, 대학 연구 신도시 등이 있다. 계획적으로 개발된 새로운 주거지 또는 독립적으로 존재하는 도시이다. 신도시는 단기간에 건설되어 도시의 정체감이나 고유성을 갖지 못하는 문제점이 나타난다.

2) 우리나라 신도시의 특성

- 근대적 도시기능에 부응하기 위한 계획 신도시의 개념은 산업혁명과 더불어 노정된 도시문제를 해결하고자 시도된 영국의 '새로운 지역공동체(new community)' 건설로부터 비롯되었다.
- 하워드(Ebernezer Howard)의 전원도시론(1898)은 현대적 신도시의 개념을 정립하는 전환점이 되었다.
- 본격적인 신도시 개발은 2차 세계대전 이후 전후 복구사업의 일환으로 범세계적으로 이루어졌다.

3) 주택문제를 해결하기 위한 신도시

- 우리나라에서 주택문제를 해결하기 위해 지어진 신도시는 1989년에 착수된 분당, 일산, 평촌 등 수도권 1기 신도시가 처음이다.
- 2003년 전후부터 추진된 판교, 김포, 파주, 동탄 등 2기 신도시에 이어 2020년 시작된 고양, 창릉, 하남, 교산 등 3기 신도시가 현재 진행 중이다.

2 ▶▶ 빅데이터 기반 신도시의 도시계획 수립 과정

1) 목표

- 도시 개발 목표 및 방향 설정
- 데이터 기반의 도시 문제 진단 및 해결 방안 도출
- 시민 참여형 도시 계획 수립 및 평가

2) 데이터 유형

- 인구 통계 데이터 (인구 분포, 연령별 인구, 가구 구성 등)
- 사회 경제 데이터 (소득 수준, 산업 분포, 고용 현황 등)
- 도시 공간 데이터 (토지 이용 현황, 건물 정보, 교통망 정보 등)
- 시민 활동 데이터 (소셜 미디어 데이터, 민원 데이터 등)

3) 방법 및 기술

- 도시 공간 분석 (GIS 분석, 공간 클러스터링)
- 인구 예측 모델링 (인공지능 기반 예측 모델)
- 도시 시뮬레이션 (디지털 트윈 기반 시뮬레이션)
- 시민 참여형 플랫폼 (온라인 설문, 의견 수렴)

송도국제도시

4) 효과

- 과학적 근거 기반 도시 계획 수립
- 도시 문제 해결 및 도시 기능 강화
- 시민 참여를 통한 도시 계획 수용성 향상

5) 활용 예시

- 신도시 입지 선정 및 규모 결정
- 도시 기능 배치 및 토지 이용 계획 수립
- 시민 참여형 도시 디자인 공모 및 평가

3 ▶▶ 빅데이터 기반 신도시의 토지이용 계획

1) 목표

- 효율적인 토지 이용 계획 수립
- 다양한 도시 기능을 고려한 토지 배치
- 미래 도시 변화에 유연하게 대응하는 토지 이용 계획 수립

2) 데이터 유형

- 토지 이용 현황 데이터 (토지 이용 용도, 면적 등)
- 건물 정보 데이터 (건물 용도, 규모, 노후도 등)
- 유동 인구 데이터 (통신 데이터, GPS 데이터)
- 미래 도시 성장 예측 데이터

3) 방법 및 기술

- 토지 이용 패턴 분석 (공간 데이터 분석, 클러스터링)

- 건물 정보 분석 (건물 노후도 분석, 건물 용도별 분석)
- 미래 도시 성장 예측 (인공지능 기반 예측 모델)

4) 효과

- 토지 이용 효율성 극대화
- 다양한 도시 기능 충족
- 미래 도시 변화 대응력 강화

5) 활용 예시

- 주거, 상업, 업무, 공공 시설 배치 계획 수립
- 미래 자율 주행 시대 대비 도로 및 주차 시설 설계
- 공유 공간 활용 극대화 계획 수립

New Towns ideas | urban planning, urban design plan, urban design, Pinterest

4 ▸▸ 빅데이터 기반 신도시의 도시건축 설계

1) 목표

- 스마트 건축 기술 적용
- 사용자 중심의 편리하고 안전한 건축 설계

- 도시 미관 및 환경을 고려한 건축 설계

2) 데이터 유형

- 건축 설계 데이터 (건축 도면, 설계 기준 등)
- 사용자 행동 데이터 (건물 이용 패턴, 선호도 등)
- 스마트 센서 데이터 (에너지 소비, 공기 질 등)

3) 방법 및 기술

- 건축 설계 시뮬레이션 (디지털 트윈 기반 시뮬레이션)
- 사용자 행동 분석 (사용자 경험 분석, 만족도 조사)
- 스마트 빌딩 시스템 (IoT 센서, 데이터 분석)

4) 효과

- 건축물 에너지 효율성 향상
- 사용자 편의성 및 안전성 증진
- 도시 미관 및 환경 개선

5) 활용 예시

- 스마트 홈 시스템 적용 주거 단지 설계
- 에너지 효율적인 공공 건물 설계
- 보행자 중심의 안전하고 편리한 건물 접근 환경 조성

5 ▶▶ 빅데이터 기반 신도시의 교통계획 및 모빌리티

1) 목표

- 스마트 교통 시스템 구축

- 친환경 교통 수단 이용 활성화
- 다양한 모빌리티 서비스 제공

2) 데이터 유형

- 교통량 데이터 (도로 센서, CCTV 데이터)
- 대중교통 이용 데이터 (교통카드 데이터, GPS 데이터)
- 모빌리티 서비스 데이터 (공유 차량, 자전거 데이터)
- 자율 주행 및 드론 데이터

내포신도시 자율주행차, 886명 무사 운행 완료

3) 방법 및 기술

- 교통 흐름 분석 (교통 모델링, 시뮬레이션)
- 개인 맞춤형 경로 추천 (최적 경로 알고리즘)
- 자율 주행 및 드론 시뮬레이션 (안전성 평가, 효율성 분석)

4) 효과

- 교통 혼잡 완화 및 이동 시간 단축
- 친환경 교통 수단 이용 활성화
- 다양한 모빌리티 서비스 제공 및 이용 편의성 증대

5) 활용 예시

- 수요 응답형 교통 시스템 구축
- 개인 맞춤형 모빌리티 서비스 제공
- 자율 주행 및 드론 기반 물류 시스템 도입

6 ▶▶ 빅데이터 기반 신도시의 환경계획

1) 목표

- 친환경 도시 조성
- 에너지 효율적인 도시 시스템 구축
- 지속 가능한 도시 개발

2) 데이터 유형

- 에너지 소비 데이터 (건물 에너지 소비, 교통 에너지 소비 등)
- 환경 센서 데이터 (미세먼지, 소음, 온도 등)
- 기상 데이터 (기온, 강수량 등)
- 폐기물 데이터 (폐기물 발생량, 처리 현황 등)

3) 방법과 기술

- 에너지 소비 분석
- 환경 영향 평가
- 기상 분석
- 폐기물 처리 분석

4) 효과

- 에너지 효율성 향상
- 환경 오염 감소
- 지속가능한 도시 개발

5) 활용 예시

- 스마트 에너지 관리 시스템
- 친환경 교통 시스템
- 폐기물 재활용 시스템

■ 빅데이터 기반 신도시 개발의 목표, 데이터, 방법, 효과, 활용 예시

활용 분야	목표	데이터 유형	방법 및 기술	효과	활용 예시
도시 계획 수립 과정	- 도시 개발 목표 설정 - 도시 문제 진단 및 해결, - 시민 참여형 계획	- 인구 통계 - 사회 경제 - 도시 공간 - 시민 활동 데이터	- 도시 공간 분석 - 인구 예측 모델링 - 도시 시뮬레이션 - 시민 참여형 플랫폼	- 과학적 계획 수립 - 문제 해결 및 기능 강화 - 시민 참여 수용성 향상	- 신도시 입지 선정 - 도시 기능 배치 - 시민 참여형 도시 디자인 공모
토지 이용 계획	- 효율적 토지 이용 - 다양한 기능 고려 토지 배치 - 미래 변화 대응	- 토지 이용 현황 - 건물 정보 - 유동 인구 - 미래 도시 성장 예측 데이터	- 토지 이용 패턴 분석 - 건물 정보 분석 - 미래 도시 성장 예측	- 토지 이용 효율 극대화 - 다양한 기능 충족 - 미래 도시 변화 대응력 강화	- 주거, 상업, 업무, 공공 시설 배치 - 미래 자율 주행 대비 시설 설계 - 공유 공간 활용 극대화
도시 건축 설계	- 스마트 건축 기술 적용 - 사용자 중심 설계 - 도시 미관 및 환경 고려	- 건축 설계 - 사용자 행동 - 스마트 센서 데이터	- 건축 설계 시뮬레이션 - 사용자 행동 분석 - 스마트 빌딩 시스템	- 건축물 에너지 효율성 향상 - 사용자 편의성 및 안전성 증진 - 도시 미관 및 환경 개선	- 스마트 홈 시스템 적용 주거 단지 설계 - 에너지 효율적 공공 건물 설계, 보행자 중심 건물 접근 환경 조성

교통 계획 및 모빌리티	- 스마트 교통 시스템 구축 - 친환경 교통 활성화 - 다양한 모빌리티 서비스 제공	- 교통량 - 대중교통 이용 - 모빌리티 서비스 - 자율 주행 및 드론 데이터	- 교통 흐름 분석 - 개인 맞춤형 경로 추천 - 자율 주행 및 드론 시뮬레이션	- 교통 혼잡 완화 - 친환경 교통 활성화 - 다양한 모빌리티 서비스 제공 및 편의성 증대	- 수요 응답형 교통 시스템 - 개인 맞춤형 모빌리티 서비스 - 자율 주행 및 드론 기반 물류 시스템
공원 계획	- 시민 휴식 및 여가 공간 확보 - 도시 생태 기능 강화 - 다양한 공원 프로그램 운영	- 공원 이용 - 주변 환경 - 녹지 공간 - 시민 선호도 데이터	- 공원 이용 패턴 분석 - 녹지 공간 분석 - 공원 프로그램 효과 분석	- 시민 삶의 질 향상 - 도시 생태 기능 강화 - 다양한 프로그램 제공 및 시민 참여 증진	- 테마 공원 조성 - 스마트 공원 시스템 구축 - 시민 참여형 공원 프로그램 운영
문화 예술 시설 계획	- 시민 문화 예술 향유 기회 확대 - 지역 문화 예술 활성화 - 문화 예술 공간 조성	- 문화 예술 시설 이용 - 문화 예술 행사 - 지역 문화 예술 자원 - 시민 선호도 데이터	- 문화 예술 시설 이용 패턴 분석 - 문화 예술 행사 효과 분석 - 지역 문화 예술 자원 분석	- 시민 문화 예술 향유 기회 확대 - 지역 문화 예술 활성화 - 다양한 프로그램 제공 및 시민 참여 증진	- 문화 예술 시설 배치 계획 - 문화 예술 프로그램 개발 및 운영 - 지역 문화 예술 자원 활용 공간 조성
환경 계획	- 친환경 도시 조성 - 에너지 효율적 도시 시스템 구축 - 지속가능한 도시 개발	- 에너지 소비 - 환경 센서 - 기상 - 폐기물 데이터	- 에너지 소비 분석 - 환경 영향 평가 - 기상 분석 - 폐기물 처리 분석	- 에너지 효율성 향상 - 환경 오염 감소 - 지속가능한 도시 개발	- 스마트 에너지 관리 시스템 - 친환경 교통 시스템 - 폐기물 재활용 시스템

10 빅데이터 기반 일반 근린형: 주민공동체 거점 조성, 마을가게 운영, 보행환경 개선 등 주민공동체 활성화와 골목상권 활력 증진을 위한 도시재생사업

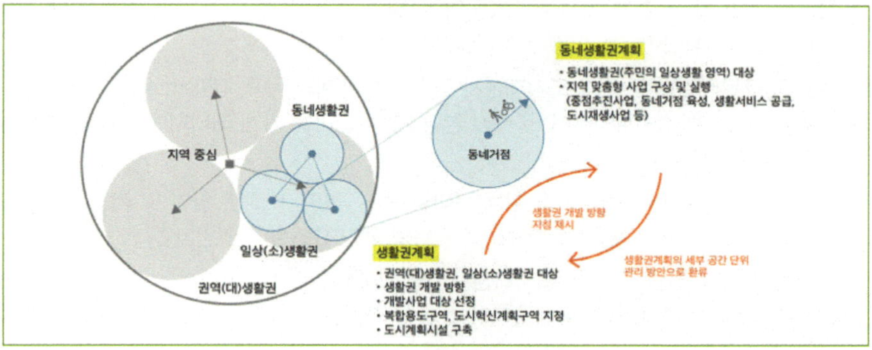

주민의 일상생활에 대응하는 동네생활권 | auri brief | 발간물

주요질문

1. '일반 근린형' 도시재생사업의 목표 및 역할, 재생 요소, 재생 방법, 효과는 무엇이며, 빅데이터는 이러한 사업 목표 달성 및 효과 증진에 어떻게 기여할 수 있는가?
2. 빅데이터 기반 '일반 근린형' 도시재생사업의 도시계획 수립 과정의 목표, 데이터 유형, 방법 및 기술, 효과, 활용 예시는 무엇이며, 주민 공동체 활성화 및 골목상권 활력 증진을 위한 사업 발굴에 빅데이터는 어떻게 활용될 수 있는가?
3. 빅데이터 기반 '일반 근린형' 도시재생사업의 토지 이용 계획의 목표, 데이터 유형, 방법 및 기술, 효과, 활용 예시는 무엇이며, 주민 공동체 거점 및 마을 가게의 적정 입지 선정에 빅데이터는 어떻게 기여할 수 있는가?
4. 빅데이터 기반 '일반 근린형' 도시재생사업의 도시 건축 설계의 목표, 데이터 유형, 방법 및 기술, 효과, 활용 예시는 무엇이며, 주민 공동체 거점 및 마을 가게의 디자인 개선에 빅데이터는 어떻게 활용될 수 있는가?

5. 빅데이터 기반 '일반 근린형' 도시재생사업의 교통 계획 및 모빌리티의 목표, 데이터 유형, 방법 및 기술, 효과, 활용 예시는 무엇이며, 골목길 보행 안전 개선 및 대중교통 접근성 개선에 빅데이터는 어떻게 기여할 수 있는가?
6. 빅데이터 기반 '일반 근린형' 도시재생사업의 공원 계획의 목표, 데이터 유형, 방법 및 기술, 효과, 활용 예시는 무엇이며, 골목길 내 소규모 녹지 공간 조성 및 마을 정원 조성에 빅데이터는 어떻게 기여할 수 있는가?
7. 빅데이터 기반 '일반 근린형' 도시재생사업의 문화 예술 시설 계획의 목표, 데이터 유형, 방법 및 기술, 효과, 활용 예시는 무엇이며, 마을 가게 및 공동체 거점 연계 문화 예술 프로그램 개발에 빅데이터는 어떻게 기여할 수 있는가?
8. 빅데이터 기반 '일반 근린형' 도시재생사업의 환경 계획의 목표, 데이터 유형, 방법 및 기술, 효과, 활용 예시는 무엇이며, 골목길 환경 개선 및 마을 가게 에너지 효율 개선에 빅데이터는 어떻게 기여할 수 있는가?
9. '일반 근린형' 도시재생사업의 각 활용 분야별 목표, 데이터 유형, 방법 및 기술, 효과, 활용 예시는 무엇이며, 각 분야별 빅데이터 활용의 핵심 요소는 무엇인가?
10. 빅데이터 기반 '일반 근린형' 도시재생사업을 성공적으로 추진하기 위한 핵심 성공 요인은 무엇이며, 데이터 기반의 효율적이고 지속 가능한 주민 공동체 활성화 및 골목상권 활력 증진을 위한 방안은 무엇인가?

1 ▶▶ 일반 근린형 도시재생사업의 목표, 재생요소, 재생방법, 효과, 활용예시

일반 근린형 도시재생사업은 주민 공동체 거점 조성, 마을 가게 운영, 보행환경 개선 등 주민 공동체 활성화와 골목상권 활력 증진을 위한 다양한 사업을 포함하며, 빅데이터는 이러한 사업의 효율적인 추진에 핵심적인 역할을 수행한다.

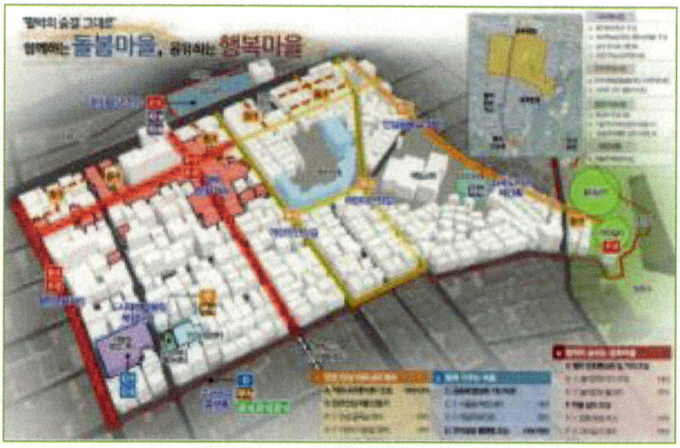

마중물 사업 | 심곡본동 일반근린형 | 도시재생사업 | 부천마을재생

1) 목표 및 역할

일반 근린형 도시재생사업의 주요 목표는 주민공동체 활성화와 골목상권의 활력 증진을 통해 지역 주민의 삶의 질을 향상시키는 데 있다. 주요 역할은 다음과 같다.

(1) **주민공동체 활성화**: 주민들의 자발적인 참여를 유도하고, 공동체 활동을 지원하여 사회적 관계망을 강화한다.

(2) **골목상권 활력 증진**: 지역 상권의 경쟁력을 강화하고, 지역 경제 활성화에 기여한다.

(3) **보행 환경 개선**: 안전하고 쾌적한 보행 환경을 조성하여 주민들의 이동 편의성을 높인다.

(4) **지역 자생력 강화**: 지역 주민과 상인들의 자발적인 참여를 통해 지속 가능한 지역 발전을 도모한다.

2) 재생 요소

일반 근린형 도시재생사업의 주요 재생 요소는 다음과 같다.

(1) **주민공동체 거점:** 주민들의 교류 및 활동을 위한 공간을 조성한다.

(2) **마을 가게:** 지역 특색을 살린 소규모 상점을 운영하여 지역 경제 활성화에 기여한다.

(3) **보행환경:** 골목길 정비, 보행로 개선, 안전 시설 확충 등을 통해 안전하고 쾌적한 보행 환경을 조성한다.

(4) **지역 문화 및 역사 자원:** 지역의 고유한 문화 및 역사 자원을 활용하여 지역 정체성을 확립하고 관광 자원으로 활용한다.

(5) **지역 상인 및 주민 역량 강화:** 지역 상인 및 주민들의 역량을 강화하여 지역 자생력을 향상시킨다.

3) 재생 방법

일반 근린형 도시재생사업의 주요 재생 방법은 다음과 같다.

(1) **주민공동체 거점 조성:** 주민들의 의견을 수렴하여 맞춤형 커뮤니티 공간을 조성한다.

(2) **마을 가게 운영 지원:** 지역 특색을 살린 마을 가게 창업 및 운영을 지원한다.

(3) **보행 환경 개선:** 골목길 정비, 보행로 개선, 안전 시설 확충 등을 통해 안전하고 쾌적한 보행 환경을 조성한다.

(4) **지역 문화 및 역사 자원 활용:** 지역 문화 축제 개최, 역사 테마 거리 조성 등을 통해 지역 문화 및 역사 자원을 활용한다.

(5) **지역 상인 및 주민 역량 강화 교육:** 지역 상인 및 주민들을 대상으로 교육 및 컨설팅을 제공하여 역량을 강화한다.

(6) **소셜벤쳐, 마을기업 육성:** 지역의 문제를 해결하고 지역경제를 활성화하며 도시재생에 기여할 수 있도록 지원한다.

완산 영천초등학교~상공회의소 일대 도시재생 뉴딜사업(일반근린형) 사업구역도, 영천투데이

4) 효과

일반 근린형 도시재생사업의 주요 효과는 다음과 같다.

(1) **주민공동체 활성화:** 주민들의 교류 및 공동체 활동이 활발해지고 사회적 관계망이 강화된다.

(2) **골목상권 활력 증진:** 지역 상권의 경쟁력이 강화되고 지역 경제가 활성화된다.

(3) **보행 환경 개선:** 안전하고 쾌적한 보행 환경이 조성되어 주민들의 이동 편의성이 향상된다.

(4) **지역 정체성 확립:** 지역 문화 및 역사 자원을 활용하여 지역 정체성이 확립된다.

(5) **지역 자생력 강화:** 지역 주민과 상인들의 역량이 강화되어 지속 가능한 지역 발전이 도모된다.

5) 활용 예시

(1) **쇠퇴한 골목상권 지역:** 마을 가게 운영 지원, 골목길 디자인 개선, 지역 문화 축제 개최 등을 통해 골목상권 활력 증진 및 지역 문화 활성화를 도모한다.

(2) **주민 교류 부족 지역:** 주민공동체 거점 조성, 주민 참여형 프로그램 운영 등을 통해 주민 교류 활성화 및 공동체 의식 함양을 도모한다.

(3) **노후화된 보행 환경 지역:** 보행로 정비, 안전 시설 확충, 보행자 친화형 디자인 개선 등을 통해 안전하고 쾌적한 보행 환경을 조성한다.

■ 일반 근린형 도시재생사업의 목표, 재생요소, 재생방법, 효과, 활용예시

항목	내용
목표	주민공동체 활성화, 골목상권 활력 증진, 보행 환경 개선
역할	주민공동체 활성화, 골목상권 활력 증진, 보행 환경 개선, 지역 자생력 강화
재생 요소	주민공동체 거점, 마을 가게, 보행 환경, 지역 문화 및 역사 자원, 지역 상인 및 주민 역량
재생 방법	주민공동체 거점 조성, 마을 가게 운영 지원, 보행 환경 개선, 지역 문화 및 역사 자원 활용, 지역 상인 및 주민 역량 강화 교육, 소셜벤처 및 마을기업 육성
효과	주민공동체 활성화, 골목상권 활력 증진, 보행 환경 개선, 지역 정체성 확립, 지역 자생력 강화
활용 예시	쇠퇴한 골목상권 지역, 주민 교류 부족 지역, 노후화된 보행 환경 지역

불로동 도시재생뉴딜사업, 국토부 공모 최종 선정 - 경북매일

2 ▶▶ 빅데이터 기반 일반 근린형 도시재생사업의 도시계획 수립 과정

1) 목표

주민 공동체 활성화 및 골목상권 활력 증진을 위한 사업을 발굴하고, 데이터 기반의 객관적인 분석을 통해 사업의 우선순위를 결정하며, 주민 참여를 통해 도시 재생 계획의 수용성을 높이고, 사업 효과를 측정하고 모니터링하여 지속적인 개선을 도모한다.

2) 데이터 유형

- 인구 통계, 상권 현황, 주민 활동, 생활 편의시설 데이터를 수집 및 분석한다.
- 여기에는 지역 주민의 연령, 소득, 직업 등의 인구 통계 데이터, 상가 분포, 업종, 매출액 등 상권 데이터, 주민 커뮤니티 활동, 지역 행사 참여도 등 주민 활동 데이터, 생활 편의시설 분포, 접근성 등 생활 편의시설 데이터가 포함된다.

3) 방법 및 기술

- 공간 분석을 통해 지역 상권의 공간적 특성을 파악하고, 데이터 마이닝을 통해 지역 상권 문제점을 분석하며, 소셜 네트워크 분석을 통해 주민 간의 관계망을 분석한다.
- 주민 참여 플랫폼을 구축하여 주민 의견을 수렴하고, 정책 효과 평가를 위한 지표를 개발한다.

4) 효과

데이터 기반의 객관적인 지역 상권 현황 분석, 주민 참여 증진을 통한 도시재생 계획의 수용성 제고, 사업 효과 측정 및 지속적인 개선을 가능하게 한다.

5) 활용 예시

(1) **지역 상권 현황 분석:** 빅데이터를 활용하여 상권 유형, 매출액, 유동 인구 등을 분석하여 상권 특성을 파악하고 문제점을 진단한다.

(2) **주민 의견 수렴 플랫폼:** 온라인 플랫폼을 통해 주민들의 의견을 수렴하고, 도시재생 계획에 반영한다.

(3) **공동체 거점 사업 효과 분석 및 지표 개발:** 공동체 거점 조성 사업의 효과를 객관적으로 측정하고 평가하기 위한 지표를 개발하고, 데이터 분석을 통해 사업 효과를 분석한다.

3 ▶▶ 빅데이터 기반 일반 근린형 도시재생사업의 토지이용 계획

1) 목표

주민 공동체 거점 및 마을 가게의 적정 입지를 선정하고, 골목길 기능을 강화하며, 보행 환경을 개선한다.

2) 데이터 유형

- 토지 이용 현황, 건물 정보, 유동 인구, 상권 데이터를 수집 및 분석한다.
- 토지 이용 용도, 건물 노후도, 유휴 공간 정보 등 토지 이용 현황 데이터, 시간대별, 지역별 유동 인구 분포 데이터, 상가 분포, 매출액 등 상권 데이터가 포함된다.

3) 방법 및 기술

- 토지 이용 분석을 통해 토지 이용의 효율성을 평가하고, 공간 배치 계획

을 통해 공동체 거점 및 마을 가게의 적정 입지를 선정한다.

- 네트워크 분석을 통해 골목길 기능을 강화하고, 상권 분석을 통해 상권 특성을 파악한다.

4) 효과

주민 공동체 활성화, 골목상권 활력 증진, 보행 환경 개선에 기여한다.

5) 활용 예시

(1) **공동체 거점 및 마을 가게 적정 입지 선정:** 주민 공동체 활동 및 상권 활성화에 적합한 입지를 선정한다.

(2) **골목길 보행 안전 개선:** 보행량이 많은 골목길을 파악하고, 보행로를 정비하고 보행 환경을 개선한다.

(3) **커뮤니티 공간 조성:** 주민 교류 및 공동체 활동을 위한 커뮤니티 공간을 조성한다.

4 ▶▶ 빅데이터 기반 일반 근린형 도시재생사업의 도시건축 설계

1) 목표

- 주민 공동체 거점 및 마을 가게의 디자인을 도입한다.
- 골목길 안전 및 디자인을 개선한다.
- 공동 생활 공간을 확보하여 주민 교류 및 공동체 의식을 높인다.

2) 데이터 유형

- 건축물 정보, 주민 만족도, 상권 데이터, 골목길 안전 데이터를 수집 및 분석한다.

- 여기에는 건물 노후도, 에너지 소비 패턴, 디자인 등 건축물 정보 데이터, 주민 만족도, 상권 매출액, 유동 인구 등 상권 데이터, 골목길 CCTV

3) 방법 및 기술

- 사용자 만족도 분석
- 디자인 개선 평가
- 골목길 안전 평가
- 공동 생활 공간 설계

4) 효과

- 주민 만족도 향상, 상권 활성화, 골목길 안전 확보, 공동체 활성화

5) 활용 예시

- 공동체 거점 및 마을 가게 디자인 개선
- 골목길 CCTV 및 보안등 설치
- 공동 육아방 및 작업 공간 조성

5 빅데이터 기반 일반 근린형 도시재생사업의 교통 계획 및 모빌리티

(1) **목표:** 주민의 보행 안전 증진, 근거리 이동 편의성 향상, 지속 가능한 교통 체계 구축

(2) **데이터 유형:** 보행자 이동 데이터, 자전거 이용 데이터, 대중교통 접근성 데이터, 지역 내 교통사고 데이터

(3) **방법 및 기술:** 보행자 동선 분석, 자전거 도로 최적 설계, 스마트 횡단보도 시스템, 수요 응답형 교통 시스템

(4) **효과:** 보행 안전성 증대, 근린 지역 내 이동 편의성 향상, 친환경 교통 수단 이용률 증가

(5) **활용 예시:** 서울시 '보행자 우선 도로 시스템', 암스테르담 '자전거 친화 도시' 프로젝트

6 빅데이터 기반 일반 근린형 도시재생사업의 공원 계획

(1) **목표:** 주민의 일상적 휴식 공간 제공, 지역 공동체 활동 공간 마련, 도시 녹지 공간 확대

(2) **데이터 유형:** 주민 공원 이용 데이터, 지역 내 녹지 분포 데이터, 미세먼지 측정 데이터, 주민 만족도 조사 데이터

(3) **방법 및 기술:** 주민 이용 패턴 분석, 녹지 공간 최적 배치, 스마트 공원 관리 시스템, 공원 내 프로그램 추천 시스템

(4) **효과:** 주민 삶의 질 향상, 지역 공동체 활성화, 도시 열섬 현상 완화, 공원 이용 만족도 증대

(5) **활용 예시:** 뉴욕 '포켓 파크', 런던 '커뮤니티 가든' 프로젝트

7 빅데이터 기반 일반 근린형 도시재생사업의 문화예술시설 계획

(1) **목표:** 지역 주민의 문화 향유 기회 확대, 지역 문화 콘텐츠 발굴 및 육성, 지역 문화 공동체 형성

(2) **데이터 유형:** 주민 문화시설 이용 데이터, 지역 문화 행사 데이터, 지역 예술가 활동 데이터, 주민 참여 프로그램 데이터

(3) **방법 및 기술:** 문화시설 수요 예측, 지역 문화 콘텐츠 추천, 온라인 커뮤니티 플랫폼, 주민 참여형 문화 프로그램 개발

(4) **효과:** 지역 문화 참여율 증대, 지역 문화 브랜드 강화, 지역 예술가 활동 지원, 문화 공동체 활성화

(5) **활용 예시:** 베를린 '커뮤니티 아트 센터', 서울 '생활문화센터'

8 ▶▶ 빅데이터 기반 일반 근린형 도시재생사업의 환경 계획

(1) **목표:** 지역 주민의 건강한 생활 환경 조성, 도시 환경 질 개선, 지속 가능한 도시 환경 구축

(2) **데이터 유형:** 지역 내 대기 질 데이터, 소음 데이터, 에너지 소비 데이터, 폐기물 배출 데이터, 녹지 분포 데이터

(3) **방법 및 기술:** 스마트 환경 센서 네트워크, 지역 환경 빅데이터 플랫폼, 에너지 효율 개선 시스템, 주민 참여형 환경 개선 프로그램

(4) **효과:** 지역 주민 건강 증진, 도시 환경 질 개선, 에너지 소비 효율화, 주민 참여형 환경 관리 시스템 구축

(5) **활용 예시:** 코펜하겐 '탄소 중립 도시', 싱가포르 '스마트 환경 관리 시스템

■ 빅데이터 기반 일반 근린형 도시재생사업의 계획 별 목표, 데이터 유형, 방법, 효과, 활용 예시

활용 분야	목표	데이터 유형	방법 및 기술	효과	활용 예시
도시 계획 수립 과정	- 주민 공동체 활성화 - 골목상권 활력 증진을 위한 사업 발굴 및 계획 수립 - 주민 참여형 의사 결정 지원 - 사업 효과 평가 및 모니터링	- 인구 통계 - 상권 현황 - 주민 활동 - 생활 편의시설 데이터	- 공간 분석 - 데이터 마이닝 - 소셜 네트워크 분석 - 주민 참여 플랫폼 - 정책 효과 평가	- 데이터 기반 재생 계획 수립 - 주민 요구 반영 - 사업 효과 측정 및 개선	- 지역 상권 현황 분석 - 주민 의견 수렴 플랫폼 - 공동체 거점 사업 효과 분석 및 지표 개발
토지 이용 계획	- 주민 공동체 거점 및 마을 가게 입지 선정 - 골목길 기능 강화 및 보행 환경 개선	- 토지 이용 현황 - 건물 정보 - 유동 인구 - 상권 데이터	- 토지 이용 분석 - 공간 배치 계획 - 네트워크 분석 - 상권 분석	- 주민 공동체 활성화 - 골목상권 활력 증진 - 보행 환경 개선	- 공동체 거점 및 마을 가게 적정 입지 선정 - 골목길 보행 안전 개선 - 커뮤니티 공간 조성
도시 건축 설계	- 주민 공동체 거점 및 마을 가게 디자인 개선 - 골목길 안전 및 디자인 개선 - 공동 생활 공간 확보	- 건축물 정보 - 주민 만족도 - 상권 데이터 - 골목길 안전 데이터	- 사용자 만족도 분석 - 디자인 개선 평가 - 골목길 안전 평가 - 공동 생활 공간 설계	- 주민 만족도 향상 - 상권 활성화 - 골목길 안전 확보 - 공동체 활성화	- 공동체 거점 및 마을 가게 디자인 개선 - 골목길 CCTV 및 보안등 설치 - 공동 육아방 및 작업 공간 조성
교통 계획 및 모빌리티	- 골목길 보행 안전 개선 - 대중교통 접근성 개선 - 마을 교통 체계 구축	- 교통량 데이터 - 보행 및 자전거 이동 데이터 - 대중교통 이용 데이터 - 주차 데이터	-교통 흐름 분석 -보행 안전 평가 -대중교통 연계 계획, -주차 수요 예측	- 골목길 안전 확보 - 대중교통 접근성 개선 - 마을 교통 문제 해결	- 골목길 보행 - 안전 시설 설치 - 대중교통 노선 연계 강화 - 마을 순환 버스 도입

공원 계획	- 골목길 내 소규모 녹지 공간 조성 - 쉼터 및 커뮤니티 공간 제공 - 마을 정원 조성	- 공원 이용 - 환경 - 녹지 공간 - 주민 선호도 데이터	- 골목길 녹지 공간 분석 - 주민 참여형 정원 디자인 - 쉼터 및 커뮤니티 공간 설계	- 골목길 환경 개선 - 주민 교류 및 공동체 활성화	- 골목길 화단 조성 - 골목 벤치 설치 - 마을 정원 조성 사업
문화 예술 시설 계획	- 마을 가게 및 공동체 거점 연계 문화 예술 프로그램 개발 - 골목길 예술 공간 조성 - 마을 축제 개최	- 문화 예술 활동 참여도 - 주민 선호도 - 지역 예술가 데이터 - 상권 데이터	- 주민 문화 예술 활동 분석 - 주민 참여형 예술 프로그램 개발 - 골목길 예술 공간 디자인 - 축제 효과 분석	- 마을 가게 및 공동체 거점 활성화 - 주민 문화 향유 기회 확대 - 골목길 활성화	- 마을 가게 연계 문화 예술 강좌 운영 - 골목길 예술 작품 설치 - 마을 축제 개최
환경 계획	- 골목길 환경 개선 - 쓰레기 문제 해결 - 마을 가게 에너지 효율 개선 - 골목길 친환경 디자인 적용	- 환경 센서데이터 - 폐기물 데이터 - 에너지 소비 데이터 - 친환경 디자인 데이터 - 상권 데이터	- 골목길 환경 오염 분석 - 폐기물 처리 분석 - 마을 가게 에너지 효율 평가 - 골목길 친환경 디자인 적용, - 상권 에너지 효율 분석	- 골목길 환경 개선 - 쓰레기 문제 해결 - 에너지 절감 - 친환경 도시 환경 조성 - 상권 지속 가능성 확보	- 골목길 스마트 쓰레기통 설치 - 마을 가게 태양광 패널 설치 - 골목길 빗물 정원 조성 - 친환경 마을 가게 운영 지원

11 빅데이터 기반 중심시가지형 도시재생 사업: 주 시가지 상권 지원 등 상업을 위한 사업

순천 역세권 중심시가지형 사업에 300억원 투입: 브레이크뉴스 전남

주요질문

1. 중심시가지형 도시재생사업의 목표 및 역할, 재생 요소, 재생 방법, 효과는 무엇이며, 빅데이터는 이러한 사업 목표 달성 및 효과 증진에 어떻게 기여할 수 있는가?
2. 빅데이터 기반 중심시가지형 도시재생사업의 도시계획 수립 과정의 목표, 데이터 유형, 방법 및 기술, 효과, 활용 예시는 무엇이며, 중심 시가지 상권 활성화 및 도심 기능 회복을 위한 사업 발굴에 빅데이터는 어떻게 활용될 수 있는가?
3. 빅데이터 기반 중심시가지형 도시재생사업의 토지 이용 계획의 목표, 데이터 유형, 방법 및 기술, 효과, 활용 예시는 무엇이며, 상업 기능 강화 및 특화 거리 조성에 빅데이터는 어떻게 기여할 수 있는가?

4. 빅데이터 기반 중심시가지형 도시재생사업의 도시 건축 설계의 목표, 데이터 유형, 방법 및 기술, 효과, 활용 예시는 무엇이며, 상가 디자인 개선 및 특화 공간 조성에 빅데이터는 어떻게 기여할 수 있는가?
5. 빅데이터 기반 중심시가지형 도시재생사업의 교통 계획 및 모빌리티의 목표, 데이터 유형, 방법 및 기술, 효과, 활용 예시는 무엇이며, 보행 환경 개선 및 대중교통 접근성 개선에 빅데이터는 어떻게 기여할 수 있는가?
6. 빅데이터 기반 중심시가지형 도시재생사업의 공원 계획의 목표, 데이터 유형, 방법 및 기술, 효과, 활용 예시는 무엇이며, 도심 녹지 공간 조성 및 상업 시설 연계 녹지 공간 조성에 빅데이터는 어떻게 기여할 수 있는가?
7. 빅데이터 기반 중심시가지형 도시재생사업의 문화 예술 시설 계획의 목표, 데이터 유형, 방법 및 기술, 효과, 활용 예시는 무엇이며, 상업 시설 연계 문화 예술 프로그램 개발에 빅데이터는 어떻게 기여할 수 있는가?
8. 빅데이터 기반 중심시가지형 도시재생사업의 환경 계획의 목표, 데이터 유형, 방법 및 기술, 효과, 활용 예시는 무엇이며, 도심 환경 개선 및 상업 시설 에너지 효율 개선에 빅데이터는 어떻게 기여할 수 있는가?
9. 중심시가지형 도시재생사업의 각 활용 분야별 목표, 데이터 유형, 방법 및 기술, 효과, 활용 예시는 무엇이며, 각 분야별 빅데이터 활용의 핵심 요소는 무엇인가?
10. 빅데이터 기반 중심시가지형 도시재생사업을 성공적으로 추진하기 위한 핵심 성공 요인은 무엇이며, 데이터 기반의 효율적이고 지속 가능한 도심 상권 활성화를 위한 방안은 무엇인가?

1 중심시가지형 도시재생사업의 목표, 재생요소, 재생방법

중심시가지형 도시재생사업은 주 시가지 상권 지원 등 상업 활성화를 위한 다양한 사업을 포함하며, 빅데이터는 이러한 사업의 효율적인 추진에 핵심적인 역할을 수행한다.

1) 목표 및 역할

중심 시가지형 도시재생사업의 주요 목표는 쇠퇴한 중심 시가지의 상업 기능을 회복하고 도시 경쟁력을 강화하는 데 있다. 주요 역할은 다음과 같다.

(1) **상권 활성화:** 지역 특색을 살린 상업 공간 조성, 창업 지원 등을 통해 지역 상권의 경쟁력을 강화한다.

(2) **도시 경제 활성화:** 지역 경제 활성화를 위한 기반 시설을 확충하고, 일자리를 창출한다.

(3) **도시 기능 회복:** 문화, 관광, 교통 등 도시 기능을 강화하여 중심 시가지의 매력도를 높인다.

(4) **지역 정체성 확립:** 지역 역사, 문화 자원을 활용하여 지역 정체성을 확립하고 도시의 차별성을 확보한다.

2) 재생 요소

중심 시가지형 도시재생사업의 주요 재생 요소는 다음과 같다.

(1) **상업 공간:** 특화된 상업 공간 조성, 노후 상가 리모델링 등을 통해 상권 활성화를 도모한다.

(2) **기반 시설:** 교통, 주차, 광장 등 기반 시설을 확충하여 도시 기능 회복을 도모한다.

(3) **문화 및 관광 자원:** 지역 역사, 문화 자원을 활용한 문화 공간 조성, 관광 상품 개발 등을 통해 도시 매력도를 높인다.

(4) **창업 및 일자리 지원:** 창업 공간 조성, 창업 교육, 일자리 연계 등을 통해 지역 경제 활성화를 도모한다.

(5) **지역 주체 역량 강화:** 지역 상인, 주민 등 지역 주체의 역량을 강화하여 지속 가능한 발전을 도모한다.

[선정] 경북 구미시 금오시장(중심시가지형) 도시재생활성화계획

3) 재생 방법

중심 시가지형 도시재생사업의 주요 재생 방법은 다음과 같다.

(1) **상업 공간 조성:** 테마형 상업 공간 조성, 복합 쇼핑몰 유치 등을 통해 상권 활성화를 도모한다.

(2) **기반 시설 확충:** 대중교통 연계 강화, 주차 공간 확충, 보행 환경 개선 등을 통해 도시 기능 회복을 도모한다.

(3) **문화 및 관광 자원 활용:** 지역 문화 축제 개최, 역사 테마 거리 조성, 관광 상품 개발 등을 통해 도시 매력도를 높인다.

(4) **창업 및 일자리 지원:** 창업 교육 및 컨설팅 제공, 창업 공간 지원, 일자리 매칭 등을 통해 지역 경제 활성화를 도모한다.

(5) **지역 협력 체계 구축:** 지역 상인, 주민, 전문가, 행정 기관 등 협력 체계를 구축하여 사업의 효율성을 높인다.

(6) **소셜벤쳐, 마을기업 육성:** 지역의 문제를 해결하고 지역경제를 활성화하며 도시재생에 기여할 수 있도록 지원한다.

4) 효과

중심 시가지형 도시재생사업의 주요 효과는 다음과 같다.

(1) **상권 활성화:** 지역 상권의 경쟁력이 강화되고 지역 경제가 활성화된다.

(2) **도시 경제 활성화:** 일자리 창출 및 지역 경제 활성화를 통해 도시 경제가 성장한다.

(3) **도시 기능 회복:** 문화, 관광, 교통 등 도시 기능이 강화되고 도시 매력도가 높아진다.

(4) **지역 정체성 확립:** 지역 역사, 문화 자원을 활용하여 지역 정체성이 확립되고 도시의 차별성이 확보된다.

(5) **도시 경쟁력 강화:** 도시의 경제적, 사회문화적 경쟁력이 강화되고 지속 가능한 발전이 도모된다.

대구시, 도시재생 뉴딜 중심시가지형 공모사업 전국 최다 선정

5) 활용 예시

(1) **쇠퇴한 구도심 상권 지역:** 테마형 상업 공간 조성, 창업 지원, 문화 축제 개최 등을 통해 상권 활성화 및 도시 매력도를 높인다.

(2) **교통 접근성 부족 지역:** 대중교통 연계 강화, 주차 공간 확충, 보행 환경 개선 등을 통해 도시 기능 회복을 도모한다.

(3) **역사 문화 자원 보유 지역:** 역사 테마 거리 조성, 문화 공간 조성, 관광 상품 개발 등을 통해 지역 정체성 확립 및 도시 매력도를 높인다.

■ 중심시가지형 도시재생사업의 목표, 역할, 재생요소, 재생방법, 활용예시

항목	내용
목표	상권 활성화, 도시 경제 활성화, 도시 기능 회복, 지역 정체성 확립
역할	상권 활성화, 도시 경제 활성화, 도시 기능 회복, 지역 정체성 확립
재생 요소	상업 공간, 기반 시설, 문화 및 관광 자원, 창업 및 일자리 지원, 지역 주체 역량
재생 방법	상업 공간 조성, 기반 시설 확충, 문화 및 관광 자원 활용, 창업 및 일자리 지원, 지역 협력 체계 구축, 소셜벤처 및 마을기업 육성
효과	상권 활성화, 도시 경제 활성화, 도시 기능 회복, 지역 정체성 확립, 도시 경쟁력 강화
활용 예시	쇠퇴한 구도심 상권 지역, 교통 접근성 부족 지역, 역사 문화 자원 보유 지역

2 빅데이터 기반 중심시가지형 도시재생사업의 도시계획 수립 과정

1) 목표

- 중심 시가지 상권 활성화 및 도심 기능 회복을 위한 사업을 발굴한다.
- 데이터 기반의 객관적인 분석을 통해 사업의 우선순위를 결정한다.
- 상인 및 주민 참여를 통해 도시 재생 계획의 수용성을 높인다.
- 사업 효과를 측정하고 모니터링하여 지속적인 개선을 도모한다.

2) 데이터 유형

- 인구 통계, 상권 현황, 유동 인구, 생활 편의시설 데이터를 수집 및 분석한다.
- 여기에는 지역 주민의 연령, 소득, 직업 등의 인구 통계 데이터, 상가 분포, 업종, 매출액 등 상권 데이터, 시간대별, 지역별 유동 인구 분포 데이

터, 생활 편의시설 분포, 접근성 등 생활 편의시설 데이터가 포함된다.

3) 방법 및 기술

- 공간 분석을 통해 중심 시가지 상권의 공간적 특성을 파악하고, 데이터 마이닝을 통해 상권 문제점을 분석하며, 상권 분석을 통해 상권 특성을 파악한다.
- 상인 및 주민 참여 플랫폼을 구축하여 의견을 수렴하고, 정책 효과 평가를 위한 지표를 개발한다.

4) 효과

- 데이터 기반의 객관적인 중심 시가지 상권 현황 분석
- 상인 참여 증진을 통한 도시재생 계획의 수용성 제고
- 사업 효과 측정을 통한 지역의 지속적인 개선의 가능

5) 활용 예시

- 중심 시가지 상권 현황 분석: 빅데이터를 활용하여 상권 유형, 매출액, 유동 인구 등을 분석하여 상권 특성을 파악하고 문제점을 진단한다.
- 상인 의견 수렴 플랫폼: 온라인 플랫폼을 통해 상인들의 의견을 수렴하고, 도시재생 계획에 반영한다.

제천역세권, 국토교통부 '도시재생 뉴딜사업' 공모 선정

- 상권 활성화 사업 효과 분석 및 지표 개발: 상권 활성화 사업의 효과를 객관적으로 측정하고 평가하기 위한 지표를 개발하고, 데이터 분석을 통해 사업 효과를 분석한다.

3 ▶▶ 빅데이터 기반 중심시가지형 도시재생사업의 토지이용 계획

1) 목표

- 상업 기능 강화 및 특화 거리 조성
- 유휴 공간 활용 상업 공간 조성
- 보행 환경 개선을 통해 상권 활력의 증진

2) 데이터 유형

- 토지 이용 현황, 건물 정보, 유동 인구, 상권 데이터를 수집 및 분석한다.
- 여기에는 토지 이용 용도, 건물 노후도, 유휴 공간 정보 등 토지 이용 현황 데이터, 시간대별, 지역별 유동 인구 분포 데이터, 상가 분포, 매출액 등 상권 데이터가 포함된다.

3) 방법 및 기술

- 토지 이용 분석을 통해 토지 이용의 효율성을 평가한다.
- 공간 배치 계획을 통해 상업 기능 강화 및 특화 거리를 조성한다.
- 상권 분석을 통해 상권 특성을 파악한다.
- 유휴 공간 분석을 통해 상업 공간 활용도를 분석한다.

4) 효과

- 상권 활력 증진, 특화 거리 조성, 보행 환경 개선을 통해 도심 상권의 경쟁력을 강화한다.

5) 활용 예시

(1) **상업 기능 집중 구역 설정:** 상업 기능 집중 구역을 설정하여 상권 밀집도를 높이고, 특화 거리를 조성한다.

(2) **유휴 건물 활용 스타트업 공간 조성:** 유휴 건물을 활용하여 스타트업 공간을 조성하고, 청년 창업을 지원한다.

(3) **보행자 전용 도로 조성:** 보행자 전용 도로를 조성하여 보행 환경을 개선하고, 쇼핑 편의성을 높인다.

4 빅데이터 기반 중심시가지형 도시재생사업의 도시건축설계

(1) **목표:** 지역 특성과 주민 요구를 반영한 맞춤형 설계로 도시 공간의 기능성 및 심미성 증진

(2) **데이터 유형:** 건물 에너지 소비 데이터, 유동인구 데이터, 지역 상권 정보, 소셜 미디어 데이터

(3) **방법 및 기술:** 3D 모델링, 공간 분석, 수요 예측 알고리즘, 사용자 행동 패턴 분석

(4) **효과:** 에너지 효율 향상, 상업 활성화, 지역 특성을 반영한 건축물 설계

(5) **활용 예시:** 서울시 '스마트 에너지 빌딩 관리 시스템', 런던 '스마트 스트리트' 프로젝트

5 빅데이터 기반 중심시가지형 도시재생사업의 교통계획 및 모빌리티

(1) **목표:** 교통 혼잡 완화, 보행 안전 증진, 대중교통 접근성 향상, 지속 가능한 이동 환경 구축

(2) **데이터 유형:** 교통량 데이터, 대중교통 이용 데이터, 보행자 이동 데이터, 실시간 교통 정보

(3) **방법 및 기술:** 교통 시뮬레이션, 최적 경로 알고리즘, 실시간 교통 관리 시스템, 스마트 모빌리티 플랫폼

(4) **효과:** 이동 시간 단축, 교통사고 감소, 대중교통 이용률 증가, 친환경 이동 수단 확산

(5) **활용 예시:** 바르셀로나 '스마트 버스' 시스템, 싱가포르 '스마트 교통 신호' 시스템

6 빅데이터 기반 중심시가지형 도시재생사업의 공원계획

(1) **목표:** 주민 여가 및 휴식 공간 확충, 도시 생태계 복원, 미세먼지 저감 효과 증대

(2) **데이터 유형:** 기상 데이터, 미세먼지 데이터, 주민 이용 패턴 데이터, 식생 데이터

(3) **방법 및 기술:** 환경 모델링, 식생 분석, 공간 최적화 알고리즘, 사용자 선호도 분석

(4) **효과:** 주민 삶의 질 향상, 생물 다양성 증진, 도시 열섬 현상 완화, 공원 이

용 만족도 증대

(5) **활용 예시**: 뉴욕 '하이라인' 공원, 서울 '경의선 숲길' 공원

7 ▶▶ 빅데이터 기반 중심시가지형 도시재생사업의 문화예술시설 계획

(1) **목표**: 지역 문화 콘텐츠 개발 및 확산, 문화 향유 기회 확대, 문화예술 기반 지역 경제 활성화

(2) **데이터 유형**: 문화시설 이용 데이터, 지역 축제 및 행사 데이터, 소셜 미디어 데이터, 관광 데이터

(3) **방법 및 기술**: 문화 콘텐츠 추천 알고리즘, 사용자 참여형 플랫폼, 지역 문화 분석, 관광객 이동 패턴 분석

(4) **효과**: 지역 문화 브랜드 강화, 문화 관광객 유치, 지역 예술가 활동 지원, 문화예술 소비 증대

(5) **활용 예시**: 빌바오 '구겐하임 미술관', 서울 'DDP (동대문 디자인 플라자)'

8 ▶▶ 빅데이터 기반 중심시가지형 도시재생사업의 환경 계획

(1) **목표**: 도시 환경 질 개선, 지속 가능한 도시 생태계 구축, 기후 변화 대응력 강화

(2) **데이터 유형**: 대기 질 데이터, 수질 데이터, 소음 데이터, 에너지 소비 데이터, 폐기물 데이터

(3) **방법 및 기술**: 환경 센서 네트워크, 환경 빅데이터 플랫폼, 오염 예측 모델

링, 스마트 에너지 관리 시스템

(4) **효과:** 대기 질 개선, 수질 정화, 소음 감소, 에너지 효율 증대, 폐기물 재활용률 향상

(5) **활용 예시:** 암스테르담 '스마트 시티' 프로젝트, 코펜하겐 '탄소 중립 도시' 프로젝트

■ 빅데이터 기반 중심시가지형 도시재생사업 계획 별 목표, 데이터 유형, 방법, 효과, 활용예시

활용 분야	목표	데이터 유형	방법 및 기술	효과	활용 예시
도시 계획 수립 과정	- 중심 시가지 상권 활성화 - 도심 기능 회복을 위한 사업 발굴 및 계획 수립 - 주민 및 상인 참여형 의사 결정 지원 - 사업 효과 평가 및 모니터링	- 인구 통계 - 상권 현황 - 유동 인구 - 생활 편의시설 데이터	- 공간 분석 - 데이터 마이닝 - 상권 분석 - 주민 및 상인 참여 플랫폼 - 정책 효과 평가	- 데이터 기반 재생 계획 수립 - 상인 요구 반영 - 사업 효과 측정 및 개선	- 중심 시가지 상권 현황 분석 - 상인 의견 수렴 플랫폼 - 상권 활성화 사업 효과 분석 및 지표 개발
토지 이용 계획	- 상업 기능 강화 및 특화 거리 조성 - 유휴 공간 활용 - 상업 공간 조성 - 보행 환경 개선	- 토지 이용현황 - 건물 정보 - 유동 인구 - 상권 데이터	- 토지 이용 분석 - 공간 배치 계획 - 상권 분석 - 유휴 공간 분석	- 상권 활력 증진 - 특화 거리 조성 - 보행 환경 개선	- 상업 기능 집중 구역 설정 - 유휴 건물 활용 - 스타트업 공간 조성 - 보행자 전용 도로 조성
도시 건축 설계	- 상가 디자인 개선 및 특화 공간 조성 - 보행 안전 및 디자인 개선 - 스마트 상업 공간 구축	- 건축물 정보 - 상인 만족도 - 상권 데이터 - 보행 안전 데이터	- 사용자 만족도 분석 - 디자인 개선 평가 - 보행 안전 평가 - 스마트 상업 공간 설계	- 상권 활성화 - 보행 안전 확보 - 스마트 상업 환경 조성	- 상가 외관 개선 사업 - 보행자 친화형 가로 시설 설치 - 스마트 쇼핑 플랫폼 구축

교통 계획 및 모빌리티	- 보행 환경 개선 - 대중교통 접근성 개선 - 주차 문제 해결	- 교통량 데이터 - 보행 및 자전거 이동 데이터 - 대중교통 이용 데이터 주차 데이터	- 교통 흐름 분석 - 보행 안전 평가 - 대중교통 연계 계획 - 주차 수요 예측	- 보행 환경 개선 - 대중교통 접근성 개선 - 주차 문제 해결	- 보행자 전용 도로 조성 - 대중교통 환승 시스템 개선 - 공영 주차장 확충 - 스마트 주차 시스템 도입
공원 계획	- 도심 녹지 공간 조성 - 쉼터 및 휴게 공간 제공 - 상업 시설 연계 녹지 공간 조성	- 공원 이용 환경 - 녹지 공간 - 상인 및 주민 선호도 데이터	- 도심 녹지 공간 분석 - 상업 시설 연계 - 녹지 공간 설계 - 쉼터 및 휴게 공간 디자인	- 도심 환경 개선 - 상업 시설 이용 편의성 증진 - 휴식 공간 제공	- 도심 소규모 공원 조성 - 상가 앞 벤치 설치 - 상업 시설 옥상 정원 조성
문화 예술 시설 계획	- 상업 시설 연계 문화 예술 프로그램 개발 - 특화 거리 예술 공간 조성 - 도심 축제 개최	- 문화 예술 활동 참여도 - 상인 및 주민 선호도 - 지역 예술가 데이터 - 상권 데이터	- 상업 시설 연계 문화 예술 프로그램 개발 - 특화 거리 예술 공간 디자인 - 축제 효과 분석	- 상권 활성화 - 문화 향유 기회 확대 - 도심 활력 증진	- 상점가 연계 문화 예술 행사 개최 - 특화 거리 예술 작품 설치 - 도심 축제 개최
환경 계획	- 도심 환경 개선 - 쓰레기 문제 해결 - 상업 시설 에너지 효율 개선 - 도심 친환경 디자인 적용	- 환경 센서데이터 - 폐기물 데이터 - 에너지 소비 데이터 - 친환경 디자인 데이터 - 상권 데이터	- 도심 환경 오염 분석 - 폐기물 처리 분석 - 상업 시설 에너지 효율 평가 - 도심 친환경 디자인 적용 - 상권 지속 가능성 분석	- 도심 환경 개선 - 쓰레기 문제 해결 - 에너지 절감 - 친환경 도시 환경 조성 - 상권 지속 가능성 확보	- 도심 스마트 쓰레기통 설치 - 상업 시설 태양광 패널 설치 - 도심 빗물 정원 조성 - 친환경 상업 시설 운영 지원

12 빅데이터 기반 도시정비사업 단계별 목표, 데이터 유형, 방법과 기술, 효과, 활용예시

재개발과 다르다…도시환경정비사업이란? 브런치스토리

주요질문

1. 빅데이터 기반 준비위원회 설립 단계의 목표, 데이터 유형, 방법과 기술, 효과, 활용 예시는 무엇이며, 지역 내 노후도 및 정비 필요성 객관적 분석에 빅데이터는 어떻게 기여하는가?
2. 빅데이터 기반 안전진단 단계의 목표, 데이터 유형, 방법과 기술, 효과, 활용 예시는 무엇이며, 건축물 안전성 및 기능성 객관적 평가에 빅데이터는 어떻게 기여하는가?
3. 빅데이터 기반 조합 설립 단계의 목표, 데이터 유형, 방법과 기술, 효과, 활용 예시는 무엇이며, 조합원 정보 관리 및 의견 수렴 효율화에 빅데이터는 어떻게 기여하는가?
4. 빅데이터 기반 기본 구상 단계의 목표, 데이터 유형, 방법과 기술, 효과, 활용 예시는 무엇이며, 지역 특성 및 주민 요구 반영한 기본 구상 수립에 빅데이터는 어떻게 기여하는가?
5. 빅데이터 기반 정비 기본계획 단계의 목표, 데이터 유형, 방법과 기술, 효과, 활용 예시는 무엇이며, 도시 계획 및 기반 시설 연계 정비 계획 수립에 빅데이터는 어떻게 기여하는가?

6. 빅데이터 기반 계획 인가 단계의 목표, 데이터 유형, 방법과 기술, 효과, 활용 예시는 무엇이며, 객관적 데이터 기반 사업 계획 검토 및 평가에 빅데이터는 어떻게 기여하는가?
7. 빅데이터 기반 권리 변환 단계의 목표, 데이터 유형, 방법과 기술, 효과, 활용 예시는 무엇이며, 데이터 기반의 객관적 자산 평가 및 권리 변환에 빅데이터는 어떻게 기여하는가?
8. 빅데이터 기반 건축 허가 단계의 목표, 데이터 유형, 방법과 기술, 효과, 활용 예시는 무엇이며, 데이터 기반의 건축 설계 및 안전 검토에 빅데이터는 어떻게 기여하는가?
9. 빅데이터 기반 사업 인가 단계의 목표, 데이터 유형, 방법과 기술, 효과, 활용 예시는 무엇이며, 데이터 기반의 사업 계획 검토 및 평가에 빅데이터는 어떻게 기여하는가?
10. 빅데이터 기반 도시정비사업 전반에 걸쳐 빅데이터 활용 시 발생 가능한 문제점 및 해결 방안은 무엇이며, 데이터 기반의 효율적이고 지속 가능한 도시정비사업 추진을 위한 핵심 성공 요인은 무엇인가?

- 본 글에서는 빅데이터 기반 도시정비사업 과정을 준비위원회 설립부터 사업 실시까지의 단계별로 구분하고, 각 단계별 빅데이터 활용 전략을 심층적으로 분석한다.

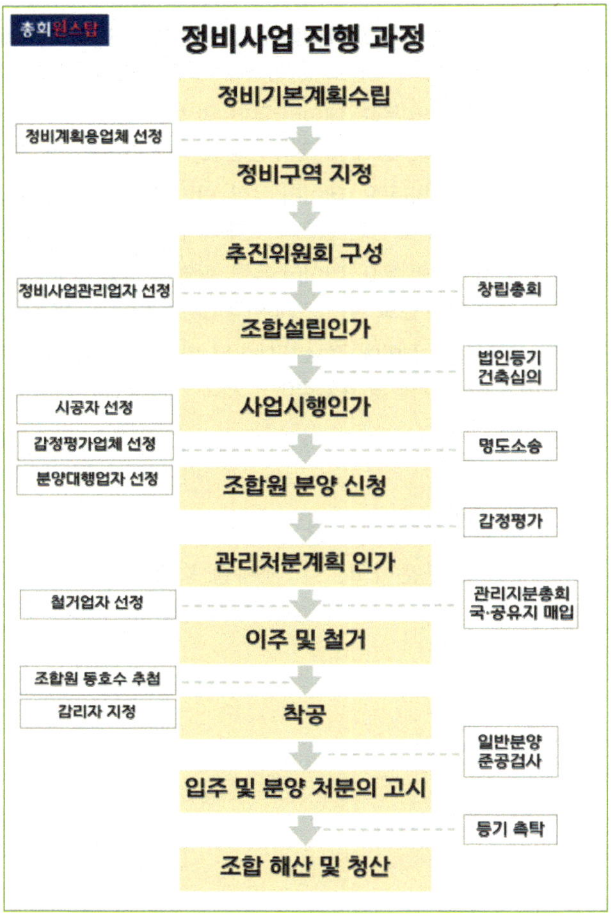

이상우 기자의 부동산 용어 따라잡기, 뉴데일리 경제

1 ▶▶ 빅데이터 기반 준비위원회 설립 단계의 목표, 데이터 유형, 방법과 기술, 효과, 활용예시

1) 목표

- 지역 내 노후도 및 정비 필요성 객관적 분석
- 주민 의견 수렴 및 공감대 형성
- 사업 추진 타당성 기초 자료 확보

2) 데이터 유형

- 건축물 노후도
- 기반 시설 현황
- 주민 설문조사
- 소셜 미디어 데이터

3) 방법 및 기술

- 건축물 노후도 분석
- 공간 정보 시스템(GIS) 분석
- 소셜 네트워크 분석
- 주민 참여 플랫폼

4) 효과

- 데이터 기반의 객관적 정비 필요성 판단
- 주민 참여 및 정보 공유 증진
- 정비사업 추진 동력 확보

5) 활용 예시

- 건축물 노후도 및 기반 시설 열악도 분석 지표 개발

- 온라인 주민 의견 수렴 플랫폼 구축 및 운영
- 소셜 미디어 분석을 통한 지역 여론 동향 파악

가로주택정비사업 | 도시정비 | 토지사업 | 사업소개: 한국토지주택공사

2 ▸▸ 빅데이터 기반 안전진단 단계의 목표, 데이터 유형, 방법과 기술, 효과, 활용예시

1) 목표

- 건축물 안전성 및 기능성 객관적 평가
- 정비사업 필요성 과학적 검증
- 안전진단 결과 주민 신뢰도 확보

2) 데이터 유형

- 건축물 구조 안전 데이터
- 설비 안전 데이터
- 화재 안전 데이터
- 주민 안전 인식 데이터

3) 방법 및 기술

- 건축물 안전 진단 시스템
- 센서 기반 데이터 수집 및 분석
- 위험 평가 모델링
- 시각화 기술

4) 효과

- 정밀한 안전 진단 및 데이터 기반 안전 관리
- 투명한 안전 진단 결과 공개 및 주민 신뢰 확보
- 안전 확보를 위한 효과적 정비 계획 수립

5) 활용 예시

- IoT 센서 활용 건축물 기울기, 균열 등 실시간 안전 데이터 수집
- 3D 모델링 기반 건축물 안전 취약 부분 시각화
- 주민 안전 인식 설문조사 및 분석 결과 공개

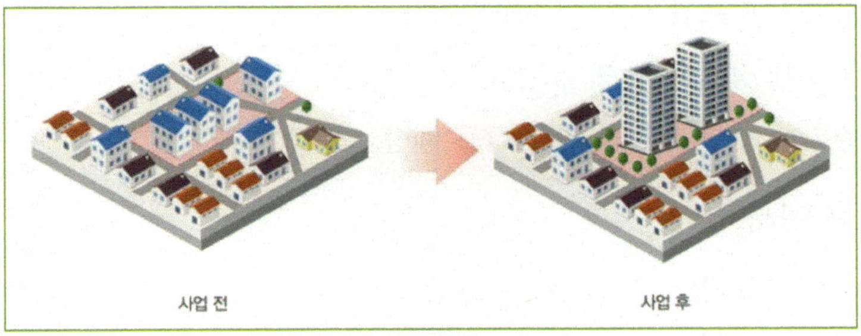

소규모주택정비사업(목록) | 소규모주택정비사업·모아타운

3 빅데이터 기반 조합 설립 단계의 목표, 데이터 유형, 방법과 기술, 효과, 활용예시

1) 목표

- 조합원 정보 관리 및 의견 수렴 효율화
- 조합 운영 투명성 및 신뢰성 확보
- 조합원 간 갈등 예방 및 조정

2) 데이터 유형

- 조합원 정보, 회의록, 계약서, 민원 데이터

3) 방법 및 기술

- 조합원 관리 시스템, 전자 투표 시스템, 데이터 암호화 기술, 갈등 조정 모델

4) 효과

- 효율적인 조합 운영 및 관리
- 투명한 정보 공개 및 조합원 권익 보호
- 원활한 사업 추진을 위한 갈등 예방

5) 활용 예시

- 블록체인 기반 전자 투표 시스템 도입
- 데이터 기반 갈등 조정 시스템 구축 및 운영
- 조합 운영 관련 정보 공개 플랫폼 운영

'재개발 재추진' VS '가로정비'…둘로 나뉜 장위8구역 2020.03.0아시아경제
https://www.asiae.co.kr/article/

4 ▶▶ 빅데이터 기반 기본 구상 단계의 목표, 데이터 유형, 방법과 기술, 효과, 활용예시

1) 목표

- 지역 특성 및 주민 요구 반영한 기본 구상 수립
- 사업성 및 재무 타당성 분석
- 정비사업 추진 방향 설정

2) 데이터 유형

- 지역 현황 데이터, 부동산 시장 데이터, 재무 데이터, 주민 설문 데이터

3) 방법 및 기술

- 입지 분석, 시장 분석, 재무 분석 모델링, 시뮬레이션 기술

4) 효과

- 객관적 데이터 기반 사업 계획 수립
- 사업 위험 최소화 및 수익성 극대화
- 실현 가능한 정비사업 추진

5) 활용 예시

- 부동산 시장 분석 통한 사업성 예측 모델링
- 유동 인구, 상권 분석 통한 상업 시설 배치 계획
- 주민 설문 데이터 활용 커뮤니티 시설 계획

5 빅데이터 기반 정비 기본계획 단계의 목표, 데이터 유형, 방법과 기술, 효과, 활용예시

1) 목표

- 도시 계획 및 기반 시설 연계 정비 계획 수립
- 지역 특성 및 미래 변화 반영한 정비 방향 설정
- 지속 가능한 도시 재생 계획 수립

2) 데이터 유형

- 도시 계획 데이터
- 기반 시설 데이터
- 환경 데이터
- 미래 도시 예측 데이터

3) 방법 및 기술

- 도시 계획 시뮬레이션, 기반 시설 분석, 환경 영향 평가, 미래 도시 예측 모델링

4) 효과

- 도시 계획 및 기반 시설 정비 연계 효율성 향상
- 지속 가능한 도시 환경 조성
- 미래 변화 대응 가능한 정비 계획 수립

5) 활용 예시

- 디지털 트윈 기반 도시 계획 시뮬레이션
- 스마트 기반 시설 계획 (스마트 교통, 스마트 에너지 등)
- 기후 변화 고려 친환경 정비 계획 수립

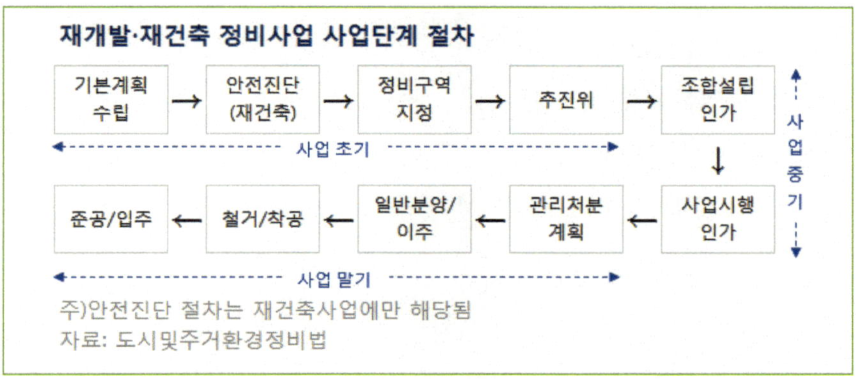

[부동산114] 복잡한 정비사업 '사업 단계'로 쉽게 풀어보기

6 ▶▶ 빅데이터 기반 계획 인가 단계의 목표, 데이터 유형, 방법과 기술, 효과, 활용예시

1) 목표

- 객관적 데이터 기반 사업 계획 검토 및 평가
- 인허가 과정 투명성 및 효율성 확보
- 관련 법규 및 정책 준수

2) 데이터 유형

- 사업 계획서
- 인허가 관련 법규
- 환경영향평가, 교통영향평가 등의 자료

3) 방법 및 기술

- 계획 검토 시스템
- 법규 준수 검증 시스템,
- 환경 평가 모델링

4) 효과

- 정확하고 신속한 계획 인허가
- 투명하고 객관적인 인허가 과정
- 법규 준수 및 환경 보호 강화

5) 활용 예시

- 자동화된 계획 검토 시스템
- 법규 준수 검증 시스템 통한 인허가 기간 단축
- 환경 영향 평가 시뮬레이션 통한 환경 기준 준수

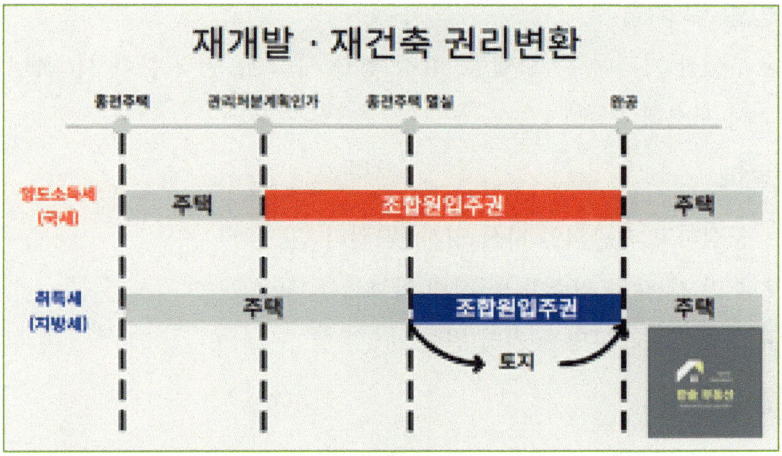

관리처분계획 인가, Naver Blog

7 ▶▶ 빅데이터 기반 권리 변환 단계의 목표, 데이터 유형, 방법과 기술, 효과, 활용예시

1) 목표

- 데이터 기반의 객관적 자산 평가 및 권리 변환
- 주민 불만 및 갈등 최소화
- 공정하고 투명한 권리 변환 프로세스 구축

2) 데이터 유형

- 부동산 시세 데이터
- 감정 평가 데이터
- 권리 관계 데이터
- 민원 데이터

3) 방법 및 기술

- 부동산 가격 예측 모델링, 감정 평가 시스템, 권리 분석 시스템, 민원 분석 시스템

4) 효과

- 공정하고 객관적인 자산 평가 및 권리 변환
- 주민 간 갈등 최소화 및 신뢰 확보
- 효율적이고 투명한 권리 변환

5) 활용 예시

- 빅데이터 기반 부동산 시세 예측 모델
- 감정 평가 시스템 활용 객관적 자산 가치 평가
- 민원 분석 시스템 통한 불만 요인 사전 파악

8 ▶▶ 빅데이터 기반 건축 허가 단계의 목표, 데이터 유형, 방법과 기술, 효과, 활용예시

1) 목표

- 데이터 기반의 건축 설계 및 안전 검토
- 친환경 건축 설계 및 에너지 효율성 확보
- 건축 허가 기간 단축 및 비용 절감

2) 데이터 유형

- 건축 설계 도면
- 건축 안전 기준
- 에너지 소비 데이터
- 환경 영향 평가 데이터

3) 방법 및 기술

- 건축 설계 시뮬레이션, 안전 검토 시스템, 에너지 효율 분석 시스템, 환경 평가 모델링

4) 효과

- 안전하고 친환경적인 건축물 설계
- 효율적인 건축 허가 프로세스 구축
- 건축 비용 절감 및 품질 향상

5) 활용 예시

- 건축 설계 시뮬레이션 통한 안전 검토
- 에너지 소비 예측 모델 활용 에너지 효율 설계
- BIM 기반 건축 허가 시스템 도입

9 빅데이터 기반 사업 인가 단계의 목표, 데이터 유형, 방법과 기술, 효과, 활용예시

1) 목표

- 데이터 기반의 사업 계획 검토 및 평가
- 관련 법규 및 정책 준수 검증
- 사업 인가 과정 투명성 및 효율성 확보

2) 데이터 유형

- 사업 계획서, 관련 법규, 환경 영향 평가 자료, 재무 데이터

3) 방법 및 기술

- 사업 계획 검토 시스템, 법규 준수 검증 시스템, 재무 분석 모델링

■ 빅데이터 기반 도시정비사업 과정: 단계별 목표, 데이터 방법 효과 활용예시

활용 분야	목표	데이터 유형	방법 및 기술	효과	활용 예시
준비 위원회 설립	- 지역 내 노후도 평가 - 정비 필요성 객관적 분석 - 주민 의견 수렴 및 공감대 형성 - 사업 추진 타당성 기초 자료 확보	- 건축물 노후도 - 기반 시설 현황 - 주민 설문조사 - 소셜 미디어 데이터	- 건축물 노후도 분석 - GIS 분석 - 소셜 네트워크 분석 - 주민 참여 플랫폼	- 데이터 기반 객관적 정비 필요성 판단 - 주민 참여 및 정보 공유 증진 - 정비사업 추진 동력 확보	- 노후도 및 기반 시설 열악도 분석 지표 개발 - 온라인 주민 의견 수렴 플랫폼 구축 - 소셜 미디어 분석 통한 지역 여론 동향 파악
안전 진단	- 건축물 안전성 및 기능성 객관적 평가 - 정비사업 필요성 과학적 검증 - 안전진단 결과 주민 신뢰도 확보	- 건축물 구조 안전 데이터 - 설비 안전 데이터 - 화재 안전 데이터 - 주민 안전 인식 데이터	- 건축물 안전 진단 시스템 - 센서 기반 데이터 수집 및 분석 - 위험 평가 모델링 시각화 기술	- 정밀한 안전 진단 - 데이터 기반 안전 관리 - 투명한 안전진단 결과 공개 및 주민 신뢰 확보 - 안전 확보 위한 효과적 정비 계획 수립	- IoT 센서 활용 실시간 안전 데이터 수집 - 3D 모델링 기반 안전 취약 부분 시각화 - 주민 안전 인식 설문조사 및 분석 결과 공개
조합 설립	- 조합원 정보 관리 및 의견 수렴 효율화ㅁ- 조합 운영 투명성 및 신뢰성 확보 - 조합원 간 갈등 예방 및 조정	- 조합원 정보 - 회의록 - 계약서 - 민원 데이터	- 조합원 관리 시스템 - 전자 투표 시스템 - 데이터 암호화 기술 - 갈등 조정 모델	- 효율적인 조합 운영 및 관리 - 투명한 정보 공개 및 조합원 권익 보호 - 원활한 사업 추진 위한 갈등 예방	- 블록체인 기반 전자 투표 시스템 도입 - 데이터 기반 갈등 조정 시스템 구축 - 조합 운영 관련 정보 공개 플랫폼 운영
기본 구상	- 지역 특성 및 주민 요구 반영한 기본 구상 수립 - 사업성 및 재무 타당성 분석 - 정비사업 추진 방향 설정	- 지역 현황 데이터 - 부동산 시장 데이터 - 재무 데이터 - 주민 설문 데이터	- 입지 분석 - 시장 분석 - 재무 분석 - 모델링 - 시뮬레이션 기술	- 객관적 데이터 기반 사업 계획 수립 - 사업 위험 최소화 - 수익성 극대화 - 실현 가능한 정비사업 추진	- 부동산 시장 분석 통한 사업성 예측 모델링 - 유동 인구 상권 분석 통한 상업 시설 배치 계획 - 주민 설문 데이터 활용 커뮤니티 시설 계획

정비 기본 계획	- 도시 계획 및 기반 시설 연계 정비 계획 수립 - 지역 특성 및 미래 변화 반영 정비 방향 설정 - 지속 가능한 도시 재생 계획 수립	- 도시 계획 데이터 - 기반 시설 데이터 - 환경 데이터 - 미래 도시 예측 데이터	- 도시 계획 시뮬레이션 - 기반 시설 분석 - 환경 영향 평가 - 미래 도시 예측 모델링	- 도시 계획 및 기반 시설 정비 연계 효율성 향상 - 지속 가능한 도시 환경 조성 - 미래 변화 대응 가능한 정비 계획 수립	- 디지털 트윈 기반 도시 계획 시뮬레이션 - 스마트 기반 시설 계획 - 기후 변화 고려 친환경 정비 계획 수립
계획 인가	- 객관적 데이터 기반 사업 계획 검토 및 평가 - 인허가 과정 투명성 및 효율성 확보 - 관련 법규 및 정책 준수	- 사업 계획서 - 인허가 관련 법규 - 환경 영향 평가 자료	- 계획 검토 시스템 - 법규 준수 검증 시스템 - 환경 평가 모델링	- 정확하고 신속한 계획 인허가 - 투명하고 객관적인 인허가 과정 - 법규 준수 및 환경 보호 강화	- 자동화된 계획 검토 시스템 - 법규 준수 검증 시스템 통한 인허가 기간 단축 - 환경 영향 평가 시뮬레이션 통한 환경 기준 준수
권리 변환	- 데이터 기반의 객관적 자산 평가 및 권리 변환 - 주민 불만 및 갈등 최소화 - 공정하고 투명한 권리 변환 프로세스 구축	- 부동산 시세 데이터 - 감정 평가 데이터 - 권리 관계 데이터 - 민원 데이터	- 부동산 가격 예측 모델링 - 감정 평가 시스템 - 권리 분석 시스템 - 민원 분석 시스템	- 공정하고 객관적인 자산 평가 및 권리 변환 - 주민 간 갈등 최소화 및 신뢰 확보 - 효율적이고 투명한 권리 변환	- 빅이터 기반 부동산 시세 예측 모델 - 정 평가 시스템 활용 객관적 자산 가치 평가 - 원 분석 시스템 통한 불만 요인 사전 파악
건축 허가	- 이터 기반의 건축 설계 및 안전 검토 - 환경 건축 설계 및 에너지 효율성 확보 - 건축 허가 기간 단축 및 비용 절감	- 건축 설계 도면 - 건축 안전 기준 - 에너지 소비 데이터 - 환경 영향 평가 데이터	- 건축 설계 시뮬레이션 - 안전 검토 시스템 - 에너지 효율 분석 시스템 - 환경 평가 모델링	- 안전하고 친환경적인 건축물 설계 - 효율적인 건축 허가 프로세스 구축 - 건축 비용 절감 및 품질 향상	- 건축 설계 시뮬레이션 통한 안전 검토 - 에너지 소비 예측 모델 활용 에너지 효율 설계 - BIM 기반 건축 허가 시스템 도입

사업 인가	- 데이터 기반의 사업 계획 검토 및 평가 - 관련 법규 및 정책 준수 검증 - 사업 인가 과정 투명성 및 효율성 확보	- 사업 계획서 - 관련 법규 - 환경 영향 평가 자료 - 재무 데이터	- 사업 계획 검토 시스템 - 법규 준수 검증 시스템 - 재무 분석 모델링	- 정확하고 신속한 사업 인가 - 투명하고 객관적인 인허가 과정 - 법규 준수 및 환경 보호 강화	- 자동화된 사업 계획 검토 시스템 - 법규 준수 검증 시스템 통한 인허가 기간 단축 - 재무 분석 통한 사업 안정성 검토
사업 실시	- 데이터 기반의 사업 관리 및 운영 주민 만족도 극대화 - 지속 가능한 도시 환경 조성	- 사업 관리 데이터 - 주민 만족도 데이터 - 환경 데이터 - 스마트 기반 시설 데이터	- 사업 관리 시스템 - 주민 만족도 분석 시스템 - 환경 모니터링 시스템 - 스마트 기반 시설 관리 시스템	- 효율적인 사업 관리 및 운영 - 주민 만족도 향상 - 지속 가능한 도시 환경 조성	- 스마트 기반 시설 관리 시스템 - 주민 만족도 분석 시스템 통한 서비스 개선 - 환경 모니터링 시스템 통한 환경 오염 방지

13 빅데이터 기반 도시부동산 프로젝트 개발과정: 기본구상, 사업성분석, 기본계획, 사업계획의 4단계

부동산 개발 이미지, 사진 및 PNG, LovePik

주요질문

1. 빅 데이터 기반 도시부동산 프로젝트 개발의 기본 구상 단계 목표, 데이터 유형, 방법 및 기술, 효과, 활용 예시는 무엇이며, 시장 환경 및 수요 분석을 통한 사업 콘셉트 구체화에 빅데이터는 어떻게 기여하는가?
2. 빅데이터 기반 도시부동산 프로젝트 개발의 사업성 분석 단계 목표, 데이터 유형, 방법 및 기술, 효과, 활용 예시는 무엇이며, 정확한 데이터 기반 재무 타당성 확보에 빅데이터는 어떻게 기여하는가?
3. 빅데이터 기반 도시부동산 프로젝트 개발의 기본 계획 단계 목표, 데이터 유형, 방법 및 기술, 효과, 활용 예시는 무엇이며, 데이터 기반 도시 계획 및 건축 설계에 빅데이터는 어떻게 기여하는가?
4. 빅데이터 기반 도시부동산 프로젝트 개발의 사업 계획 단계 목표, 데이터 유형, 방법 및 기술, 효과, 활용 예시는 무엇이며, 데이터 기반의 효과적인 마케팅 및 홍보 전략 수립에 빅데이터는 어떻게 기여하는가?

5. 빅데이터 기반 도시부동산 프로젝트 개발의 각 단계별 목표, 데이터 유형, 방법 및 기술, 효과, 활용 예시는 무엇이며, 각 단계별 빅데이터 활용의 핵심 요소는 무엇인가?
6. 도시 계획 수립 과정에 빅데이터 기반 분석 및 시뮬레이션은 어떠한 목표, 데이터 유형, 방법 및 기술, 효과, 활용 예시를 가지며, 어떠한 방식으로 최적의 도시 계획 수립에 기여하는가?
7. 토지 이용 계획에 빅데이터 기반 입지 분석 및 유동 인구 분석은 어떠한 목표, 데이터 유형, 방법 및 기술, 효과, 활용 예시를 가지며, 어떠한 방식으로 최적의 토지 이용 계획 수립에 기여하는가?
8. 도시 건축 설계에 건축 설계 시뮬레이션 및 사용자 행동 분석은 어떠한 목표, 데이터 유형, 방법 및 기술, 효과, 활용 예시를 가지며, 어떠한 방식으로 안전하고 효율적인 건축 설계에 기여하는가?
9. 교통 계획 및 모빌리티에 교통 흐름 분석 및 경로 분석은 어떠한 목표, 데이터 유형, 방법 및 기술, 효과, 활용 예시를 가지며, 어떠한 방식으로 교통 혼잡 완화 및 이동 편의 증진에 기여하는가?
10. 빅데이터 기반 도시부동산 프로젝트 개발 전반에 걸쳐 빅데이터 활용 시 발생 가능한 문제점 및 해결 방안은 무엇이며, 데이터 기반의 효율적이고 지속 가능한 도시 부동산 프로젝트 개발을 위한 핵심 성공 요인은 무엇인가?

UNStudio and Heerim unveil lush, garden-filled development, Inhabitat

1 빅데이터 기반 도시부동산 프로젝트의 기본 구상 단계

1) 목표

- 도시 부동산 프로젝트 개발의 타당성 검토 및 기본 방향 설정
- 시장 환경 및 수요 분석을 통한 사업 콘셉트 구체화
- 잠재적 위험 요인 파악 및 대응 전략 마련

2) 데이터 유형

- 인구 통계
- 사회 경제
- 부동산 시장
- 도시 계획
- 환경 데이터

3) 방법 및 기술

- 시장 분석
- 수요 예측
- 입지 분석
- SWOT 분석
- 위험 평가

4) 효과

- 객관적인 데이터 기반 사업 타당성 검토
- 시장 변화에 유연하게 대응하는 사업 콘셉트 설정
- 사전 위험 관리 강화

5) 활용 예시

- 지역별 인구 변화 및 가구 구성 분석을 통한 주택 수요 예측
- 소비 트렌드 및 상권 분석을 통한 상업 시설 콘셉트 설정
- 환경 영향 평가를 통한 개발 사업의 지속 가능성 검토

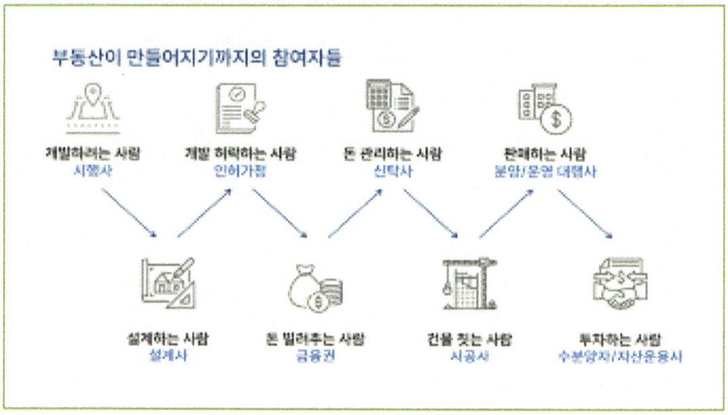

부동산 개발 프로세스 #1. 건물은 도대체 어떻게 지어질까? Yong-Architecture

2 빅데이터 기반 도시부동산 프로젝트의 사업성 분석 단계

1) 목표

- 세부 사업 계획 수립 및 재무 타당성 검토
- 투자 유치 및 금융 조달 전략 수립
- 사업 추진으로 인한 사회적, 경제적 효과 분석

2) 데이터 유형

- 부동산 시장

- 건설 비용
- 금융 시장
- 경제 지표 데이터

3) 방법 및 기술

- 수익성 분석, 비용 분석, 투자 분석, 민감도 분석, 경제성 분석

4) 효과

- 정확한 데이터 기반 재무 타당성 확보
- 최적의 투자 및 금융 조달 전략 수립
- 사업의 사회적, 경제적 파급 효과 예측

5) 활용 예시

- 건설 비용 및 분양가 예측을 통한 사업 수익성 분석
- 금리 변동 및 부동산 시장 예측을 통한 투자 위험 분석
- 지역 경제 파급 효과 분석을 통한 공공 투자 유치 전략 수립

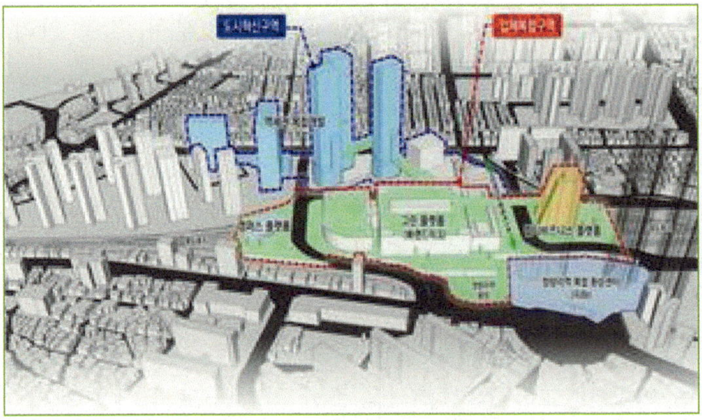

양재역·김포공항역 등 전국 16곳...'공간혁신구역' 탈바꿈 -머니투데이

3 ▶▶ 빅데이터 기반 도시부동산 프로젝트의 기본계획 단계

1) 목표

- 도시 계획, 토지 이용, 건축 설계 등 사업의 기본 방향 설정
- 관련 법규 및 정책 분석을 통한 인허가 전략 수립
- 주민 의견 수렴 및 갈등 조정

2) 데이터 유형

- 도시 계획
- 토지 이용
- 건축 설계
- 법규 및 정책
- 주민 의견 데이터

3) 방법 및 기술

- 도시 설계, 건축 설계, 법규 분석, 주민 참여 분석, 갈등 관리

4) 효과

- 데이터 기반 도시 계획 및 건축 설계
- 효율적인 인허가 프로세스 구축
- 주민 참여를 통한 사업 수용성 향상

5) 활용 예시

- 유동 인구 및 교통 흐름 분석을 통한 최적의 토지 이용 계획 수립
- 일조권, 조망권 분석을 통한 친환경 건축 설계
- 소셜 미디어 분석을 통한 주민 의견 수렴 및 갈등 관리

4 빅데이터 기반 도시부동산 프로젝트의 사업계획 단계

1) 목표

- 상세 사업 계획 수립 및 실행 전략 마련
- 마케팅 및 홍보 전략 수립
- 사업 운영 및 관리 계획 수립

2) 데이터 유형

- 마케팅, 홍보, 운영 관리, 고객 만족도 데이터

3) 방법 및 기술

- 마케팅 분석, 홍보 분석, 운영 관리 분석, 고객 만족도 분석

4) 효과

- 데이터 기반의 효과적인 마케팅 및 홍보 전략 수립
- 효율적인 사업 운영 및 관리 시스템 구축
- 고객 만족도 향상 및 사업 지속 가능성 확보

5) 활용 예시

- 온라인 광고 효과 분석을 통한 타깃 마케팅 전략 수립
- 고객 불만 분석을 통한 서비스 개선
- 스마트 빌딩 시스템을 통한 효율적인 건물 운영 및 관리

5 ▶▶ 빅데이터 기반 도시부동산 프로젝트의 단계별 세부 활용 방안

1) 도시 계획 수립 과정

- 각 단계별 도시 계획 관련 데이터 분석 및 시뮬레이션을 통해 최적의 도시 계획 수립

2) 토지 이용 계획

- 빅데이터 기반 입지 분석, 유동 인구 분석 등을 통해 최적의 토지 이용 계획 수립

3) 도시 건축 설계

- 건축 설계 시뮬레이션, 사용자 행동 분석 등을 통해 안전하고 효율적인 건축 설계

4) 교통 계획 및 모빌리티

- 교통 흐름 분석, 경로 분석 등을 통해 교통 혼잡 완화 및 이동 편의 증진

5) 공원 계획

- 공원 이용 패턴 분석, 녹지 공간 분석 등을 통해 시민 만족도가 높은 공원 조성

6) 문화 예술 시설 계획

- 문화 예술 시설 이용 분석, 문화 예술 행사 효과 분석 등을 통해 지역 문화 예술 활성화

7) 환경 계획

- 환경 모델링, 에너지 소비 분석 등을 통해 친환경적이고 지속 가능한 도시 환경 조성

■ 빅데이터 기반 도시부동산 프로젝트 개발 단계 별 목표, 데이터, 효과, 활용예시

단계	활용분야	목표	데이터 유형	방법 및 기술	효과	활용 예시
기본 구상	도시 계획 수립 과정	사업 타당성 검토 및 방향 설정, 시장 환경 및 수요 분석, 위험 요인 파악	인구 통계, 사회 경제, 부동산 시장, 도시 계획, 환경 데이터	시장 분석, 수요 예측, 입지 분석, SWOT 분석, 위험 평가	데이터 기반 사업 타당성 검토, 시장 변화 대응, 사전 위험 관리 강화	지역별 주택 수요 예측, 상업 시설 콘셉트 설정, 개발 사업 지속 가능성 검토
사업성 분석	토지 이용 계획	세부 사업 계획 수립 및 재무 타당성 검토, 투자 유치 및 금융 조달 전략 수립, 사회적, 경제적 효과 분석	부동산 시장, 건설 비용, 금융 시장, 경제 지표 데이터	수익성 분석, 비용 분석, 투자 분석, 민감도 분석, 경제성 분석	정확한 재무 타당성 확보, 최적 투자 전략 수립, 사업 파급 효과 예측	사업 수익성 분석, 투자 위험 분석, 공공 투자 유치 전략 수립
기본 계획	도시 건축 설계	도시 계획, 토지 이용, 건축 설계 등 사업의 기본 방향 설정, 인허가 전략 수립, 주민 의견 수렴 및 갈등 조정	도시 계획, 토지 이용, 건축 설계, 법규 및 정책, 주민 의견 데이터	도시 설계, 건축 설계, 법규 분석, 주민 참여 분석, 갈등 관리	데이터 기반 도시 계획 및 건축 설계, 효율적 인허가 프로세스 구축, 주민 참여 사업 수용성 향상	유동 인구 분석 기반 토지 이용 계획 수립, 친환경 건축 설계, 소셜 미디어 기반 주민 의견 수렴
사업 계획	교통 계획 및 모빌리티	상세 사업 계획 수립 및 실행 전략 마련, 마케팅 및 홍보 전략 수립, 사업 운영 및 관리 계획 수립	마케팅, 홍보, 운영 관리, 고객 만족도 데이터	마케팅 분석, 홍보 분석, 운영 관리 분석, 고객 만족도 분석	효과적 마케팅 전략 수립, 효율적 운영 관리 시스템 구축, 고객 만족도 향상	온라인 광고 효과 분석, 고객 불만 분석, 스마트 빌딩 시스템 구축
	공원 계획		공원 이용 데이터, 녹지공간 데이터, 환경 데이터, 시민 선호도 데이터	공원 이용 패턴 분석, 녹지 공간 분석, 환경 분석, 시민 선호도 분석	시민 만족도가 높은 공원 조성, 지속가능한 녹지 공간 확보	공원 이용 패턴 분석을 통한 테마 공원 조성, 환경 데이터 기반 스마트 공원 조성

	문화 예술 시설 계획		문화 예술 시설 이용 데이터, 문화 예술 행사 데이터, 지역 문화 예술 자원 데이터, 시민 선호도 데이터	문화 예술 시설 이용 분석, 문화 예술 행사 효과 분석, 지역 문화 예술 자원 분석, 시민 선호도 분석	지역 문화 예술 활성화, 문화 향유 기회 확대, 시민 참여형 프로그램 개발	문화 예술 시설 이용 분석을 통한 프로그램 개발, 행사 효과 분석을 통한 축제 기획, 지역 문화 예술 자원 활용 공간 조성
	환경 계획		에너지 소비 데이터, 환경 센서 데이터, 기상 데이터, 폐기물 데이터	환경 모델링, 에너지 소비 분석, 기상 분석, 폐기물 처리 분석	친환경적이고 지속 가능한 도시 환경 조성, 에너지 효율성 향상	스마트 에너지 관리 시스템 도입, 친환경 교통 시스템 구축, 폐기물 재활용 시스템 도입

Chapter 04

빅데이터 기반
스마트 도시와 모빌리티 도시

14 빅데이터 기반 스마트 도시(Smart City) 목표, 데이터 유형, 방법과 기술, 효과, 활용예시

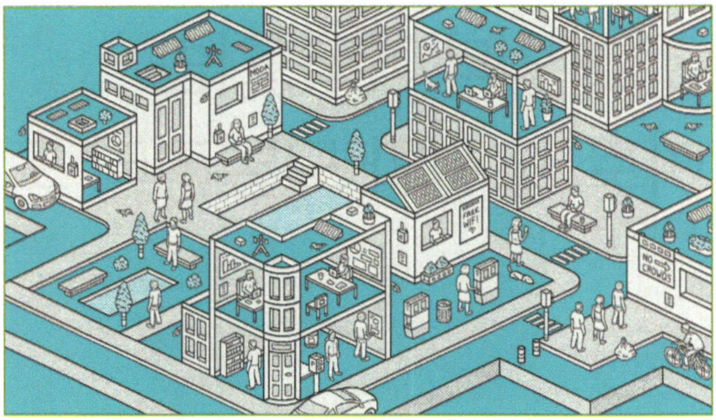

Smart Cities: Behance

주요질문

1. 스마트도시의 정의, 목표, 역할, 도시 요소, 기술, 활용 예시는 무엇이며, ICT 기술과 빅데이터를 활용하여 도시 운영 효율성을 극대화하고 시민 삶의 질을 향상시키는 것은 어떠한 효과를 가져오는가?
2. 빅데이터 기반 스마트 도시 도시 계획 과정은 어떠한 목표를 가지며, 활용되는 데이터 유형, 방법 및 기술, 효과, 활용 예시는 무엇이며, 도시 문제 해결 및 시민 참여 확대에 빅데이터는 어떻게 기여하는가?
3. 빅데이터 기반 스마트 도시 토지 이용 계획은 어떠한 목표를 가지며, 활용되는 데이터 유형, 방법 및 기술, 효과, 활용 예시는 무엇이며, 토지 이용 효율성 극대화 및 지속 가능한 도시 개발에 빅데이터는 어떻게 기여하는가?
4. 빅데이터 기반 스마트 도시 도시 건축 설계는 어떠한 목표를 가지며, 활용되는 데이터 유형, 방법 및 기술, 효과, 활용 예시는 무엇이며, 에너지 효율적인 건물 설계 및 스마트 빌딩 기술 적용에 빅데이터는 어떻게 기여하는가?

5. 빅데이터 기반 스마트 도시 교통 계획 및 모빌리티는 어떠한 목표를 가지며, 활용되는 데이터 유형, 방법 및 기술, 효과, 활용 예시는 무엇이며, 교통 혼잡 완화 및 스마트 모빌리티 서비스 제공에 빅데이터는 어떻게 기여하는가?
6. 빅데이터 기반 스마트 도시 환경 계획은 어떠한 목표를 가지며, 활용되는 데이터 유형, 방법 및 기술, 효과, 활용 예시는 무엇이며, 환경 오염 감시 및 예방, 녹지 공간 확보 및 지속 가능한 환경 조성에 빅데이터는 어떻게 기여하는가?
7. 스마트 도시의 도시 계획 과정, 토지 이용 계획, 도시 건축 설계, 교통 계획 및 모빌리티, 환경 계획 등 각 활용 분야별 목표, 데이터 유형, 방법 및 기술, 효과, 활용 예시는 무엇이며, 각 분야별 빅데이터 활용의 핵심 요소는 무엇인가?
8. 스마트 도시 구축에 빅데이터가 어떠한 방식으로 핵심적인 역할을 수행하며, 도시 운영 효율성 증대, 시민 만족도 향상, 지속 가능한 발전 촉진 등 다양한 도시 문제 해결에 빅데이터는 어떻게 기여하는가?
9. 스마트 도시에서 활용되는 다양한 데이터는 어떻게 수집, 관리, 분석되며, 데이터 보안 및 개인 정보 보호를 위한 방안은 무엇이며, 데이터 기반 도시 운영의 신뢰성을 확보하기 위한 방안은 무엇인가?
10. 스마트 도시 구축에 빅데이터 기반 기술을 성공적으로 적용하기 위한 핵심 성공 요인은 무엇이며, 스마트 도시 구축 과정에서 발생할 수 있는 잠재적인 문제점 및 해결 방안은 무엇인가?

▪ 스마트시티는 ICT 기술을 활용하여 도시의 효율성을 높이고, 시민의 삶의 질을 향상시키는 것을 목표로 하며, 빅데이터는 이러한 목표를 달성하는 데 핵심적인 역할을 수행한다. 스마트 도시는 첨단 기술을 활용하여 도시 운영을 혁신하고 지속 가능한 발전을 도모하는 미래 도시 모델이다. 성공적인 스마트 도시 구축을 위해서는 기술 개발뿐만 아니라, 시민 참여를 기반으로 한 정책 수립, 데이터 관리 및 보안 강화, 그리고 다양한 이해관계자 간의 협력이 필수적이다.

Smart City Illustration by Christina Voitsekhivska

1 스마트도시의 정의, 목표, 역할, 도시요소, 기술, 활용예시

1) 스마트도시의 정의

(1) 스마트 도시의 일반적 정의

- "도시에 ICT 빅데이터 등 신기술을 접목하여 각종 도시문제를 해결하고, 삶의 질을 개선할 수 있는 도시
- 스마트시티는 인공지능(AI), 사물인터넷(IoT), 빅데이터(Big Data)등의 정보통신기술(ICT)이 인간의 신경망처럼 도시 구석구석까지 연결된 된 도시

- ICT주요 특징인 ‘초연결성’과 ‘초지능화’가 일상생활에 적용되는 것이 스마트 시티
- 다양한 혁신 기술을 도시 인프라와 결합해 구현하고 융·복합할 수 있는 “도시 플랫폼”으로 활용되는 도시

(2) 스마트도시의 법적 정의

- 스마트도시법 제2조: 도시의 경쟁력과 삶의 질의 향상을 위해 건설 정보통신기술을 융·복합하여 건설된 도시기반시설을 바탕으로 다양한 도시 서비스를 제공하는 지속 능한 도시

Sejong City launches creation of a national pilot ‘Smart City’, 스마트투데이

2) 스마트도시의 목표 및 역할

스마트 도시의 핵심 목표는 도시의 지속 가능한 발전과 시민의 삶의 질 향상을 달성하는 데 있다. 이를 위해 다음과 같은 역할을 수행한다.

(1) **도시 운영 효율성 극대화:** 데이터 기반 의사 결정을 통해 도시 자원 관리 및 서비스 제공 효율성을 높인다.

(2) **시민 중심 서비스 제공:** 시민들의 요구를 충족하는 맞춤형 서비스를 제공하여 삶의 질을 향상시킨다.

(3) **지속 가능한 도시 환경 구축**: 에너지 효율성 증대, 환경 오염 감소 등을 통해 지속 가능한 도시 환경을 조성한다.

(4) **도시 안전 및 보안 강화**: 첨단 기술을 활용하여 범죄 예방, 재난 관리 등 도시 안전 및 보안을 강화한다.

3) 스마트도시의 도시 요소

스마트 도시는 다양한 도시 요소를 첨단 기술과 융합하여 운영한다. 주요 도시 요소는 다음과 같다.

(1) **도시 기반 시설**: 교통, 에너지, 물, 폐기물 처리 등 도시의 기본 기능을 담당하는 시설

(2) **도시 서비스**: 행정, 의료, 교육, 문화, 여가 등 시민들에게 제공되는 공공 및 민간 서비스

(3) **도시 데이터**: 도시 운영 및 시민 활동에서 생성되는 다양한 데이터

(4) **도시 플랫폼**: 도시의 모든 요소를 연결하고 데이터를 분석·활용하는 디지털 플랫폼

(5) **시민 참여**: 시민들의 의견 수렴 및 참여를 위한 디지털 플랫폼

Advancing the Smart City movement through big data

4) 스마트도시의 기술

스마트 도시는 다양한 첨단 기술을 활용하여 도시 운영을 혁신한다. 주요 기술은 다음과 같다.

(1) **사물인터넷(IoT)**: 도시 곳곳에 설치된 센서를 통해 데이터를 수집하고 도시 상태를 실시간으로 파악한다.

(2) **인공지능(AI)**: 수집된 데이터를 분석하고 예측하여 도시 운영 최적화 및 맞춤형 서비스 제공에 활용한다.

(3) **빅데이터**: 도시 전반에서 생성되는 대량의 데이터를 분석하여 도시 문제 해결 및 미래 예측에 활용한다.

(4) **클라우드 컴퓨팅**: 도시 데이터를 안전하게 저장하고 관리하며, 다양한 서비스 제공을 위한 플랫폼을 구축한다.

(5) **5G/6G 통신**: 초고속, 초저지연 통신망을 통해 실시간 데이터 전송 및 다양한 서비스 제공을 가능하게 한다.

(6) **디지털 트윈**: 현실 도시와 동일한 가상 도시 모델을 구축하여 시뮬레이션을 통해 도시 문제를 예측하고 해결 방안을 모색한다.

5) 스마트도시 활용 예시

스마트 도시는 다양한 분야에서 활용될 수 있다. 주요 활용 예시는 다음과 같다.

(1) **스마트 교통**: 실시간 교통 정보 제공, 자율주행차량 운행, 스마트 주차 시스템 등을 통해 교통 효율성을 높인다.

(2) **스마트 에너지**: 에너지 소비량 예측 및 관리, 신재생에너지 활용 등을 통해 에너지 효율성을 높이고 지속 가능한 에너지 시스템을 구축한다.

(3) **스마트 환경**: 대기질, 수질, 소음 등 환경 데이터를 실시간으로 모니터링하고 분석하여 환경 문제를 해결한다.

(4) **스마트 안전**: 범죄 예측 및 예방, 재난 상황 대응 시스템 구축 등을 통해 시민 안전을 확보한다.

(5) **스마트 행정**: 온라인 민원 처리, 데이터 기반 정책 결정 등을 통해 행정 효율성을 높이고 시민 만족도를 향상시킨다.

■ 스마트도시의 정의, 목표, 역할, 도시요소, 기술, 활용예시

항목	내용
목표	도시 운영 효율성 극대화, 시민 중심 서비스 제공, 지속 가능한 도시 환경 구축, 도시 안전 및 보안 강화
역할	도시 운영 효율성 극대화, 시민 중심 서비스 제공, 지속 가능한 도시 환경 구축, 도시 안전 및 보안 강화
도시 요소	도시 기반 시설, 도시 서비스, 도시 데이터, 도시 플랫폼, 시민 참여
기술	사물인터넷(IoT), 인공지능(AI), 빅데이터, 클라우드 컴퓨팅, 5G/6G 통신, 디지털 트윈
활용 예시	스마트 교통, 스마트 에너지, 스마트 환경, 스마트 안전, 스마트 행정

Smart City Landscape City Center, istock

2 ▶▶ 빅데이터 기반 스마트 도시 도시계획 과정

1) 목표

- 도시 문제에 대한 데이터를 토대로 과학적 분석을 기반으로 최적화된 도시 계획을 수립한다.
- 도시 운영의 효율성을 극대화하고, 시민의 삶의 질을 향상시키는 정책을 개발한다.
- 시민 참여를 확대하고, 투명한 의사 결정 과정을 구축한다.

2) 데이터 유형

- 도시 인구 통계 데이터 (인구 밀도, 연령 분포, 이동 패턴 등)
- 도시 인프라 데이터 (도로, 건물, 공원 등)
- 시민 활동 데이터 (소셜 미디어, 설문 조사, 민원 데이터 등)

3) 방법 및 기술

- 공간 데이터 분석 (GIS 분석, 공간 클러스터링)
- 데이터 마이닝 (패턴 분석, 예측 모델링)
- 시뮬레이션 모델링 (도시 성장 시뮬레이션, 정책 효과 시뮬레이션)

4) 효과

- 도시 문제 해결을 위한 데이터 기반 의사 결정이 가능해진다.
- 도시 운영 효율성을 높이고, 시민 만족도를 향상시킨다.
- 시민 참여를 통한 도시 계획의 수용성을 높인다.

5) 활용 예시

(1) **서울시 심야버스:** 서울시는 심야 버스 노선 최적화를 위해 심야 시간대 이동 데이터를 분석한다.

(2) **바르셀로나 스마트 시티 플랫폼:** 바르셀로나는 스마트 시티 플랫폼을 구축하여 도시 데이터를 통합 관리하고, 도시 문제를 해결한다.

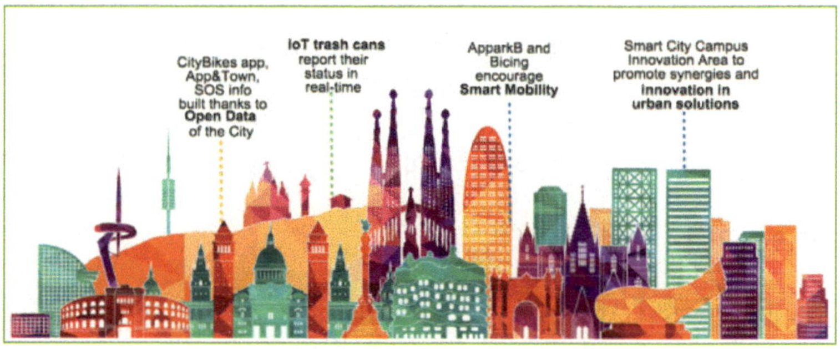

Sentilo makes Barcelona the world's smartest city? - Sentilo

3 ▶▶ 빅데이터 기반 스마트 도시 토지이용 계획

1) 목표

- 토지 이용 효율성을 극대화하고, 지속 가능한 도시 개발을 촉진한다.
- 도시 기능의 효율적인 배치를 통해 시민 생활 편의성을 향상시킨다.
- 환경 친화적인 토지 이용 계획을 수립하고, 도시의 지속 가능성을 높인다.

2) 데이터 유형

- 토지 이용 현황 데이터 (건물 용도, 토지 용도)
- 유동 인구 데이터 (통신사 데이터, GPS 데이터)

- 대중교통 이용 데이터 (교통카드 데이터, GPS 데이터)

3) 방법 및 기술

- 토지 이용 적합성 분석 (GIS 분석, 공간 모델링)
- 보행 네트워크 분석 (네트워크 분석, 접근성 분석)
- 녹지 공간 분석 (환경 모델링, 생태 분석)

4) 효과

- 토지 이용 최적화를 통해 도시의 효율성을 높인다.
- 시민 생활 편의성을 향상시키고, 도시의 매력도를 높인다.
- 지속 가능한 도시 환경을 조성하고, 도시의 회복탄력성을 높인다.

5) 활용 예시

(1) **싱가포르는 Virtual Singapore:** 싱가포르는 Virtual Singapore 프로젝트를 통해 3D 도시 모델을 구축하고, 토지 이용 계획을 수립한다.

(2) **세종 스마트시티:** 세종시는 스마트시티 국가시범도시로서 도시전체를 데이터 기반으로 토지이용계획을 세운다.

4 ▶▶ 빅데이터 기반 스마트 도시 도시건축 설계

1) 목표

- 에너지 효율적인 건물 설계 및 지속 가능한 건축 환경을 조성한다.
- 스마트 빌딩 기술을 적용하여 건물 이용 편의성을 높인다.
- 시민 안전 및 보안을 강화하는 건축 설계를 구현한다.

2) 데이터 유형

- 건물 에너지 소비 데이터 (건물 에너지 소비량, 센서 데이터)
- 건물 사용자 데이터 (사용자 행동 패턴, 만족도)
- 스마트 빌딩 데이터 (센서 데이터, 사용자 데이터)

3) 방법 및 기술

- 건물 에너지 시뮬레이션 (에너지 모델링, 시뮬레이션)
- 보행 환경 시뮬레이션 (보행 모델링, 시뮬레이션)
- 스마트 빌딩 시스템 (IoT 센서, 데이터 분석)

4) 효과

- 에너지 효율적인 건물 설계로 에너지 소비를 절감한다.
- 스마트 빌딩 기술을 통해 건물 이용 편의성을 높인다.
- 시민 안전 및 보안을 강화하고, 도시의 안전도를 높인다.

5) 활용 예시

(1) **암스테르담의 스마트 빌딩 '디 엣지'**: 암스테르담의 스마트 빌딩 '디 엣지'는 센서 데이터를 활용하여 건물 에너지 효율을 최적화한다.

Portlanf Making the Most of Smart City Daily Journal of Commerce

(2) **송도 스마트시티:** 송도 스마트시티는 스마트 빌딩 기술을 적용하여 건물 이용 편의성을 높이고, 안전한 도시 환경을 조성한다.

5 ▶▶ 빅데이터 기반 스마트 도시 교통 계획 및 모빌리티

1) 목표

- 교통 혼잡 완화 및 교통 효율성 증대를 위한 스마트 교통 시스템을 구축한다.
- 대중교통 이용 활성화 및 스마트 모빌리티 서비스를 제공한다.
- 친환경 교통 시스템 구축 및 지속 가능한 모빌리티 환경을 조성한다.

2) 데이터 유형

- 교통량 데이터 (도로 센서, CCTV)
- 대중교통 이용 데이터 (교통카드 데이터, GPS 데이터)
- 모빌리티 서비스 데이터 (공유 자전거, 공유 자동차)

3) 방법 및 기술

- 교통 흐름 분석 (교통 모델링, 시뮬레이션)
- 대중교통 최적화 (경로 분석, 배차 분석)
- 스마트 모빌리티 시스템 (데이터 플랫폼, 앱 서비스)

4) 효과

- 교통 혼잡 완화 및 교통 효율성 증대를 통해 시민 이동 편의를 높인다.
- 대중교통 이용 활성화를 통해 교통 환경을 개선한다.
- 친환경 교통 시스템 구축으로 도시의 지속 가능성을 높인다.

5) 활용 예시

(1) **대구시 ITS서비스:** 대구시는 교통량 기반 지능형 교통정보 서비스를 통해 교통 흐름을 최적화한다.

(2) **서울시 따릉이 서비스:** 서울시는 따릉이 서비스를 통해 자전거 이용 데이터를 분석하고, 자전거 도로 및 거치대 배치를 최적화한다.

Decoding Smart Cities: A Comprehensive Overview, Medium

6 ▶▶ 빅데이터 기반 스마트 도시 환경계획

1) 목표

- 환경 오염 감시 및 예방을 위한 스마트 환경 모니터링 시스템을 구축한다.
- 녹지 공간 확보 및 도시 생태 기능 강화를 통해 도시의 회복탄력성을 높인다.

- 지속 가능한 도시 환경 조성을 위한 에너지 및 자원 관리 시스템을 구축한다.

2) 데이터 유형

- 환경 센서 데이터 (대기 질, 수질, 소음)
- 녹지 공간 데이터 (녹지 면적, 생태 다양성)
- 기상 데이터 (온도, 강수량)

3) 방법 및 기술

- 환경 모델링 (환경 오염 분석, 생태 분석)
- 녹지 공간 분석 (GIS 분석, 생태 분석)
- 환경 정보 시스템 (데이터 플랫폼, 앱 서비스)

4) 효과

- 환경 오염 감시 및 예방을 통해 시민 건강을 보호한다.
- 녹지 공간 확보 및 도시 생태 기능 강화를 통해 도시의 쾌적성을 높인다.
- 지속 가능한 도시 환경 조성을 통해 도시의 미래 경쟁력을 확보한다.

5) 활용 예시

(1) **서울시:** 서울시는 미세먼지 농도 실시간 측정 및 예측 서비스를 통해 시민들에게 대기 질 정보를 제공한다.

(2) **싱가포르 스카이 가든:** 싱가포르는 스카이 가든을 통해 도시 녹지 공간을 확보하고, 도시 생태 기능을 강화한다.

■ 빅데이터 기반 스마트시티 계획 별 목표, 데이터 유형, 방법, 효과, 활용예시

활용 분야	목표	데이터 유형	방법 및 기술	효과	활용 예시
도시 계획 과정	- 도시 문제 분석 - 최적화된 계획 수립 - 정책 개발 - 시민 참여 확대	- 인구 통계 - 인프라 - 시민 활동 데이터	- 공간 데이터 분석 - 데이터 마이닝 - 시뮬레이션 모델링	- 데이터 기반 의사 결정 - 운영 효율 증대 - 시민 참여 증진	- 서울시 심야 버스 노선 최적화 - 바르셀로나 스마트 시티 플랫폼
토지 이용 계획	- 토지 이용 효율 극대화 - 시민 생활 편의성 향상 - 환경 친화적 개발	- 토지 이용 현황 - 용적률 건폐율 - 유동 인구 - 대중교통 이용 데이터	- 토지 이용 적합성 분석 - 보행 네트워크 분석 - 녹지 공간 분석	- 토지 이용 최적화 - 생활 편의 증진 - 지속 가능한 환경 조성	- 싱가포르 Virtual Singapore - 세종시 스마트 시티 국가시범 도시
도시 건축 설계	- 에너지 효율적 건물 설계 - 스마트 빌딩 기술 적용 - 시민 및 입주자 안전 강화	- 건물 에너지 소비 - 사용자 행동 - 스마트 빌딩 데이터	- 건물 에너지 시뮬레이션 - 보행 환경 시뮬레이션 - 스마트 빌딩 시스템	- 에너지 소비 절감 - 이용 편의 증진 - 안전도 향상	- 암스테르담 스마트 빌딩 - '디 엣지' - 송도 스마트시티 스마트 빌딩
교통 계획 및 모빌리티	- 교통 혼잡 완화 - 대중교통 활성화 - 친환경 교통 시스템 구축	- 교통량 - 대중교통 이용 - 모빌리티 서비스 데이터	- 교통 흐름 분석 - 대중교통 최적화 - 스마트 모빌리티 시스템	- 이동 편의 증진 - 교통 환경 개선 - 지속 가능한 모빌리티 환경 조성	- 대구시 지능형 교통정보 서비스 - 서울시 따릉이 서비스
환경 계획	- 환경 오염 감시 및 예방 - 녹지 공간 확보 - 지속 가능한 환경 조성	- 환경 센서 - 녹지 공간 - 기상 데이터	- 환경 모델링 - 녹지 공간 분석 - 환경 정보 시스템	- 시민 건강 보호 - 도시 쾌적성 증진 - 미래 경쟁력 확보	- 미세먼지 농도 예측 - 싱가포르 스카이 가든

15 빅데이터 기반 모빌리티 도시(Mobility City) 목표, 데이터 유형, 방법과 기술, 효과, 활용예시

Urban Mobility Stock Illustrations, iStock

주요질문

1. 모빌리티 도시의 목표, 역할, 주요 도시 요소, 핵심 기술, 그리고 다양한 분야에서의 활용 예시는 무엇이며, 도시 내 이동의 효율성, 안전성, 지속 가능성을 극대화하는 것은 어떠한 효과를 가져오는가?
2. 빅데이터 기반 모빌리티 도시의 도시 계획 과정은 어떠한 목표를 가지며, 활용되는 데이터 유형, 방법 및 기술, 효과, 활용 예시는 무엇이며, 데이터 기반 도시 이동 문제 진단 및 해결책 마련에 빅데이터는 어떻게 기여하는가?
3. 빅데이터 기반 모빌리티 도시의 토지 이용 계획은 어떠한 목표를 가지며, 활용되는 데이터 유형, 방법 및 기술, 효과, 활용 예시는 무엇이며, 이동 효율성을 고려한 토지 이용 계획 수립 및 모빌리티 허브 중심의 복합 공간 개발에 빅데이터는 어떻게 기여하는가?
4. 빅데이터 기반 모빌리티 도시의 도시 건축 설계는 어떠한 목표를 가지며, 활용되는 데이터 유형, 방법 및 기술, 효과, 활용 예시는 무엇이며, 이동 약자를 위한 유니버설 디자인 적용 및 스마트 모빌리티 연계 건축 설계에 빅데이터는 어떻게 기여하는가?
5. 빅데이터 기반 모빌리티 도시의 교통 계획 및 모빌리티는 어떠한 목표를 가지며, 활용되는 데이터 유형, 방법 및 기술, 효과, 활용 예시는 무엇이며, 수요 응답형 교통 시스템 구축 및 개인 맞춤형 모빌리티 서비스 제공에 빅데이터는 어떻게 기여하는가?

6. 빅데이터 기반 모빌리티 도시의 환경 계획은 어떠한 목표를 가지며, 활용되는 데이터 유형, 방법 및 기술, 효과, 활용 예시는 무엇이며, 친환경 이동 수단 이용 활성화 및 지속 가능한 이동 시스템 구축에 빅데이터는 어떻게 기여하는가?
7. 모빌리티 도시의 도시 계획 과정, 토지 이용 계획, 도시 건축 설계, 교통 계획 및 모빌리티, 환경 계획 등 각 활용 분야별 목표, 데이터 유형, 방법 및 기술, 효과, 활용 예시는 무엇이며, 각 분야별 빅데이터 활용의 핵심 요소는 무엇인가?
8. 모빌리티 도시 구축에 빅데이터가 어떠한 방식으로 핵심적인 역할을 수행하며, 도시 이동 효율성 증대, 안전성 확보, 지속 가능한 발전 촉진 등 다양한 도시 문제 해결에 빅데이터는 어떻게 기여하는가?
9. 모빌리티 도시에서 활용되는 다양한 데이터는 어떻게 수집, 관리, 분석되며, 데이터 보안 및 개인 정보 보호를 위한 방안은 무엇이며, 데이터 기반 도시 이동 시스템 운영의 신뢰성을 확보하기 위한 방안은 무엇인가?
10. 모빌리티 도시 구축에 빅데이터 기반 기술을 성공적으로 적용하기 위한 핵심 성공 요인은 무엇이며, 모빌리티 도시 구축 과정에서 발생할 수 있는 잠재적인 문제점 및 해결 방안은 무엇인가?

- 이동성 도시는 사람, 물류, 정보의 자유로운 이동을 보장하고, 도시 공간과 이동 시스템을 통합적으로 관리하여 도시 기능을 효율적으로 운영하는 도시를 의미하며, 빅데이터는 이러한 목표를 달성하는 데 핵심적인 역할을 수행한다.

Urban Mobility, Freepik

1 ▶▶ 모빌리티 도시 목표, 도시요소, 기술, 활용예시

1) 모빌리티 도시의 목표 및 역할

모빌리티 도시의 핵심 목표는 도시 내 이동의 효율성, 안전성, 지속 가능성을 극대화하여 시민들의 삶의 질을 향상시키는 데 있다. 주요 역할은 다음과 같다.

(1) **효율적인 이동 환경 조성:** 다양한 교통 수단을 통합하고 최적화하여 이동 시간을 단축하고 교통 혼잡을 완화한다.

(2) **안전한 이동 환경 구축:** 첨단 기술을 활용하여 교통 사고를 예방하고 안전한 이동 환경을 조성한다.

(3) **지속 가능한 이동 시스템 구축:** 친환경 교통 수단을 확산하고 교통 에너지 효율을 높여 지속 가능한 이동 시스템을 구축한다.

(4) **이동 약자의 이동권 보장:** 모든 시민이 편리하게 이동할 수 있는 환경을 조성하여 이동 약자의 이동권을 보장한다.

2) 모빌리티 도시의 도시 요소

모빌리티 도시는 다양한 도시 요소를 통합하여 효율적인 이동 시스템을 구축한다. 주요 도시 요소는 다음과 같다.

(1) **교통 인프라:** 도로, 철도, 버스 노선, 자전거 도로 등 도시의 기본적인 교통 기반 시설

(2) **교통 수단:** 자동차, 버스, 지하철, 택시, 자전거, 개인형 이동 장치(PM) 등 다양한 이동 수단

(3) **교통 시스템:** 실시간 교통 정보 시스템, 지능형 교통 신호 시스템, 통합 교통 관리 시스템 등 교통 운영 및 관리를 위한 시스템

(4) **이동 서비스**: 차량 공유, 자전거 공유, 대중교통 정보 제공, 경로 안내 등 시민들에게 제공되는 이동 관련 서비스

(5) **도시 데이터**: 교통량, 교통 속도, 대기 질, 에너지 소비량 등 도시의 이동 관련 데이터

Future of Mobility | Deloitte Insights

3) 모빌리티 도시의 기술

모빌리티 도시는 다양한 첨단 기술을 활용하여 이동 시스템을 혁신한다. 주요 기술은 다음과 같다.

(1) **사물인터넷(IoT)**: 도시 곳곳에 설치된 센서를 통해 교통 정보를 실시간으로 수집하고 분석한다.

(2) **인공지능(AI)**: 수집된 데이터를 분석하고 예측하여 교통 흐름을 최적화하고 맞춤형 이동 서비스를 제공한다.

(3) **빅데이터**: 도시 전반에서 생성되는 대량의 이동 관련 데이터를 분석하여 교통 정책 수립 및 이동 서비스 개선에 활용한다.

(4) **자율주행 기술**: 자율주행 자동차, 자율주행 버스 등 자율주행 기술을 활용하여 안전하고 효율적인 이동 환경을 조성한다.

(5) **친환경 교통 기술**: 전기차, 수소차 등 친환경 교통 수단을 확산하고 친환경 교통 인프라를 구축한다.

(6) **모빌리티 플랫폼:** 다양한 이동 서비스를 통합 제공하고 시민들의 이동 편의성을 높이는 플랫폼을 구축한다.

4) 모빌리티 도시의 활용 예시

모빌리티 도시는 다양한 분야에서 활용될 수 있다. 주요 활용 예시는 다음과 같다.

(1) **스마트 교통 관리:** 실시간 교통 정보 제공, 지능형 교통 신호 시스템 운영 등을 통해 교통 혼잡을 완화하고 이동 시간을 단축한다.

(2) **개인 맞춤형 이동 서비스:** 개인의 이동 패턴 및 선호도를 분석하여 최적의 이동 경로 및 이동 수단을 추천하는 서비스를 제공한다.

(3) **공유 모빌리티 서비스 확대:** 차량 공유, 자전거 공유, 전동 킥보드 공유 등 공유 모빌리티 서비스를 확대하여 효율적이고 친환경적인 이동 환경을 조성한다.

(4) **자율주행 기반 대중교통 시스템 구축:** 자율주행 버스, 자율주행 트램 등 자율주행 기반 대중교통 시스템을 구축하여 대중교통 이용 편의성을 높인다.

(5) **이동 약자를 위한 이동 지원 서비스 제공:** 휠체어 탑승 지원, 저상 버스 운행, 이동 약자 맞춤형 이동 경로 안내 등 이동 약자를 위한 이동 지원 서비스를 제공한다.

Future of Mobility Guide: Electric, Flying Cars & More | dubizzle

■ 빅데이터 기반 모빌리티 도시의 목표, 역할, 도시요소, 기술, 활용예시

항목	내용
목표	효율적인 이동 환경 조성, 안전한 이동 환경 구축, 지속 가능한 이동 시스템 구축, 이동 약자의 이동권 보장
역할	교통 혼잡 완화, 교통 사고 예방, 친환경 이동 시스템 구축, 이동 편의성 증대a
도시 요소	교통 인프라, 교통 수단, 교통 시스템, 이동 서비스, 도시 데이터
기술	사물인터넷(IoT), 인공지능(AI), 빅데이터, 자율주행 기술, 친환경 교통 기술, 모빌리티 플랫폼
활용 예시	스마트 교통 관리, 개인 맞춤형 이동 서비스, 공유 모빌리티 서비스 확대, 자율주행 기반 대중교통 시스템 구축, 이동 약자를 위한 이동 지원 서비스 제공

2 ▶▶ 빅데이터 기반 모빌리티 도시의 도시 계획 과정

1) 목표

- 데이터 기반 도시 이동 문제 진단 및 해결책 마련
- 미래 이동 시스템 예측 및 도시 계획 반영
- 시민 참여형 이동 정책 개발 및 평가

2) 데이터 유형

- 교통량 데이터 (도로 센서, CCTV 데이터)
- 대중교통 이용 데이터 (교통카드 데이터, GPS 데이터)
- 모빌리티 서비스 데이터 (공유 차량, 자전거 데이터)
- 시민 이동 패턴 데이터 (통신 데이터, GPS 데이터)

3) 방법 및 기술

- 교통 흐름 분석 (교통 모델링, 시뮬레이션)

- 이동 패턴 분석 (공간 데이터 분석, 클러스터링)
- 미래 이동 시나리오 예측 (인공지능 기반 예측 모델)
- 시민 참여형 플랫폼 (온라인 설문, 의견 수렴)

4) 효과

- 과학적 데이터 근거 기반 이동 정책 수립
- 미래 변화에 유연하게 대응하는 도시 계획 수립
- 시민 중심 이동 정책 개발 및 정책 수용성 향상

5) 활용 예시

(1) **서울시 심야 버스 노선 최적화:** 서울시는 심야 버스 노선 최적화를 위해 심야 시간대 이동 데이터를 분석한다.

(2) **바르셀로나 스마트 시티 플랫폼:** 바르셀로나는 스마트 시티 플랫폼을 구축하여 도시 데이터를 통합 관리하고, 도시 문제를 해결한다.

Smart City and Mobility: trends and innovations - Velco

3 ▶▶ 빅데이터 기반 모빌리티 도시의 토지이용 계획

1) 목표

- 이동 효율성을 고려한 토지 이용 계획 수립
- 보행 및 자전거 친화적인 도시 환경 조성
- 모빌리티 허브 중심의 복합 공간 개발

2) 데이터 유형

- 토지 이용 현황 데이터 (건물 용도, 밀도 데이터)
- 보행 및 자전거 이동 데이터 (GPS 데이터)
- 모빌리티 허브 이용 데이터 (이용량, 대기 시간 데이터)

3) 방법 및 기술

- 접근성 분석 (네트워크 분석, 공간 분석)
- 보행 및 자전거 안전성 평가 (공간 분석, 시뮬레이션)
- 모빌리티 허브 입지 분석 (공간 클러스터링, 다기준 분석)

4) 효과

- 이동 시간 단축 및 교통 혼잡 완화
- 친환경 이동 수단 이용 활성화
- 모빌리티 서비스 연계 강화 및 도시 공간 활용 효율성 증대

5) 활용 예시

(1) **싱가포르 Virtual Singapore:** 싱가포르는 Virtual Singapore 프로젝트를 통해 3D 도시 모델을 구축하고, 토지 이용 계획을 수립한다.

(2) **세종 스마트시티:** 세종시는 스마트시티 국가시범도시로서 도시전체를 데이터 기반으로 토지이용계획을 세운다.

Mobility, Slimme technologie - Kennis - Zuid -Holland

4 ▶▶ 빅데이터 기반 모빌리티 도시의 도시건축 설계

1) 목표

- 이동 약자를 위한 유니버설 디자인 적용
- 스마트 모빌리티 연계 건축 설계
- 도심 항공 모빌리티 (UAM) 이착륙 시설 설계

2) 데이터 유형

- 이동 약자 이동 데이터 (이동 패턴, 불편 사항 데이터)
- 스마트 모빌리티 이용 데이터 (이용량, 이동 경로 데이터)
- UAM 이착륙 데이터 (이착륙 빈도, 기상 데이터)

3) 방법 및 기술

- 유니버설 디자인 평가 (접근성 시뮬레이션, 사용자 만족도 평가)

- 스마트 모빌리티 연계 설계 (공간 배치 최적화, 동선 분석)
- UAM 이착륙 시뮬레이션 (기상 데이터 분석, 안전성 평가)

4) 효과

- 모든 시민의 이동 편의성 향상
- 스마트 모빌리티 서비스 연계 강화 및 사용자 편의성 증대
- 미래 항공 모빌리티 시대 대응 및 도시 경쟁력 강화

5) 활용 예시

- 암스테르담의 스마트 빌딩 '디 엣지(The Edge)'는 센서 데이터를 활용하여 건물 에너지 효율을 최적화한다.
- 송도 스마트시티는 스마트 빌딩 기술을 적용하여 건물 이용 편의성을 높이고, 안전한 도시 환경을 조성한다.

Mobility City: un ano de record | Radio Zaragoza | Cadena SER

5 ▶▶ 빅데이터 기반 모빌리티 도시의 교통계획 및 모빌리티

1) 목표

- 수요 응답형 교통 시스템 구축
- 개인 맞춤형 모빌리티 서비스 제공
- 자율 주행 및 드론 기반 물류 시스템 도입

2) 데이터 유형

- 실시간 교통 데이터 (교통량, 사고 데이터)
- 모빌리티 서비스 데이터 (이용량, 이동 경로 데이터)
- 자율 주행 및 드론 데이터 (운행 데이터, 물류 데이터)

3) 방법 및 기술

- 실시간 교통 예측 (인공지능 기반 예측 모델)
- 개인 맞춤형 경로 추천 (최적 경로 알고리즘)
- 자율 주행 및 드론 시뮬레이션 (안전성 평가, 효율성 분석)

4) 효과

- 교통 혼잡 완화 및 이동 시간 단축
- 개인 맞춤형 이동 서비스 제공 및 이동 편의성 증대
- 미래형 물류 시스템 구축 및 도시 물류 효율성 증대

5) 활용 예시

(1) 대구시 ITS: 대구시는 교통량 기반 지능형 교통정보 서비스를 통해 교통 흐름을 최적화한다.

(2) **서울시 따릉이**: 서울시는 따릉이 서비스를 통해 자전거 이용 데이터를 분석하고, 자전거 도로 및 거치대 배치를 최적화한다.

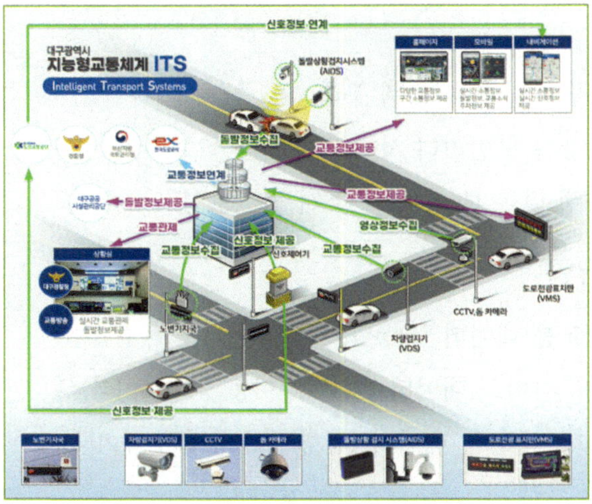

대구시, 26억원 규모 ITS 구축사업 완료 - 정보통신신문

6 ▶▶ 빅데이터 기반 모빌리티 도시의 환경계획

1) 목표

- 친환경 이동 수단 이용 활성화
- 이동으로 인한 대기 오염 및 소음 감소
- 지속 가능한 이동 시스템 구축

2) 데이터 유형

- 친환경 이동 수단 이용 데이터 (이용량, 이동 거리 데이터)

- 대기 오염 및 소음 데이터 (측정 센서 데이터)
- 에너지 소비 데이터 (교통 에너지 소비량)

3) 방법 및 기술

- 친환경 이동 효과 분석 (환경 모델링, 통계 분석)
- 대기 오염 및 소음 예측 (인공지능 기반 예측 모델)
- 지속 가능성 평가 (환경 영향 평가, 생애 주기 평가)

4) 효과

- 대기 질 개선 및 소음 감소
- 온실가스 배출량 감소 및 에너지 효율성 증대
- 지속 가능한 도시 환경 조성

5) 활용 예시

(1) **서울시:** 미세먼지 농도 실시간 측정 및 예측 서비스를 통해 시민들에게 대기 질 정보를 제공한다.

(2) **싱가포르 스카이 가든:** 싱가포르는 스카이 가든을 통해 도시 녹지 공간을 확보하고, 도시 생태 기능을 강화한다.

Singapore Sky Garden - MGS Architecture

■ 빅데이터 기반 이동성 도시 계획 별 목표 데이터 유형, 방법, 효과, 활용예시 설계 요약

활용 분야	목표	데이터 유형	방법 및 기술	효과	활용 예시
도시 계획 과정	- 데이터 기반 이동 문제 진단 - 미래 이동 시스템 예측 - 시민 참여형 정책 개발	- 교통량 - 대중교통 이용 - 모빌리티 서비스 - 시민 이동 패턴 데이터	- 교통 흐름 분석 - 이동 패턴 분석 - 미래 이동 시나리오 예측 - 시민 참여형 플랫폼	- 과학적 근거 기반 정책 수립 - 미래 변화 대응 - 시민 중심 정책 개발	- 서울시 심야 버스 노선 최적화 - 바르셀로나 스마트 시티 플랫폼
토지 이용 계획	- 이동 효율성 고려 토지 이용 계획 보행 및 자전거 친화 환경 조성 - 모빌리티 허브 중심 복합 공간 개발	- 토지 이용 현황 - 보행 및 자전거 이동 - 모빌리티 허브 이용 데이터	- 접근성 분석 - 보행 및 자전거 안전성 평가 - 모빌리티 허브 입지 분석	- 이동 시간 단축 - 친환경 이동 활성화 - 모빌리티 서비스 연계 강화	- 싱가포르 Virtual Singapore - 세종시 스마트 시티 국가시범 도시
도시 건축 설계	- 이동 약자 위한 유니버설 디자인 적용 - 스마트 모빌리티 연계 설계 - UAM 이착륙 시설 설계	- 이동 약자 이동 - 스마트 모빌리티 이용 - UAM 이착륙 데이터	- 유니버설 디자인 평가 - 스마트 모빌리티 연계 설계 - UAM 이착륙 시뮬레이션	- 모든 시민 이동 편의성 향상 - 스마트 모빌리티 연계 강화 - 미래 항공 모빌리티 시대 대응	- 암스테르담 스마트 빌딩 - '디 엣지' - 송도 스마트시티 스마트 빌딩
교통 계획 및 모빌리티	- 수요 응답형 교통 시스템 구축 - 개인 맞춤형 모빌리티 서비스 제공 - 자율 주행 및 드론 기반 물류 시스템 도입	- 실시간 교통 모빌리티 서비스 - 자율 주행 및 드론 데이터	- 실시간 교통 예측 - 개인 맞춤형 경로 추천 - 자율 주행 및 드론 시뮬레이션	- 교통 혼잡 완화 - 이동 편의성 증대 - 미래형 물류 시스템 구축	- 대구시 지능형 교통정보 서비스 - 서울시 따릉이 서비스
환경 계획	- 친환경 이동 수단 이용 활성화 - 이동으로 인한 환경 오염 감소 - 지속 가능한 이동 시스템 구축	- 친환경 이동 수단 이용 - 대기 오염 및 소음 - 에너지 소비 데이터	- 친환경 이동 효과 분석 - 대기 오염 및 소음 예측 - 지속 가능성 평가	- 대기 질 개선 - 온실가스 배출량 감소 - 지속 가능한 도시 환경 조성	- 미세먼지 농도 예측 - 싱가포르 스카이 가든

Chapter 05

빅데이터 기반 도시 마케팅, 장소 마케팅

16 빅데이터 기반 도시 마케팅(City Marketing) 전략의 데이터 활용, 전략수립, 결과 분석

주요질문

1. 도시 마케팅의 목표, 도시 요소, 기술, 그리고 다양한 분야에서의 활용 예시는 무엇이며, 빅데이터 분석을 통해 도시 경쟁력을 강화하고 거주민 만족도를 증진시키는 것은 어떠한 효과를 가져오는가?
2. 빅데이터 기반 도시 마케팅 자원 분석에서 도시의 공간적, 물리적 구조 분석과 매력성 분석을 위한 데이터 소스 및 확보 방안은 무엇이며, 빅데이터를 활용한 도시 자원 분석의 핵심 요소는 무엇인가?
3. 빅데이터 기반 도시 마케팅 전략 수립에서 목표 시장 분석, 도시 사명 및 방문자 특성 설정, 도시 평가 및 시장 분석은 어떻게 이루어지며, 빅데이터가 최적의 도시 마케팅 전략 도출에 어떻게 기여하는가?
4. 빅데이터 기반 방문객 데이터 분석 및 활용에서 방문객의 이동 패턴, 선호도, 소비 행태는 어떻게 분석되며, 이러한 분석 결과는 도시 마케팅 전략 수립에 어떻게 활용되는가?

5. 빅데이터 기반 도시 마케팅 전략 수립 및 관광 상품 개발에서 도시 마케팅 전략 수립과 관광 상품 개발은 어떻게 이루어지며, 빅데이터 분석 결과는 차별화된 관광 상품 개발에 어떻게 기여하는가?
6. 빅데이터 기반 도시 마케팅 서비스 플랫폼 구축에서 플랫폼의 주요 기능과 구축 방법은 무엇이며, 빅데이터 기반 플랫폼은 도시 마케팅 효과를 어떻게 극대화하는가?
7. 국내외 빅데이터 기반 도시 마케팅 전략 사례 연구에서 서울시 '따릉이' 서비스, 제주도 관광 마케팅, 싱가포르 스마트 네이션, 암스테르담 시티 데이터 사례의 데이터 활용, 전략 수립, 결과 분석은 어떻게 이루어지며, 각 도시의 특성을 고려한 차별화된 전략은 무엇인가?
8. 빅데이터 기반 도시 마케팅 전략에서 데이터 활용 방식, 전략 수립 과정, 결과 분석의 핵심 요소는 무엇이며, 도시별 특성을 고려한 차별화된 전략은 어떻게 수립되어야 하는가?
9. 도시 마케팅에서 활용되는 다양한 데이터는 어떻게 수집, 관리, 분석되며, 데이터 보안 및 개인 정보 보호를 위한 방안은 무엇이며, 데이터 기반 도시 마케팅의 신뢰성을 확보하기 위한 방안은 무엇인가?
10. 빅데이터 기반 도시 마케팅 전략을 성공적으로 적용하기 위한 핵심 성공 요인은 무엇이며, 도시 마케팅 전략 수립 및 실행 과정에서 발생할 수 있는 잠재적인 문제점 및 해결 방안은 무엇인가?

Cityscape For Marketing, Pntree

1 ▶▶ 도시마케팅의 목표, 도시요소, 기술, 활용예시

도시 마케팅은 도시 경쟁력 강화 및 지속 가능한 발전을 위한 필수적인 전략이다. 도시의 독특한 매력을 발굴하고 효과적으로 홍보하여 도시 이미지를 제고하고 도시 브랜드를 강화함으로써 도시의 경제 활성화 및 거주민 만족도 증진에 기여할 수 있을 것이다.

1) 도시마케팅의 목표 및 역할

도시 마케팅의 핵심 목표는 도시의 매력을 증진하고 도시 이미지를 개선하여 도시 경쟁력을 강화하는 데 있다. 주요 역할은 다음과 같다.

(1) **도시 이미지 제고**: 도시의 독특한 정체성을 확립하고 긍정적인 이미지를 구축하여 도시의 매력도를 높인다.

(2) **경제 활성화**: 관광객 유치, 투자 유치, 기업 유치 등을 통해 도시 경제를 활성화한다.

(3) **도시 브랜드 가치 향상**: 도시의 인지도와 호감도를 높여 도시 브랜드의 가치를 향상시킨다.

(4) **거주민 만족도 증진**: 도시의 생활 환경 개선, 문화·여가 시설 확충 등을 통해 거주민의 삶의 질을 향상시킨다.

도시마케팅 주체	내용
국 가	중앙정부(국가브랜드 등)
도 시	도시정부, 시의회, 시정부의 공공기관, 구청
민간 기업	도시 내 기업 · 금융사(대기업, 중소기업, 금융, 외국기업 등)
주 민	주민, 커뮤니티
NGO등	NPO, NGO 등 시민단체

Advertising & Campaigns for City- Waltz Creative

2) 도시마케팅의 도시 요소

도시 마케팅은 다양한 도시 요소를 활용하여 도시의 매력을 극대화한다. 주요 도시 요소는 다음과 같다.

(1) **도시의 역사와 문화**: 도시의 역사적 배경, 문화유산, 예술 활동 등

(2) **도시의 자연환경**: 도시의 공원, 산, 강, 해변 등

(3) **도시의 산업과 경제**: 도시의 주요 산업, 기업, 쇼핑 시설 등

(4) **도시의 축제와 행사**: 도시의 대표적인 축제, 행사, 스포츠 경기 등

(5) **도시의 인프라**: 도시의 교통, 숙박, 편의 시설 등

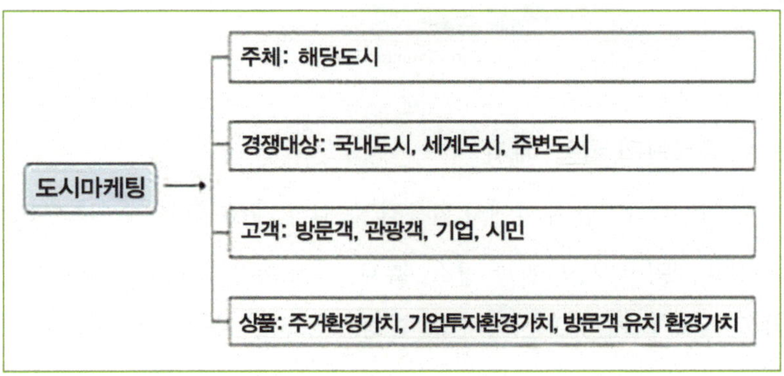

3) 도시마케팅의 기술

도시 마케팅은 다양한 기술을 활용하여 도시의 매력을 효과적으로 홍보한다. 주요 기술은 다음과 같다.

(1) **디지털 마케팅**: 소셜 미디어, 온라인 광고, 웹사이트 등을 활용한 도시 홍보

(2) **빅데이터 분석**: 관광객, 거주민 등의 데이터를 분석하여 맞춤형 마케팅 전략 수립

(3) **가상현실(VR) 및 증강현실(AR)**: 도시의 관광 명소, 문화 시설 등을 가상현실 또는 증강현실로 체험할 수 있는 콘텐츠 제공

(4) **스마트 기술**: 스마트폰 앱, 키오스크 등을 활용한 도시 정보 제공 및 편의 서비스 제공

(5) **AI기반 기술**: 도시의 관광 데이터, 대중의 선호도등을 종합적으로 분석하여 최적의 마케팅전략수립

Smart City Marketing Urban Planning, PNG

4) 도시마케팅의 활용 예시

도시 마케팅은 다양한 분야에서 활용될 수 있다. 주요 활용 예시는 다음과 같다.

(1) **관광 마케팅**: 도시의 관광 명소, 축제, 맛집 등을 홍보하여 관광객 유치

(2) **투자 유치 마케팅**: 도시의 산업 환경, 인프라, 지원 정책 등을 홍보하여 기업 투자 유치

(3) **문화 마케팅:** 도시의 문화 예술 활동, 공연, 전시 등을 홍보하여 문화 도시 이미지 구축

(4) **도시 브랜드 마케팅:** 도시의 역사, 문화, 자연환경 등을 활용한 독특한 도시 브랜드 개발 및 홍보

(5) **지역 축제 마케팅:** 도시의 특색을 살린 지역 축제 또는 행사를 기획하고 홍보하여 관광 상품화

■ 도시마케팅의 목표, 역할, 도시요소, 기술, 활용예시

항목	내용
목표	도시 이미지 제고, 경제 활성화, 도시 브랜드 가치 향상, 거주민 만족도 증진
역할	도시 이미지 제고, 도시 경제 활성화, 도시 브랜드 가치 향상, 거주민 삶의 질 향상
도시 요소	도시의 역사와 문화, 도시의 자연환경, 도시의 산업과 경제, 도시의 축제와 행사, 도시의 인프라
기술	디지털 마케팅, 빅데이터 분석, 가상현실(VR) 및 증강현실(AR), 스마트 기술, AI기반기술
활용 예시	관광 마케팅, 투자 유치 마케팅, 문화 마케팅, 도시 브랜드 마케팅, 지역 축제 마케팅

Theispot.com - Theispot City 2023 Advertising Illustration Highlights

2 ▸▸ 빅데이터 기반 도시 마케팅 자원 분석

도시 마케팅의 성공은 도시가 보유한 자원을 정확하게 파악하고 활용하는 데 달려 있다. 빅데이터 분석을 통해 도시의 공간적 구조와 매력성을 객관적으로 평가하고, 잠재력을 발굴한다.

1.1 도시의 공간적, 물리적 구조 분석

1) 데이터 소스

(1) GIS 데이터: 수변 공간, 거리, 도로, 항만 등

(2) 교통 데이터: 유동 인구, 교통량, 교통 혼잡도

(3) IoT 센서 데이터: 환경 데이터, 공공시설 이용 데이터

2) 데이터 확보 방안

- 공공 데이터 포털, 국토교통부, 환경부 등 공공기관 데이터 활용
- 통신사, 카드사 등 민간 기업 데이터 제휴
- IoT 센서 네트워크 구축 및 데이터 수집

1.2 도시의 매력성 분석

1) 데이터 소스

(1) 소셜 미디어 데이터: 도시 관련 언급, 리뷰, 사진, 영상 등

(2) 온라인 리뷰 데이터: 관광, 맛집, 숙박 등 리뷰

(3) 검색 데이터: 도시 관련 검색량, 검색 키워드 등

(4) 문화/예술 시설데이터: 방문자데이터, 예매데이터

2) 데이터 확보 방안

- 소셜 미디어 API 활용 및 데이터 크롤링
- 온라인 리뷰 플랫폼 API 활용
- 검색 엔진 API 활용 및 데이터 분석
- 문화/예술 시설 데이터 확보(공공데이터, 민간 데이터 제휴등)

Successful Destination Branding Design - Simpkin

3 ▶▶ 빅데이터 기반 도시 마케팅 전략 수립

도시 마케팅은 목표 시장, 도시의 사명, 방문자 특성, 도시 평가, 시장 분석 등 다양한 요소를 고려하여 전략을 수립해야 한다. 빅데이터는 이러한 요소들을 분석하고 최적의 전략을 도출하는 데 유용하다.

(1) **목표 시장 분석:** 소셜 미디어, 검색 데이터 기반 방문자 특성 분석 (연령, 성별, 관심사, 소비 패턴 등)

(2) **도시 사명 및 방문자 특성 설정:** 데이터 기반 도시 이미지 및 핵심 가치 설정, 목표 시장에 맞는 방문자 특성 설정

(3) **도시 평가 및 시장 분석:** 경쟁 도시 분석, 시장 트렌드 분석, 방문자 데이터 기반 도시 평가

4 ▶▶ 빅데이터 기반 방문객 데이터 분석 및 활용

빅데이터 분석을 통해 방문객의 이동 패턴, 선호도, 소비 행태를 파악하고, 이를 기반으로 맞춤형 마케팅 전략을 수립한다.

(1) **방문객 이동 패턴 분석**: 통신사 데이터, GPS 데이터 등을 활용하여 방문객의 이동 경로, 체류 시간, 방문 장소 등을 분석한다.

(2) **방문객 선호도 분석**: 소셜 미디어 데이터, 리뷰 데이터 등을 활용하여 방문객의 관심사, 선호 활동, 만족도 등을 분석한다.

(3) **방문객 소비 행태 분석**: 카드사 데이터, 결제 데이터 등을 활용하여 방문객의 소비 패턴, 소비 금액, 소비 장소 등을 분석한다.

5 ▶▶ 빅데이터 기반 도시 마케팅 전략 수립 및 관광 상품 개발

빅데이터 분석 결과를 기반으로 도시 마케팅 전략을 수립하고, 차별화된 관광 상품을 개발한다.

(1) **도시 마케팅 전략 수립**: 데이터 기반 도시 이미지 구축, 타겟 시장 별 맞춤형 마케팅 전략 수립, 온라인 및 오프라인 마케팅 채널 활용 전략 수립

(2) **관광 상품 개발**: 방문객 선호도 분석을 기반으로 체험형 관광 상품, 맞춤형 관광 코스, 특색 있는 지역 축제 등을 개발한다.

City Marketing, Shutterstock

6 ▶▶ 빅데이터 기반 도시 마케팅 서비스 플랫폼 구축

빅데이터 기반 도시 마케팅 서비스 플랫폼을 구축하여 도시 정보 제공, 관광 상품 예약, 맞춤형 추천 등 다양한 서비스를 제공한다.

(1) **플랫폼 기능:** 도시 정보 제공, 관광 상품 예약, 맞춤형 추천, 실시간 교통 정보, 방문객 후기 공유 등

(2) **플랫폼 구축:** 사용자 중심 인터페이스 설계, 데이터 분석 및 시각화 기능 구현, 모바일 앱 및 웹사이트 개발

■ **빅데이터 기반 도시 마케팅 단계 별 분석내용, 데이터 소스, 데이터 확보방안, 활용방안**

단계	분석 내용	데이터 소스	데이터 확보 방안	빅데이터 활용 방안
1. 도시 마케팅 자원 분석	- 도시 공간 구조	- GIS 데이터 - 교통 데이터 - IoT 데이터	- 공공 데이터 - 민간 제휴 - 센서 네트워크	- 공간 분석 - 유동 인구 분석 - 환경 분석
	- 도시 매력성	- 소셜 미디어 - 리뷰 - 검색 - 문화/예술시설 데이터	- API 활용 - 크롤링 - 데이터 제휴	- 트렌드 분석 - 이미지 분석 - 사용자 경험 분석

단계	분석 내용	데이터 소스	데이터 확보 방안	빅데이터 활용 방안
2. 도시 마케팅 전략 수립	- 목표 시장 분석	- 소셜 미디어 - 검색 데이터	- API 활용 - 데이터 분석	- 사용자 특성 분석 - 시장 세분화
	- 도시 사명 및 방문자 특성 설정	- 데이터 분석 결과	- 데이터 기반 설정	- 이미지 설정 - 사용자 정의
	- 도시 평가 및 시장 분석	- 경쟁 도시, 시장, 트렌드 방문자 데이터	- 데이터 분석, 제휴	- 경쟁력 평가, 트렌드 예측, 도시 평가
3. 방문객 데이터 분석	- 방문객 이동 패턴 - 선호도 - 소비 행태	- 통신사 - GPS - 소셜 미디어 - 리뷰 - 결제 데이터	- 데이터 제휴 - API 활용 - 데이터 분석	- 이동 경로 분석 - 관심사 분석 - 소비 패턴 분석
4. 도시 마케팅 전략 및 관광 상품 개발	- 도시 마케팅 전략 수립 - 관광 상품 개발	- 데이터 분석 결과	- 데이터 기반 전략 수립	- 마케팅 전략 수립 - 관광 상품 개발
5. 도시 마케팅 플랫폼 구축	- 도시 마케팅 플랫폼 기능 구현	- 데이터 분석 결과 - 기술 개발	- 플랫폼 구축 - 서비스 개발	- 정보 제공 - 예약, 추천 - 실시간 정보 제공

7 ▶▶ 빅데이터 기반 도시 마케팅 전략 국내외 적용 사례 연구

빅데이터 기반 도시 마케팅 전략 사례 분석은 데이터 활용 방식, 전략 수립 과정, 결과 분석을 비롯하여 도시별 특성을 고려한 차별화된 전략에 초점을 맞추어 진행된다.

서울 공공자전거 '따릉이', 경향신문

7.1 국내 도시 마케팅 전략 사례

7.1.1 서울시 '따릉이' 서비스: 공공 자전거 이용 활성화 및 도시 데이터 구축

서울시는 '따릉이' 서비스 운영을 통해 수집된 빅데이터를 활용하여 시민들의 이동 패턴을 분석하고, 이를 기반으로 자전거 도로 개선, 거치대 설치, 안전 관리 등 다양한 정책을 수립한다.

1) 데이터 활용

- 따릉이 이용 데이터를 활용한 이동 경로, 이용 시간, 이용 빈도 분석
- 대중교통 데이터를 활용한 연계 이용 분석
- 소셜 미디어 데이터를 활용한 시민 의견 및 만족도 분석

2) 전략 수립

- 데이터 기반 자전거 도로 및 거치대 최적 배치
- 시간대별 이용 패턴 분석을 통한 탄력적 운영
- 시민 의견 수렴을 통한 서비스 개선 및 안전 강화

3) 결과 분석:

- 따릉이 이용량 증가 및 시민 만족도 향상
- 자전거 이용 활성화 및 대중교통 연계 강화
- 도시 데이터 기반 스마트 시티 구축 기여

7.1.2 제주도 관광 마케팅: 관광객 데이터 분석 및 맞춤형 서비스 제공

제주도 관광공사는 통신사, 카드사 등으로부터 수집된 빅데이터를 활용하여 관광객의 이동 패턴, 소비 행태, 선호 활동 등을 분석하고, 이를 기반으로 맞춤형 관광 상품 개발, 마케팅 전략 수립, 관광 인프라 개선 등에 활용한다.

트래블데일리 모바일 사이트, 제주관광 트렌드 분석 결과, 트래블데일리

1) 데이터 활용

- 통신사 데이터를 활용한 관광객 이동 경로 및 체류 시간 분석
- 카드사 데이터를 활용한 관광객 소비 패턴 분석
- 소셜 미디어 데이터를 활용한 관광객 리뷰 및 관심사 분석

2) 전략 수립

- 데이터 기반 맞춤형 관광 상품 개발 및 추천
- 타겟 시장 별 마케팅 전략 수립 및 홍보 채널 최적화
- 관광객 밀집 지역 혼잡 관리 및 편의 시설 개선

3) 결과 분석

- 관광객 만족도 향상 및 재방문율 증가
- 지역 경제 활성화 및 관광 산업 경쟁력 강화
- 데이터 기반 스마트 관광 도시 구축 기반 마련

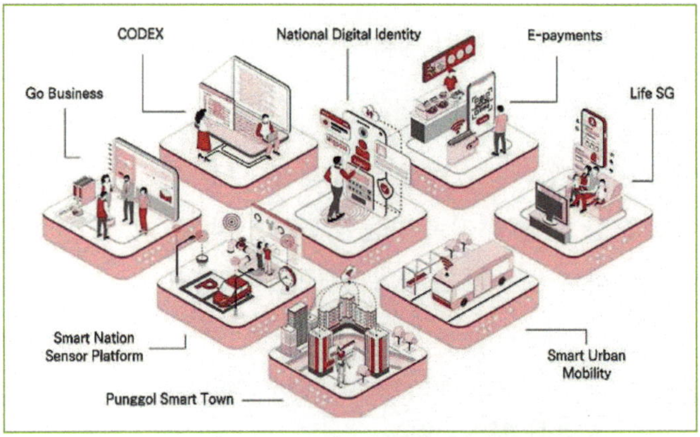

[디지털경제⑦] 스마트시티 지수 '세계 1위 싱가포르', 디지털비즈온

7.2 해외 도시 마케팅 전략 사례

7.2.1 싱가포르 스마트 네이션: 데이터 기반 맞춤형 공공 서비스 제공

싱가포르는 스마트 네이션 프로젝트를 통해 도시 전역의 데이터를 통합하고 분석하여 시민들에게 맞춤형 공공 서비스를 제공한다. 특히, 교통, 환경, 안전 등

다양한 분야에서 데이터를 활용하여 시민들의 삶의 질을 향상시키고 도시 경쟁력을 강화한다.

1) 데이터 활용

- 다양한 정부 기관 데이터를 통합한 '싱가포르 스마트 도시 플랫폼' 구축
- IoT 센서 데이터를 활용한 실시간 도시 데이터 수집 및 분석
- 시민 및 관광객 데이터를 활용한 맞춤형 서비스 제공

2) 전략 수립

- 데이터 기반 맞춤형 관광 정보 제공 및 관광 상품 개발
- 실시간 교통 정보 제공 및 스마트 교통 시스템 구축
- 환경 데이터 분석을 통한 지속 가능한 도시 환경 조성

3)결과 분석

- 시민 및 관광객 만족도 향상 및 삶의 질 향상
- 도시 효율성 향상 및 지속 가능한 도시 개발
- 글로벌 스마트 도시 선도 국가로서의 위상 강화

How Amsterdam Uses Urban Data to Build a More Sustainable city, Opendatasoft

7.2.2 암스테르담 시티 데이터: 데이터 기반 도시 문제 해결 및 시민 참여 활성화

암스테르담 시는 시티 데이터 플랫폼을 통해 도시 데이터를 개방하고, 시민, 기업, 연구기관 등과 협력하여 도시 문제 해결 및 혁신적인 서비스 개발을 추진하고 있다. 특히, 교통, 에너지, 환경 등 다양한 분야에서 데이터를 활용하여 지속 가능한 스마트 도시를 구축해 오고 있다.

1) 데이터 활용

- 시티 데이터 플랫폼을 통한 도시 데이터 개방 및 공유
- IoT 센서 데이터를 활용한 실시간 도시 데이터 수집 및 분석
- 시민 참여형 데이터 수집 및 분석

2) 전략 수립

- 데이터 기반 교통 혼잡 완화 및 대기 질 개선
- 에너지 효율성 향상 및 지속 가능한 도시 개발
- 시민 참여형 서비스 개발 및 도시 문제 해결

3) 결과 분석

- 도시 문제 해결 및 시민 삶의 질 향상
- 혁신적인 서비스 개발 및 도시 경쟁력 강화
- 데이터 기반 스마트 시티 생태계 구축

■ 국내외 빅데이터 기반 도시 마케팅 전략의 데이터 활용, 전략수립, 결과 분석

구분	도시명	데이터 활용	전략 수립	결과 분석
국내	서울시 (따릉이)	- 이용 데이터, 대중교통 데이터 - 소셜 미디어 데이터	- 데이터 기반 최적 배치 - 탄력적 운영 - 서비스 개선	- 이용량 증가 - 만족도 향상 - 스마트 시티 기여
	제주도	- 통신사 - 카드사 - 소셜 미디어 데이터	- 맞춤형 관광 상품 개발 - 마케팅 최적화 - 편의 시설 개선	- 만족도 향상 - 재방문율 증가 - 스마트 관광 도시 기반 마련
해외	싱가포르	- 정부 기관 데이터 - IoT 센서 데이터 - 시민 데이터	- 맞춤형 서비스 제공 - 스마트 교통 시스템 구축 - 지속 가능한 환경 조성	- 만족도 향상 - 도시 효율성 향상 - 스마트 도시 선도
	암스테르담	- 시티 데이터 플랫폼 - IoT 센서 데이터 - 시민 참여 데이터	- 교통 혼잡 완화 - 에너지 효율성 향상 - 시민 참여 서비스 개발	- 문제 및 민원 개선 및 해결 - 쟁력 강화 - 스마트 시티 생태계 구축

17 빅데이터 기반 장소 마케팅(Place Marketing) 전략의 데이터 활용, 전략수립, 결과분석

주요질문

1. 빅데이터 기반 장소 자원 분석에서 도시의 공간적, 물리적 구조 및 매력성 분석을 위한 데이터 소스와 확보 방안은 무엇이며, 각 장소 자원 활용 방안은 어떻게 설정되어야 하는가?
2. 빅데이터 기반 마케팅 요소별 활용 방안, 효과, 활용 예시는 무엇이며, 목표 시장 분석, 장소 사명 설정, 방문객 특성 분석, 장소 평가, 시장 분석 등 각 요소별 빅데이터는 어떠한 방식으로 활용되는가?
3. 빅데이터 기반 차별화 전략별 지원 방안, 효과, 활용 예시는 무엇이며, 독특한 장소 만들기, 맞춤형 경험 제공, 스마트 기술 활용, 지속 가능한 관광 등 각 전략별 빅데이터는 어떠한 방식으로 활용되는가?
4. 빅데이터 기반 장소브랜드 가치 올리기 단계별 분석 내용, 데이터 소스, 확보 방안, 활용 예시는 무엇이며, 장소 자원 분석, 목표 시장 분석, 차별화 전략 수립 등 각 단계별 빅데이터는 어떠한 방식으로 활용되는가?
5. 서울시 '서울 숲', 부산시 '감천문화마을', 제주도 '성산일출봉' 사례의 데이터 활용, 전략 수립, 결과 분석은 어떻게 이루어지며, 국내 각 장소별 데이터 기반 마케팅 전략의 성공 요인은 무엇인가?
6. 스페인 바르셀로나 '스마트 시티', 미국 뉴욕시 '링크NYC', 싱가포르 '스마트 네이션' 사례의 데이터 활용, 전략 수립, 결과 분석은 어떻게 이루어지며, 해외 각 장소별 데이터 기반 마케팅 전략의 성공 요인은 무엇인가?
7. 국내외 빅데이터 기반 장소브랜드 가치 올리기 프로젝트에서 데이터 활용, 전략 수립, 결과 분석의 공통점과 차이점은 무엇이며, 각 프로젝트의 성공 및 실패 요인은 무엇인가?
8. 장소 마케팅에서 활용되는 다양한 데이터는 어떻게 수집, 관리, 분석되며, 데이터 보안 및 개인 정보 보호를 위한 방안은 무엇이며, 데이터 기반 장소 마케팅의 신뢰성을 확보하기 위한 방안은 무엇인가?

9. 빅데이터 기반 장소 마케팅 전략을 성공적으로 적용하기 위한 핵심 성공 요인은 무엇이며, 장소 마케팅 전략 수립 및 실행 과정에서 발생할 수 있는 잠재적인 문제점 및 해결 방안은 무엇인가?
10. 빅데이터 기반 장소 마케팅 전략이 장소 브랜드 가치 향상, 방문객 유치, 지역 경제 활성화 등에 어떠한 방식으로 기여하며, 지속 가능한 장소 마케팅을 위한 빅데이터 활용 방안은 무엇인가?

1 ▶▶ 빅데이터 기반 장소 자원분석, 마케팅요소, 차별화 전략

1.1 빅데이터 기반 장소 자원, 데이터 소스, 데이터 확보방안, 활용방안

- 장소 마케팅은 도시, 지역, 관광지 등 특정 장소의 매력을 극대화하고 경쟁력을 강화하여 방문객 유치, 투자 유치, 지역 경제 활성화 등을 달성하는 마케팅 활동이며, 빅데이터는 이러한 목표 달성에 핵심적인 역할을 수행한다.

■ 빅데이터 기반 장소 자원, 데이터 소스, 데이터 확보방안, 활용방안

장소 자원	데이터 소스	데이터 확보 방안	활용 방안
- 도시의 공간적, 물리적 구조 (수변 공간, 거리, 도로, 항만 등)	- GIS 데이터 - 위성 이미지 - 도로 교통량 데이터 - 항만 물동량 데이터	- 공공기관 데이터 개방 플랫폼 활용 - 센서 네트워크 구축 - 드론 촬영	- 공간 분석을 통한 도시 구조 파악 - 교통 흐름 분석, 물류 효율성 평가 - 도시 개발 계획 수립
- 도시의 매력성 (도시의 혼, 역사, 전통, 자연미, 경관, 건축물, 문화예술시설 등)	- 소셜 미디어 데이터 - 관광객 방문 데이터 - 문화예술시설 이용 데이터 - 건축물 사진 및 리뷰 데이터	- 웹 크롤링 - API 활용 - 설문 조사 - 이미지 분석	- 도시 이미지 분석 - 관광객 선호도 분석 - 문화예술시설 이용 패턴 분석 - 건축물 평가 - 관광 상품 개발

Place Strategy in Marketing Mix - Management Weekly

1.2 빅데이터 기반 마케팅 요소 별 빅데이터 활용 방안, 효과, 활용 예시

■ 빅데이터 기반 마케팅 요소 별 빅데이터 활용 방안, 효과, 활용 예시

마케팅 요소	빅데이터 활용 방안	효과	활용 예시
목표 시장 분석	- 소셜 미디어 데이터 - 검색어 데이터 - 관광객 소비 데이터 분석을 통한 타겟 시장 세분화 및 특성 파악	- 맞춤형 마케팅 전략 수립 - 타겟 시장 공략 효율성 증대	- 특정 연령대 - 관심사를 가진 관광객 대상 맞춤형 관광 상품 개발 및 홍보
장소 사명 설정	- 지역 주민 의견 수렴 - 도시 목표 및 비전 데이터 분석을 통한 장소의 정체성 및 비전 설정	- 장소 이미지 강화 - 지역 사회 통합 - 지속 가능한 발전 도모	- 지역 역사 및 문화를 반영한 도시 슬로건 개발 및 홍보
방문객 특성 분석	- 관광객 이동 경로 데이터 - 소비 데이터, 소셜 미디어 데이터를 분석하여 방문객의 행동 패턴 및 선호도 파악	- 방문객 만족도 향상 - 재방문율 증대 - 맞춤형 관광 상품 개발	- 관광객 이동 경로 기반 맞춤형 관광 정보 제공 - 선호도 기반 관광 상품 추천
장소 평가	- 방문객 만족도 조사 데이터 - 소셜 미디어 리뷰 데이터 - 관광객 재방문율 데이터를 분석하여 장소의 강점 및 약점 파악	- 장소 경쟁력 강화 - 개선점 도출 - 마케팅 효과 측정	- 관광객 만족도 기반 관광 시설 개선 - 부정적 리뷰 분석을 통한 서비스 개선

시장 분석	- 경쟁 도시 데이터, 관광 산업 동향 데이터 - 경제 지표 데이터를 분석하여 시장 경쟁 환경 및 기회 요인 파악	- 경쟁 우위 확보 - 차별화 전략 수립 - 시장 변화에 대한 신속한 대응	- 경쟁 도시 관광 상품 분석을 통한 차별화된 관광 상품 개발 - 관광 산업 트렌드 반영한 마케팅 전략 수립

Que es el City Branding? – La Litera

1.3 빅데이터 기반 차별화 전략 별 빅데이터 지원 방안, 효과, 활용 예시

■ 빅데이터 기반 차별화 전략 별 빅데이터 지원 방안, 효과, 활용 예시

차별화 전략	빅데이터 지원 방안	효과	활용 예시
독특한 장소 만들기	- 지역 특화 자원 데이터 - 창의적 아이디어 데이터 - 트렌드 데이터를 분석하여 차별화된 장소 디자인 및 콘텐츠 개발	- 장소 인지도 향상 - 방문객 유치 - 지역 경제 활성화	- 지역 특산물을 활용한 테마 거리 조성 - 증강 현실 기반 관광 콘텐츠 개발
맞춤형 경험 제공	- 방문객 데이터 - 선호도 데이터 - 실시간 위치 데이터를 분석하여 개인 맞춤형 관광 경험 제공	- 방문객 만족도 향상 - 재방문율 증대 - 긍정적 입소문 효과 창출	- 개인 맞춤형 관광 코스 추천 - 실시간 관광 정보 제공 - 증강 현실 기반 관광 체험 제공

스마트 기술 활용	- IoT 센서 데이터 - AI 기반 분석 데이터 - VR/AR 콘텐츠 데이터를 활용하여 스마트 관광 환경 조성 및 서비스 제공	- 방문객 편의성 증대 - 안전성 확보 - 새로운 관광 경험 제공	- 스마트 관광 안내 시스템 구축 - VR/AR 기반 관광 체험 서비스 제공 - 스마트 안전 관리 시스템 구축
지속 가능한 관광	- 환경 데이터 - 에너지 소비 데이터 - 지역 사회 참여 데이터를 분석하여 지속 가능한 관광 개발 및 운영	- 환경 보호, 지역 사회 발전 - 지속 가능한 관광 산업 육성	- 친환경 관광 상품 개발, 지역 주민 참여형 관광 프로그램 운영 - 에너지 효율적인 관광 시설 구축

EL BLOG DE JOSE FARINA

2 ▶▶ 빅데이터 기반 장소브랜드 가치 올리기

이 절에서는 빅데이터를 활용하여 장소의 자원을 분석하고, 목표 시장을 설정하며, 차별화된 장소 만들기 전략을 수립하는 과정을 심층적으로 다룬다. 장소브랜드 가치 향상에 필요한 데이터 기반 의사결정 능력을 함양하고, 실제 프로젝트에 적용 가능한 실질적인 지식을 습득하게 될 것이다.

2.1 빅데이터 기반 장소 자원 분석

장소의 자원은 도시의 공간적 구조와 매력성을 포괄하며, 이는 장소브랜드의 핵심적인 기반이 된다. 빅데이터 분석을 통해 이러한 자원을 객관적으로 평가하고 잠재력을 발굴하는 것이 중요하다.

2.1.1 도시의 공간적, 물리적 구조 분석

1) 데이터 소스

(1) GIS 데이터: 수변 공간, 거리, 도로, 항만 등의 공간 정보

(2) 교통 데이터: 유동 인구, 교통량, 교통 혼잡도 등

(3) IoT 센서 데이터: 환경 데이터 (온도, 습도, 미세먼지 등), 공공시설 이용 데이터

2) 데이터 확보 방안:

- 공공 데이터 포털, 국토교통부, 환경부 등 공공기관 데이터 활용
- 통신사, 카드사 등 민간 기업 데이터 제휴
- IoT 센서 네트워크 구축 및 데이터 수집

Placemaking ideas | map art illustration, Pinterest

2.1.2 도시의 매력성 분석

1) 데이터 소스

(1) **소셜 미디어 데이터:** 도시 관련 언급, 리뷰, 사진, 영상 등

(2) **온라인 리뷰 데이터:** 관광, 맛집, 숙박 등 리뷰

(3) **검색 데이터:** 도시 관련 검색량, 검색 키워드 등

(4) **문화/예술 시설데이터:** 방문자데이터, 예매데이터

2) 데이터 확보 방안:

- 소셜 미디어 API 활용 및 데이터 크롤링
- 온라인 리뷰 플랫폼 API 활용
- 검색 엔진 API 활용 및 데이터 분석
- 문화/예술 시설 데이터 확보(공공데이터, 민간 데이터 제휴등)

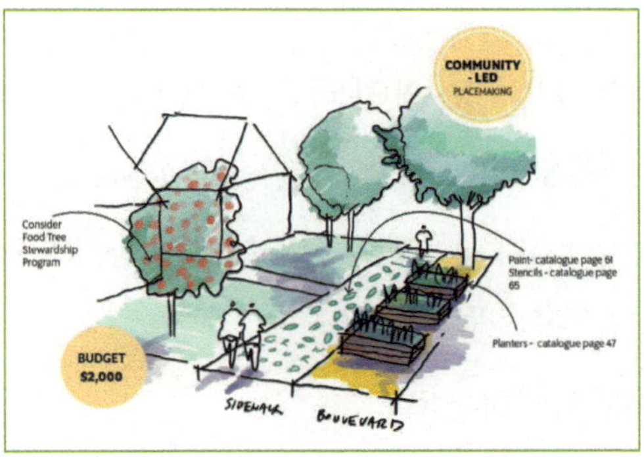

Placemaking, Engage Victoria

2.1.3 빅데이터 기반 목표 시장 분석 및 전략 수립

장소브랜드의 성공은 목표 시장에 대한 정확한 이해와 효과적인 전략 수립에 달려 있다. 빅데이터 분석을 통해 목표 시장의 특성을 파악하고, 장소의 사명과 방문자 특성을 설정하며, 시장 경쟁력을 평가할 수 있다.

1) 목표 시장 분석

- 소셜 미디어, 검색 데이터 기반 방문자 특성 분석 (연령, 성별, 관심사, 소비 패턴 등)
- 빅데이터 기반 시장 세분화 및 타겟 시장 설정

2) 장소 사명 및 방문자 특성 설정

- 데이터 기반 장소 이미지 및 핵심 가치 설정
- 목표 시장에 맞는 방문자 특성 (라이프스타일, 선호 활동 등) 설정

3) 시장 분석

(1) **경쟁 장소 분석:** 소셜 미디어, 리뷰 데이터 기반 경쟁 장소 평가

(2) **시장 트렌드 분석:** 검색 데이터, 뉴스 데이터 기반 시장 변화 예측

(3) **방문자 데이터 기반 장소 평가:** 방문자 만족도, 재방문 율 등의 데이터를 이용하여 장소를 객관적으로 평가 분석

2.1.4 빅데이터 기반 차별화된 장소 만들기 전략 수립

차별화된 장소는 경쟁 우위를 확보하고 방문객에게 특별한 경험을 제공한다. 빅데이터 분석을 통해 장소의 고유한 강점을 발굴하고, 창의적인 콘텐츠와 서비스를 개발하여 차별화된 장소를 만들 수 있다.

1) 빅데이터 기반 차별화 전략:

(1) **장소 테마 개발:** 데이터 기반 장소 컨셉 및 테마 개발

(2) **방문자 경험 최적화:** 동선, 편의시설, 프로그램 등 데이터 기반 설계

(3) **개인화된 서비스 제공:** 방문자 특성 기반 맞춤형 정보 및 콘텐츠 제공

2) 빅데이터 기반 장소브랜드 가치 올리기 단계 별 분석내용, 데이터 소스, 확보방안, 활용 예시

■ 빅데이터 기반 장소브랜드 가치 올리기 단계 별 분석내용, 데이터 소스, 확보방안, 활용 예시

단계	분석 내용	데이터 소스	데이터 확보 방안	빅데이터 활용 방안
1. 장소 자원 분석	도시 공간 구조	- GIS 데이터 - 교통 데이터 - IoT 데이터	- 공공 데이터 - 민간 제휴 - 센서 네트워크	- 공간 분석 - 유동 인구 분석 - 환경 분석
	도시 매력성	- 소셜 미디어 - 리뷰 - 검색 - 문화/예술 시설 데이터	- API 활용 - 크롤링 - 데이터 제휴	- 트렌드 분석 - 이미지 분석 - 사용자 경험 분석
2. 목표 시장 분석	목표 시장 분석	- 소셜 미디어 - 검색 데이터	- API 활용 - 데이터 분석	- 사용자 특성 분석 - 시장 세분화
	장소 사명 및 방문자 특성 설정	- 데이터 분석 결과	- 데이터 기반 설정	- 이미지 설정 - 사용자 정의
	시장 분석	- 경쟁 장소 - 시장 트렌드 - 방문자 데이터	- 데이터 분석 - 제휴	- 경쟁력 평가 - 트렌드 예측, - 장소 평가
3. 차별화 전략	차별화 전략	- 데이터 분석 결과	- 데이터 기반 전략 수립	- 컨셉 개발 - 경험 최적화 - 개인화 서비스

3 ▶▶ 빅데이터 기반 장소브랜드 가치 올리기 국내 사례 연구

3.1 서울시 '서울 숲' 사례: 도시 재생과 시민 참여형 공원 조성

서울시는 빅데이터 분석을 통해 서울 숲 주변 지역의 유동 인구, 방문객 특성,

서울숲 | 서울연구데이터서비스

소셜 미디어 반응 등을 종합적으로 분석하였다. 이를 기반으로 서울숲의 핵심 가치를 '도심 속 자연 휴식 공간'으로 설정하고, 시민 참여형 프로그램을 강화하였다.

1) 데이터 활용

- 통신사 데이터를 활용한 유동 인구 분석
- 소셜 미디어 데이터를 활용한 방문객 리뷰 및 관심사 분석
- 공원 방문객 설문 데이터를 활용한 만족도 및 요구사항 파악

2) 전략 수립

- 빅데이터 분석 결과를 바탕으로 가족 단위 방문객, 반려동물 동반 방문객 등 타겟 시장 세분화
- 타겟 시장별 맞춤형 프로그램 개발 (예: 가족 대상 자연 체험 프로그램, 반려동물 동반 산책 코스 개발)
- 소셜 미디어 홍보 강화 및 시민 참여형 이벤트 확대

3) 결과 분석

- 방문객 수 증가 및 만족도 향상
- 소셜 미디어 언급량 증가 및 긍정적 이미지 확산
- 지역 상권 활성화 및 도시 재생 효과 창출

3.2 부산시 '감천문화마을' 사례: 예술과 문화가 어우러진 관광 명소 조성

부산시는 감천문화마을의 독특한 문화적 자산을 활용하여 관광 명소로 탈바꿈하기 위해 빅데이터 분석을 활용하였다. 특히, 소셜 미디어 데이터를 중심으로 방문객의 경험과 반응을 분석하고, 이를 기반으로 다양한 예술 프로젝트와 문화 행사를 기획하였다.

1) 데이터 활용

- 인스타그램, 블로그 등 소셜 미디어 데이터를 활용한 방문객 사진 및 리뷰 분석
- 검색 데이터를 활용한 관광객 관심사 및 트렌드 분석
- 방문객 설문 데이터를 활용한 만족도 및 개선사항 파악

2) 전략 수립

- 빅데이터 분석 결과를 바탕으로 '사진 명소'로서의 감천문화마을 이미지 강화
- 예술 작가들과 협력하여 다양한 포토존 및 예술 작품 설치
- 문화 해설 프로그램 및 체험형 콘텐츠 개발

감천문화마을 | 부산광역시 사하구, 사하구청

3) 결과 분석

- 관광객 수 급증 및 지역 경제 활성화
- 소셜 미디어 '인증샷' 명소로 자리매김
- 국제적인 관광 명소로 성장

3.3 제주도 '성산일출봉' 사례: 자연경관과 디지털 기술의 융합

제주도는 성산일출봉의 자연경관을 보호하면서도 방문객에게 새로운 경험을 제공하기 위해 빅데이터와 디지털 기술을 결합하였다. 특히, 방문객 동선 분석, 실시간 환경 데이터 분석 등을 통해 안전하고 쾌적한 관람 환경을 조성하고, 증강현실(AR) 콘텐츠를 통해 새로운 볼거리를 제공하였다.

성산일출봉 - 위키백과

1) 데이터 활용

- 통신사 데이터를 활용한 방문객 동선 및 체류 시간 분석
- IoT 센서 데이터를 활용한 실시간 환경 데이터 (날씨, 미세먼지 등) 분석
- 소셜 미디어 데이터를 활용한 방문객 만족도 및 의견 분석

2) 전략 수립

- 빅데이터 분석 결과를 바탕으로 혼잡 시간대 분산 및 방문객 동선 최적화

- 실시간 환경 데이터를 활용한 안전 관리 시스템 구축
- AR 기술을 활용한 역사/문화 해설 및 포토존 제공

3) 결과 분석

- 방문객 안전 확보 및 만족도 향상
- 환경 보호 및 지속 가능한 관광 기반 마련
- 디지털 기술을 활용한 새로운 관광 경험 제공

■ 빅데이터 기반 장소브랜드 가치 향상 프로젝트 데이터 활용, 전략수립, 결과분석

사례	데이터 활용	전략 수립	결과 분석
서울 숲	- 유동 인구 - 소셜 미디어, 설문 데이터	- 타겟 시장 별 맞춤형 프로그램 개발 - 소셜 미디어 홍보 강화	- 방문객 수 증가 - 만족도 향상 - 지역 상권 활성화
감천 문화마을	- 소셜 미디어 - 검색 - 설문 데이터	- '사진 명소' - 이미지 강화 - 예술 프로젝트 및 문화 행사 개최	- 관광객 수 급증 - '인증샷' 명소로 자리매김 - 국제적 관광 명소 성장
성산일출봉	- 통신사 - IoT 센서 - 소셜 미디어 데이터	- 혼잡 시간대 분산 - 안전 관리 시스템 구축 - AR 콘텐츠 제공	- 방문객 안전 확보 - 환경 보호 - 디지털 관광 경험 제공

4 ▶▶ 빅데이터 기반 장소브랜드 가치 올리기 해외 사례

4.1 스페인 바르셀로나 '스마트 시티' 프로젝트: 데이터 기반 도시 관리 및 관광 활성화

바르셀로나는 스마트 시티 프로젝트를 통해 도시 전역에 센서를 설치하고 데

스마트 시티 바르셀로나 혁신 지구 22@ (1), 네이버 블로그

이터를 수집하여 도시 관리 효율성을 높이고 관광객에게 맞춤형 서비스를 제공하였다. 특히, 관광객의 이동 패턴, 선호 활동, 소비 패턴 등을 분석하여 관광 상품 개발, 맞춤형 정보 제공, 혼잡 관리 등에 활용하였다.

1) 데이터 활용

- IoT 센서 데이터를 활용한 실시간 도시 데이터 (교통, 환경, 에너지 등) 수집
- 통신사 데이터를 활용한 관광객 이동 패턴 분석
- 소셜 미디어 데이터를 활용한 관광객 리뷰 및 관심사 분석

2) 전략 수립

- 데이터 기반 관광객 맞춤형 정보 제공 앱 개발
- 실시간 교통 정보를 활용한 관광객 이동 경로 최적화
- 관광객 밀집 지역 혼잡 관리 및 안전 시스템 구축

3) 결과 분석

- 관광객 만족도 향상 및 재방문율 증가
- 도시 관리 효율성 향상 및 지속 가능한 관광 환경 조성
- 스마트 관광 도시 로서의 이미지 강화 및 국제적 인지도 상승

4.2 미국 뉴욕 시 '링크NYC' 프로젝트: 공공 와이파이와 디지털 광고를 통한 도시 활성화

뉴욕시는 공공 와이파이 서비스 '링크NYC'를 통해 도시 곳곳에 무료 와이파이, 충전, 디지털 광고 기능을 제공하는 키오스크를 설치하였다. 특히, 디지털 광고 데이터를 활용하여 지역 상권 활성화 및 도시 정보 제공에 기여하였다.

공중전화를 와이파이 충전 스테이션으로! '링크NYC' 프로젝트, 이투데이

1) 데이터 활용

- 키오스크 사용 데이터를 활용한 시민 및 관광객 이용 패턴 분석
- 디지털 광고 데이터를 활용한 지역 상권 정보 분석
- 소셜 미디어 데이터를 활용한 시민 반응 및 의견 분석

2) 전략 수립

- 지역 상권 정보 및 맞춤형 광고 제공
- 시민 및 관광객 대상 공공 정보 제공 (교통, 날씨, 뉴스 등)
- 키오스크 디자인 및 기능 개선을 위한 시민 의견 수렴

3) 결과 분석

- 시민 및 관광객의 디지털 접근성 향상
- 지역 상권 활성화 및 도시 경제 발전
- 스마트 도시 인프라 구축 및 도시 경쟁력 강화

4.3 싱가포르 '스마트 네이션' 프로젝트: 데이터 기반 맞춤형 공공 서비스 제공

싱가포르는 '스마트 네이션 프로젝트'를 통해 도시 전역의 데이터를 통합하고 분석하여 시민들에게 맞춤형 공공 서비스를 제공하였다. 특히, 관광, 교통, 환경 등 다양한 분야에서 데이터를 활용하여 시민들의 삶의 질을 향상시키고 도시 경쟁력을 강화하였다.

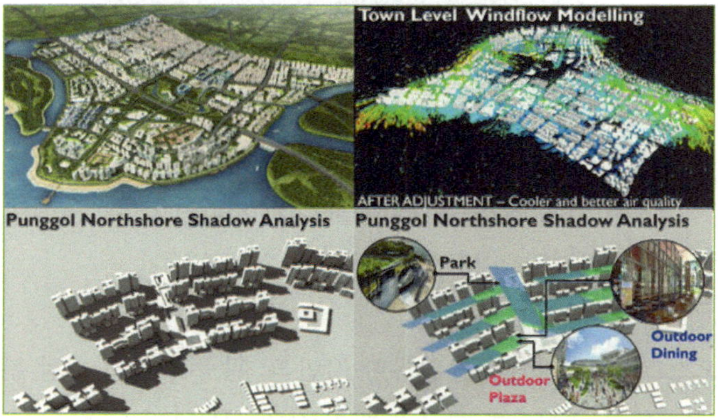

스마트시티①] 싱가포르, 3D 가상현실로 스마트 국가 건설, KBS뉴스

1) 데이터 활용

- 다양한 정부 기관 데이터를 통합한 '싱가포르 스마트 도시 플랫폼' 구축
- IoT 센서 데이터를 활용한 실시간 도시 데이터 수집 및 분석
- 시민 및 관광객 데이터를 활용한 맞춤형 서비스 제공

2) 전략 수립

- 데이터 기반 맞춤형 관광 정보 제공 및 관광 상품 개발
- 실시간 교통 정보 제공 및 스마트 교통 시스템 구축
- 환경 데이터 분석을 통한 지속 가능한 도시 환경 조성

3) 결과 분석

- 시민 및 관광객 만족도 향상 및 삶의 질 향상
- 도시 효율성 향상 및 지속 가능한 도시 개발
- 글로벌 스마트 도시 선도 국가로서의 위상 강화

■ **빅데이터 기반 장소브랜드 가치 올리기 해외프로젝트 데이터 활용, 전략수립, 결과분석**

사례	국가/도시	데이터 활용	전략 수립	결과 분석
스마트 시티	스페인 바르셀로나	- IoT 센서 - 통신사 - 소셜 미디어 데이터	- 관광객 맞춤형 정보 제공 앱 개발 - 실시간 교통 정보 활용	- 관광객 만족도 향상 - 도시 관리 효율성 향상 - 스마트 관광 도시 이미지 강화
링크 NYC	미국 뉴욕시	- 키오스크 사용 - 디지털 광고 - 소셜 미디어 데이터	- 지역 상권 정보 및 맞춤형 광고 제공 - 공공 정보 제공	- 시민 및 관광객 디지털 접근성 향상 - 지역 상권 활성화, 스마트 도시 인프라 구축
스마트 네이션	싱가포르	- 정부 기관 - IoT 센서 - 시민 및 관광객 데이터	- 데이터 기반 맞춤형 관광 정보 제공 - 스마트 교통 시스템 구축	- 시민 및 관광객 만족도 향상 - 도시 효율성 향상 - 글로벌 스마트 도시 선도

【저자 약력】

원제무

저자는 한양대 공대, 서울대 환경대학원, 미국 UCLA도시건축대학원을 졸업하고, MIT도시대학원에서 도시계획 및 교통계획 박사학위를 받았다.

저자는 귀국 후 KAIST 도시교통연구본부장, 서울시립대 도시공학과 교수, 서울연구원 선임연구위원 등을 거쳐 국토도시계획학회장과 한양대 도시대학원장을 지냈다.

현재는 한양대 명예교수로 재직하면서 연구와 강의를 해오고 있다.

빅데이터 도시 읽기

– 우리 도시는 어떤 빅데이터가 필요할까? –

초판 인쇄 2025년 5월 5일
초판 발행 2025년 5월 10일

지은이 원제무
펴낸이 박노일

총괄기획 최준규
편 집 이상민

펴낸곳 pnc publishing and culture 피엔씨미디어
경기도 고양시 일산동구 강송로 153 310–1501
등록 제396–2012–000203호
전 화 070)7550–3758 팩 스 02)6280–3758
홈페이지 www.pncmedia.co.kr 이메일 pnc@pncmedia.co.kr
ISBN 979–11–7401–000–1 93500

정 가 25,000원